Papá, ¿por qué no crees en Dios?

ExLibric

MANUEL BUENAÑO PASTOR

Papá, ¿por qué no crees en Dios?

EXLIBRIC

ANTEQUERA 2024

MANUEL BUENAÑO PASTOR

Papá, ¿por qué no crees en Dios?

A mis hijos: Magda, Manolo,
Cristina y Fahd Amine.
<u>*Con mucho cariño,*</u>

<u>**Papá**</u>.

<u>*Octubre de 2024.*</u>

Prólogo

Este libro no quiere ser una sentencia particular ni un juicio resolutivo que niegue de forma concluyente la existencia de Dios. Solo se afirma que muchos millones de seres humanos han sido y están siendo masacrados, explotados o manipulados por otros prójimos criminales, tiránicos, hipócritas o parásitos sociales con el beneplácito de Dios, si es verdad que existe.

Tampoco, y bajo ningún concepto, los personajes del libro pretenden ofender o injuriar a ningún creyente de cualquier credo o religión. Solo hacen uso de los textos bíblicos, doctrinales e históricos y, por supuesto, de su razón y libertad de expresión como seres humanos para llegar a la rotunda conclusión de afirmar que Dios no existe.

Las mismas consideraciones se deben tener en cuenta al analizar las valoraciones que los actores del texto hacen de las ideologías políticas, de los políticos corruptos y traidores, de los gobiernos felones, de los detestables medios de comunicación apesebrados, de los execrables poderes fácticos, de las infanticidas prácticas abortivas, etc. Y todo eso como consecuencia de la gran preocupación que sienten por la enfermedad letal que padece nuestra sociedad universal, y España en particular.

Y por último, si después de reflexionar sobre tantas tragedias humanas individuales y colectivas, decididas, consentidas, dirigidas y observadas por Dios, los protagonistas de esta obra concluyen con la contundente negación de su existencia, después de haberlo venerado durante más de cincuenta años, ¿por qué no concederles la gracia de que puedan imaginar y nos presenten su mundo ideal?

Un devoto muy fanático

Un día de un duro invierno, a mediados del siglo xx, en una aldea de un pueblo de Andalucía con historia milenaria, situada en el extremo sur del viejo continente, nació un niño al que sus padres bautizaron con el nombre de Leunam y dos o tres sustantivos más, por exigencias eclesiásticas.

El niño, con varios nombres, nació en el seno de una de las miles de familias subyugadas que integraban la gran masa de la injusta pirámide social de la época, compuesta mayoritariamente por gentes campesinas, muy ingenuas, ignorantes o analfabetas y embrutecidas.

Por esta causa, Leunam también sufrió en carne propia los efectos del látigo esclavista, cuyo chasquido resonaba de forma continua sobre las cabezas de los siervos y esclavos que formaban el grueso de la clase trabajadora de una abusiva y cruel sociedad, controlada por explotadores con almas de negreros metidas en cuerpos cubiertos por valiosas telas y adornados con joyas de piedras preciosas engarzadas con filigranas de ricos metales.

El nacimiento de Leunam hizo peligrar la vida de su madre, quizás, porque se resistía tozudamente a formar parte de este mundo tan insolidario, hipócrita y corrompido. Por eso, aquella noche, Aída, la bruja o comadrona de la aldea, esperó al cambio de la luna y, al comprobar que el niño se resistía a ver la lúgubre luz del candil de aceite que iluminaba el ambiente, tomó la decisión de introducir parte de sus largos, sucios y piojosos cabellos en la boca de la parturienta, provocándole tales arcadas y convulsiones de asco que, a los pocos minutos, el bebé fue expulsado de su especial paraíso a un mundo endemoniado, donde le esperaban su padre, sus dos abuelas, una tía y, por supuesto, su madre. Así inició su integración en la inhumana y embrutecida sociedad clasista de explotadores, tiranos, déspotas y terratenientes con siervos y esclavos, grupo al que, desgraciadamente, pertenecían sus padres, abuelos y demás familia.

Leunam vivió sus primeros ocho o nueve años en un ambiente rural de pobreza extrema, pero sin pasar hambre, puesto que la leche de cabra, las patatas, los garbanzos, las lentejas, las alubias o habichuelas, el aceite de oliva y la harina casi siempre estaban presentes en la rústica y aislada casa, donde toda la familia convivía con los animales de labranza, de pastoreo y de corral; todo ello perteneciente al latifundista, dueño o explotador de los destinos de sus peones, siervos o esclavos.

Sus juegos favoritos, y también los de sus hermanos más pequeños, estaban ligados a todos los animales con los que convivían en casa, incluidos los gatos y los perros; y, por supuesto, tampoco se libraban algunos de los animales salvajes que habitaban los campos y las montañas que frecuentaban durante el día. Aunque los que les proporcionaban grandes entretenimientos eran los múltiples insectos que atrapaban para hacer curiosas colecciones o supuestas operaciones quirúrgicas.

También formaban parte de su pasatiempo durante algunos días de la semana, el duro trabajo que tenían que realizar a pesar de su corta edad, limpiando las cuadras, los gallineros y los corrales; así como la participación en los trabajos de las diversas recolecciones agrarias de la explotación agrícola y ganadera a la que pertenecían por necesidades de subsistencia.

Ni él ni tampoco sus hermanos sabían lo que era un libro, por consiguiente, ni sabían leer, ni escribir. El aprendizaje de la lectura, la escritura y el dominio de las cuatro reglas llegaría más tarde. En principio, los padres y abuelos consideraron inaplazable que Leunam iniciara estudios básicos en la escuela pública del pueblo, donde vivían sus abuelos maternos en una casucha de dimensiones reducidas, ubicada en una barriada popular en la que se respiraba un ambiente menos atrasado y embrutecido que el que había en el caserío o pedanía donde vivía.

Pasados cinco años, Leunam había superado sus estudios básicos y secundarios, y también tenía decidido no entrar en el seminario sacerdotal o diocesano, provocándole una gran desilusión y disgusto a su religiosa abuela, que tanto interés había puesto para que antes de morir pudiera asistir a la primera misa oficiada por su querido nieto; porque la abuela lo que más anhelaba en este mundo era verlo ordenado sacerdote de la iglesia católica, apostólica y romana.

Al final, la devota abuela se marchó del gran teatro de la vida sin haber podido dejar al servicio del Altísimo a su nieto más querido. Aunque ella murió convencida de que había participado muy activamente en la sólida formación religiosa que observaba en el comportamiento de su nieto, sin dejar de reconocer las enseñanzas de los maestros de la etapa primaria y la activa e incisiva influencia del cura y del sacristán de la iglesia parroquial a la que pertenecían.

Leunam, a sus catorce años, era un adolescente impulsivo, activo, amante de los libros, de la pintura, de los idiomas y de los ejercicios físicos; no era muy corpulento, pero sí tenía una buena estatura para un chico de su edad. Aparte de las referidas cualidades y aficiones, sobre todo, era un devoto muy fanático que creía en Dios como principio y fin de todas las cosas y en todas las enseñanzas predicadas por los sacerdotes de la Santa Madre Iglesia.

Cada día visitaba por la mañana y por la tarde alguna de las varias iglesias que había en el pueblo, para tratar de comunicarse con Dios, con las vírgenes y con todos los santos que en las mismas se veneraban. Por supuesto, que cada domingo y todos los días festivos celebrados por la iglesia católica, asistía a misa y recibía la comunión.

Aún, por las noches antes de dormirse, daba gracias al Creador por todo lo concedido y recitaba algunas de las muchas oraciones que su abuela y sus preceptores le habían enseñado.

El catecismo de la doctrina cristiana, compuesto por el padre Jerónimo Ripalda, S.J. lo había estudiado tan a fondo, que terminó memorizándolo y convirtiéndose en un fiel practicante de las enseñanzas del mismo; igualmente hizo con los contenidos de muchos pasajes de los libros sagrados del Antiguo y del Nuevo Testamento.

En el inicio de su adolescencia, Leunam ya tenía una fe inquebrantable; creía tan ciegamente en el poder omnipotente de Dios y en la ayuda permanente de su ángel de la guarda como enviado especial del Padre celestial, que no sentía miedo de nada, porque estaba seguro de que jamás le ocurriría alguna desgracia. Para él, Dios era el padre de bondad infinita que velaba por todos los seres de su gran obra creadora, especialmente, del hombre, por estar hecho a su imagen y semejanza. No lo podía ver, pero lo sentía a su lado, porque sabía que Dios era eterno y estaba en todas partes ejerciendo su poder infinito de protección, ya que nada se podía ocultar a sus divinos ojos y, por eso, nada le ocurriría sin su consentimiento.

Durante casi tres años más, Leunam continuó en su pueblo donde completó sus estudios secundarios y terminó los de formación profesional de primer grado, pero sin alejarse de sus compañías diocesanas predilectas con las que aprendía mucho y, además, practicaba el idioma francés y el latín que tanto le atraían. En esos años ocurrieron dos hechos en la vida de Leunam que le marcaron para siempre. Iniciando al final de ese período un cambio de comportamiento en las relaciones que mantenía con sus amigos del clero.

El hecho más grave que le ocurrió fue la muerte de su madre. Y el segundo acontecimiento fue la hipotética rotura del singular podio en el que tenía colocadas a todas las mujeres, por creer que solo había sido Eva la única mujer manipulada por Lucifer para esclavizar y provocar la perdición de nuestro primer padre, Adán. Pero la realidad le demostró que eran muchas las mujeres que estaban dominadas por el inmenso poder del príncipe de los ángeles, al conocer la nula voluntad por mantener y defender su dignidad, prostituyéndose fácilmente en el inmenso teatro de nuestra corrompida, insolidaria e hipócrita sociedad.

La muerte de la joven madre de Leunam provocó en este un estado de insoportable consternación y frustración, acompañado de una irritante desconfianza transitoria hacia sus creencias religiosas, incluidos sus amigos los predicadores de la fe. Quedó muy dolorido y sumido en un pánico irrefrenable que lo hacía víctima de una depresión o enloquecimiento, porque no comprendía por qué Dios había consentido la muerte de su madre; puesto que estaba seguro de que había sido una mujer comparable a cualquiera de las santas y bondadosas mujeres descritas en las Sagradas Escrituras.

Leunam, en su primera comunicación con Dios Padre después de la muerte de su madre, lo hizo a través de la oración del Padrenuestro. Pero el impacto de la muerte de un ser tan querido por él resquebrajó algunas de las fuertes columnas que sustentaban su sólida fe, capaz de mover montañas si era necesario y, por esta razón, se atrevió a dirigirse seguidamente al Altísimo.

—Mi creador y mi Dios, tú que eres un ser infinitamente bueno, con poder absoluto sobre todas las cosas, que todo lo tienes presente, que todo lo sabes, que todo lo creas y que nada ocurre en nuestro mundo o en cielo sin tu consentimiento, según nos enseña nuestra Santa Madre la Iglesia, ¿por qué has permitido la muerte de mi madre, que tanto daño me ha causado y, especialmente, a mis hermanos pequeños, que aún no han tenido tiempo de pecar contra tus Mandamientos?

Leunam no recibió contestación alguna y tampoco le sorprendió por las referencias que tenía de los muchos pasajes que había conocido en algunos libros sagrados, en los evangelios y en los muchos relatos de la vida de los santos.

El segundo suceso que también causó un impacto indeleble, decepción y dolor en el joven Leunam fue la caída a tierra desde ese podio imaginario en el que había colocado a todas las mujeres, por tenerlas idealizadas con las que le rodeaban y, concretamente, con las que había conocido a través de las Sagradas Escrituras y en los libros biográficos de las vidas de muchas santas.

Leunam, unos meses después de cumplir los diecisiete años, hizo su viaje de final de estudios a Granada, una de las históricas capitales de la región de Andalucía donde había nacido.

Una noche de los varios días que duró el viaje cultural y de ocio, un reducido grupo de amigos decidió visitar un local de diversión muy conocido en la ciudad, el cual estaba conectado estratégicamente a un puticlub o casa de prostitución. Leunam y sus amigos, durante las horas que estuvieron en el singular local, comprobaron todo cuanto eran capaces de hacer muchas mujeres jóvenes, mayores, guapas, feas, solteras, casadas, viudas y extranjeras. Sencillamente, pudieron corroborar, unos más frustrados y doloridos que otros, lo fácil que resultaba para muchas mujeres perder su dignidad, vendiendo o alquilando su cuerpo para que hicieran con él lo que quisieran, a cambio de unas monedas.

Cuando el grupo de amigos abandonó el singular lugar que habían conocido por primera vez en su vida, la mayoría de ellos ya no conservaban el estado de virginidad con el que pura e inocentemente habían entrado. Ahora deberían decidir la justificación que le darían a su confesor habitual para que la penitencia a cumplir no fuera muy rigurosa.

Antes de dormirse, el grupo de amigos aún tuvo tiempo de hacerse algunas preguntas. Y fue Siro el que inició la conversación.

—Leunam, yo creía, y sé que tú también, que todas las mujeres se conservaban vírgenes hasta el matrimonio, que eran fieles a sus compromisos matrimoniales y, como consecuencia, dignas esposas y madres muy queridas. ¿Cómo es posible que muchas de ellas se prostituyan de una manera tan ignominiosa?

—Siro, creo que hemos sido engañados de forma miserable por nuestras familias, maestros y preceptores, al hacernos creer que el Padre y Creador de todo cuánto existe vela por el bien de todos. Ahora me cuesta mucho creer y, además, siento vergüenza que Dios haya estado contemplando nuestra fogosa entrega a esas sensuales y angelicales prostitutas.

—Si bajamos del cielo —intervino Zoe— y ponemos nuestros pies en la tierra, quizás deberíamos pensar que si esas mujeres han tomado libremente la decisión de comerciar o trabajar con su cuerpo, posiblemente, serán perdonadas el día del juicio final, aunque ahora estén haciendo un uso indebido de la libertad o libre albedrío que les concedió el Creador en el momento de su concepción. ¿O acaso pensáis que Dios, que las está viendo, debería enviar a uno de sus arcángeles para azotarlas y meterlas en la manada?

—Primero —intervino Yeray—, yo no creo que la prostitución sea un oficio con el que se desarrolla un trabajo, porque alquilar por un tiempo el cuerpo o la vagina no es comparable con la digna y honrada actividad que puede desarrollar un tendero, un obrero, un especialista o un intelectual. Tampoco creo necesaria la actuación del arcángel convertido en pastor, sino, simplemente, en la omnipotencia y la infinita benevolencia de Dios como padre y creador, tal como se comportaría cualquier padre terrenal si pudiera contar con algunos de los principales atributos de Dios.

—Aparte de estar de acuerdo —dijo Leunam— con todo lo que habéis dicho, quiero profundizar más en el contenido de las palabras de Siro, porque me estoy dando cuenta que en las enseñanzas evangélicas que hemos recibido acerca de Dios, se oculta algo que, quizás por nuestra ignorancia generalizada y la escasa experiencia de la vida, no tenemos los conocimientos necesarios para poder valorar ciertos hechos con ecuanimidad. De todas formas, sigo pensando que hay muchos hechos reales a mi alcance que dinamitan drásticamente algunas de mis creencias. No sabéis cuánto me gustaría que, pasados unos años, nos pudiéramos reunir nuevamente para poder volver a valorar si las enseñanzas que recibimos de la Santa Madre Iglesia nos sirven para conseguir la salvación eterna.

Los cuatros amigos no tardaron mucho en quedarse dormidos, después de un completo día de actividades culturales, coronadas por unas experiencias y sensaciones jamás vividas.

Cuando Leunam finalizó su formación profesional, decidió emigrar a Cataluña, por ser una región industrializada con ofertas de mucho trabajo y donde intentó hacer realidad sus objetivos más inmediatos, como eran la emancipación familiar y la ampliación de estudios y conocimientos en general, por considerarse poseedor de una gran ignorancia generalizada.

Leunam, durante cinco o seis años, estuvo plenamente dedicado a conseguir gran parte de los objetivos fijados. Había finalizado estudios técnicos universitarios e iniciado estudios de derecho o formación jurídica.

Su actividad profesional se desarrollaba a plena satisfacción y, además, le proporcionaba medios económicos suficientes para subsistir, realizar viajes y diferentes cursillos que le ampliaban cada día el conocimiento de las hipócritas y crueles reglas que el gran teatro de la vida imponía a sus resignados e incultos actores; y por supuesto, nada le confirmaba hasta ahora que la esperpéntica y terrible comedia de la vida en nuestro planeta estuviera dirigida por un supremo director con atributos divinos, sino, más bien, poseído de una gran dosis de maldad o vileza, propias de un ser peligroso y esquizofrénico. Todo esto le estaba originando un alejamiento paulatino de sus prácticas dogmáticas, algunas de las cuales ya había abandonado por completo, como era la asistencia a misa y a las fiestas religiosas.

Ahora mantenía una relación muy tensa con algunos sacerdotes y frailes con los que había llegado a tener una fraternal amistad. Porque no comprendía la actitud y complacencia que tenían con los males que la vida diaria les ponía en medio del camino del apostolado que libremente habían elegido.

Una tarde que paseaba con el párroco por los jardines de la plaza que había en la entrada principal de la iglesia parroquial del barrio donde vivía, mantenían una conversación sobre temas y comportamientos que cada día que pasaba los separaba más.

—Jonatan —dijo Leunam—, no sé lo que me pasa, pero me siento perdido. A veces siento miedo de seguir viviendo, otras veces quedo sumido en un enorme estado de frustración o de fracaso personal al pensar que mi fe en Dios se está debilitando a pasos agigantados.

—Leunam —respondió Jonatan, el párroco—, te estás olvidando de que el mayor regalo que Dios nos tiene reservado a los hombres es la salvación y la vida eterna. Piensa que nuestro Padre Eterno nos concedió un libre albedrío para que nuestra estancia en este mundo también la guiáramos nosotros, teniendo en cuenta las enseñanzas de la Santa Madre Iglesia.

—No puedo —contestó Leunam— creer que Dios al nacer me conceda una especial libertad como ser humano, para que actúe a mi libre albedrío, responsabilizándome de mis actos, mientras que haciendo uso de sus atributos divinos me obstaculiza mi libertad, a no ser que la misma carezca de contenidos y, en ese caso, alguien me está engañando.

—El final de tu respuesta —dijo Jonatan— no lo entiendo muy bien. Por favor, ¿te quieres explicar?

—Jonatan, creo que me has entendido muy bien, pero te lo digo de otra forma. Según las enseñanzas de nuestra Santa Madre Iglesia, todos los seres humanos nacemos libres o dotados de razón para poder hacer el bien o el mal, pero, si esto es verdad, ¿de qué nos protegen la omnipresencia, omnipotencia y benevolencia de Dios padre todopoderoso?

—Leunam, creo que te estás olvidando del primer mandamiento de la ley de Dios, que como sabes muy bien, te dice que amarás a tu Dios sobre todas las cosas.

—Amigo Jonatan, todavía creo en un solo Dios omnipotente, padre, creador, salvador y glorificador de la humanidad, pero me atormenta la idea de que teniendo un poder infinito y que nadie escapa a su presencia, no haga nada por eliminar las crueldades y el exterminio continuo de seres humanos que existen en nuestro planeta.

—Somos nosotros —dijo Jonatan—, con la ayuda del Espíritu Santo, que nos aporta los dones de la sabiduría, del entendimiento, de la piedad y del temor a Dios, los que debemos amarnos unos a otros para hacer feliz a nuestro Dios creador.

—Y mientras llega ese día —contestó Leunam— que de verdad nos amemos unos a otros, tú crees que la actitud de nuestra Santa Madre Iglesia como guía de Dios en la Tierra, debe seguir siendo cobarde, camaleónica, apática y placentera; porque, amigo Jonatan, nos rodean unos comportamientos y acciones de nuestros semejantes, especialmente de los ideólogos y de los salvadores de almas, que nos asfixian de tanta hipocresía que exhalan. Por ejemplo: ¿tú crees que es correcta la actitud tan pasiva de los vicarios de Cristo en la Tierra con respecto al aborto?

—Tú sabes muy bien —contestó Jonatan— que la Iglesia católica desaprueba y condena enérgicamente en todo el mundo cualquier clase de prácticas abortivas. Por consiguiente, en nombre de Dios, nuestro señor, te pido que no mientas.

—Jonatan, no se trata de condenar con energía los miles y miles de asesinatos de seres indefensos y, en gracia de Dios, que se están cometiendo cada día en España y, en general, en nuestro planeta Tierra con las prácticas abortivas, sino cambiar los comportamientos comprensivos y cobardes, muy propios de irresponsables, cobardes, vividores, aduladores y placenteros, por acciones contundentes que eviten o eliminen la acción de los gobernantes de los pueblos, cuyos moradores de forma interesada o a causa de su ignorancia les otorgan el poder por medio del sufragio universal convenientemente manipulado.

—La Santa Madre Iglesia —contestó Jonatan de forma airada— tiene millones de defensores que luchan diariamente de forma activa y tantos o más mártires que entregaron su vida a Dios, defendiendo sus mandamientos. ¿O acaso te olvidas de todos los hombres y mujeres que veneramos en los altares de nuestras iglesias?

—Jamás me olvidaré —contestó Leunam— de muchos hombres y mujeres que la iglesia católica ha elevado a los altares, ni tampoco de los millones de santos anónimos que murieron por defender o ayudar a muchos seres humanos que padecían hambre y sed de justicia. Con lo que no estoy de acuerdo es con la actitud pusilánime, hipócrita, satisfactoria y camaleónica que frente al aborto y otros muchos crímenes e injusticias mantiene nuestra Santa Madre Iglesia. Y por esto creo que se debería revisar o crear una nueva doctrina que dirigiera hacia un camino más terrenal y ejemplarizante a los seres humanos para el bien de la humanidad y, además, recopilara todo lo que significa y nos enseña la vida y el sacrificio de muchos santos y mártires, jerarquizando en primer lugar la vida y la crucifixión de Jesús de Nazaret. Y las creencias y enseñanzas que tratan de la unión del ser humano con Dios constituirían un cielo místico y sobrenatural que se difuminaría en la inmensidad y oscuridad del firmamento, al que siempre podríamos implorar o admirar.

—Leunam, me gustaría que dijeras de una forma más concreta lo que te gustaría que hiciera la iglesia católica.

—Jonatan, desde mi ignorancia teológica y solo atendiendo a mi conciencia y deseo, que, por cierto, coincide con muchos de los que han dejado de ir a misa y creer en Dios, me gustaría que los vicarios, patriarcas, predicadores de la fe y sacerdotes de la iglesia católica dejarais de amenazar con el inexistente infierno a los seres que no cumplen con la Ley divina, invocando a Dios como juez supremo para que premie a los buenos creyentes con la vida eterna y castigue a los pecadores con el infierno. Creo que antes deberíais de estar convencidos de lo que predicáis, pero no con actos de fe, sino con hechos reales que justifiquen los atributos divinos que le asignáis al Creador. Y mientras reflexionáis, dedicaros al apostolado de forma humilde y sencilla con una doctrina recopilada y basada en las enseñanzas y en la vida ejemplar de los hombres y mujeres que dieron su vida por ayudar a sus semejantes, como Jesús de Nazaret, que fue un hombre valiente y mártir, comprometido en combatir la injusticia, la esclavitud y la crueldad imperante en la tiránica sociedad en la que le tocó vivir.

—Creo —dijo Jonatan— que todavía no has digerido bien todas las enseñanzas que has recibido de los pastores de la Iglesia católica, ni de los muchos textos que me consta que has leído. Porque lo que deseas de la iglesia de Dios ya lo hacen diariamente sus apóstoles, pero sin olvidarnos del Creador como principio y fin de todas las cosas. Es cierto que la vida nos pone a prueba nuestra fe, pero no debemos dejarnos vencer ni buscar revisiones doctrinales, porque desde hace siglo otros las intentaron y fracasaron.

—Quiero seguir buceando —dijo Leunam— en los testimonios de la historia de la humanidad, porque lo que más deseo es encontrar algunos hechos que justifiquen claramente la existencia de un buen Padre o Creador con poderes o atributos inconmensurables, incapaz de consentir que sus hijos o su obra sufran algún daño.

—Leunam, yo rezaré para que el Espíritu Santo te ilumine con sus dones y salgas muy pronto de este mar cuyas olas golpean tus creencias, y así puedas recitar plenamente convencido las oraciones de la confesión general y el acto de contrición.

Durante el tiempo que Leunam se había fijado para conseguir unos determinados objetivos en los primeros años de su emancipación, tuvo que realizar un paréntesis obligado de algo más de un año de duración para realizar el servicio militar obligatorio que el Estado imponía por ley a todos los jóvenes en su mayoría de edad y así, obtener la formación de un ejército o Fuerzas Armadas como institución esencial de cualquier Estado que representa a una Nación, junto con las Cortes Generales, la Administración pública en general, la Policía y los Tribunales de justicia. Durante ese período de formación militar, Leunam tuvo tiempo de comprobar que había un cierto porcentaje de compañeros que maldecían al Estado por haberlos arrancado de su quehacer diario para impartirles una formación que detestaban y, además, se consideraban ingenuamente de otra nación, cuando solo pertenecían a determinadas regiones integrantes de la única Nación, o sea, España, que abarcaba el territorio nacional en el cual vivían.

A veces resulta sumamente incompresible que haya individuos detestables empeñados en fragmentar su Nación, intentado crear entes independientes o pequeños feudos con sus reyezuelos y ministrillos, demostrando con esto una insolidaridad incalificable hacia sus compatriotas, aparte de manifestar una extrema avaricia y soberbia en unos casos y, en otros, una gran incultura o ignorancia generalizada, porque los traidores nacionalistas y secesionistas deberían conocer o recordar la Historia de España y saber que lo que pretenden hacer ya existió hace muchos años, pero sus antepasados lo superaron derramando mucha sangre para poder dejar un legado más justo y solidario.

Tampoco se entiende mucho que haya personas que no amen a su Nación, a su Patria y a su Estado de derecho, en definitiva, a España, cuando tantos pueblos en diferentes partes del mundo —por supuesto, con ciudadanos más dignos y honorables— han tenido que sacrificar durante siglos a cientos de miles de vidas humanas para conseguir estos bienes de valor incalculable.

Leunam, el tiempo que duró el período de formación militar, lo pasó en el norte de África, donde conoció a mucha gente de la comunidad musulmana que le ayudaron a conocer mejor sus creencias, costumbres y comportamientos respecto al mundo occidental

Muchas cosas de la cultura musulmana dejaron perplejo a Leunam, pero una que no podía comprender por el efecto de por vida que provoca en las personas era el indiscutible sometimiento o rendición a su religión abrahámica monoteísta basada en el libro del Corán, condicionándole por completo el desarrollo de su vida en todos sus aspectos y, fundamentalmente, en el familiar, religioso, político y social. La incidencia de la religión musulmana en el plano familiar es de enorme trascendencia, puesto que a la prolífera descendencia nada más nacer le imponen una religión que cuando tenga uso de razón o mayoría de edad, ni siquiera tendrán la opción de poder analizar para confirmar o cambiar haciendo uso de la libertad que como ser humano le ha sido concedida por Dios. Para ellos: Alá, el gran clemente, misericordioso, salvador y creador de la humanidad.

Buscando la existencia de Dios

Leunam, a partir de su primer cuarto de siglo de estancia en este mundo o inmenso teatro de múltiples escenarios, decidió seguir buscando la existencia de Dios en su vida cotidiana y, también a través de los libros de la Historia Universal, mientras trabajaba en diferentes empresas ubicadas en tierras muy lejanas a las que le vieron nacer, pero integrantes del continente cuya cultura grecorromana tiene cimentaciones profundas e indestructibles ancladas en el Cristianismo.

En los primeros años de la nueva etapa de su vida contrajo matrimonio y, como buen católico y cristiano, este fue bendecido por la Santa Madre Iglesia. Con el paso del tiempo llegaron los deseados hijos a los que amaría más que a todos los bienes del mundo y en los que depositaría sus máximas esperanzas para que se convirtieran en grandes luchadores contra la ignorancia generalizada, defensores de la dignidad, de la honradez y de la honestidad del ser humano; y por estas causas les exigiría un esfuerzo máximo para que lograran una formación óptima, sin importarle el alto precio que él tendría que pagar en muchos casos para desbrozarles el duro camino por el que tendrían que transitar hasta lograr los objetivos exigidos.

Cuando Leunam cumple los 25 años, todavía se considera católico, pero en realidad está muy alejado de las prácticas religiosas que imparte la Iglesia católica, apostólica y romana, que poco o nada conserva de la fundada por Jesucristo, ya que hace bastante tiempo que no asiste a misa ningún día festivo y también son muchos los días que se duerme sin rezar alguna de las muchas oraciones que miles de veces había dirigido a Dios, a Jesús, a la Virgen María o a los santos. Tampoco deja de pensar en que puede haber sido víctima de una gran mentira religiosa inducida de buena fe por su abuela y seres más queridos e impuesta hábilmente por unas instituciones auxiliadas por unos sacerdotes, predicadores de la fe o vividores a costa de unas creencias religiosas que pueden tener grandes dosis de verdad mezcladas con mentiras piadosas, para conducir mejor a la gran masa humana dominada por la ignorancia y la incultura. Pensando en la ignorancia generalizada como la posible causa para hacerle dudar de la existencia de Dios, Leunam quiere buscar en los relatos de la historia de la humanidad las razones que tienen tantos millones de seres humanos para estar convencidos de la existencia de Dios.

Esa búsqueda la hará en compañía de amigos que sepan mucho más que él, para poder lograr una mejor compresión de los contenidos de las obras literarias e históricas que piensa seguir estudiando y también, para poder hacer una valoración más objetiva de los diferentes acontecimientos que continuamente ocurren en el mundo.

A Leunam le gustaría poder partir del inicio de la Creación, pero comprende que, aparte de su dificultad, tampoco sea necesario para poder presentar o hacer un repaso representativo del comportamiento de algunas civilizaciones que de forma directa o indirecta han ido creando o moldeando las actuales culturas de las diversas comunidades que habitan en nuestro planeta Tierra. Y por esta razón se concentrará en acontecimientos actuales y en algunos personajes y hechos históricos que cambiaron la vida de los pueblos.

Leunam y su amigo Jairo se encuentran dando un paseo por la orilla de un pequeño río de aguas cristalinas que atraviesa un bonito parque donde abundan muchas plantas herbáceas, arbustos y árboles de hojas perennes y caducas. El parque, que tiene continuidad con unas sierras pobladas de pinos, robles y encinas, también tiene muchas zonas de juegos para niños y mayores, espacios de pícnic y muchos bancos que permiten un agradable descanso a los usuarios, al mismo tiempo que disfrutan de unas magníficas vistas.

Nuestros protagonistas, después de un largo paseo por un entorno tan lleno de naturaleza y de paz, se han sentado en un banco muy cercano al río para conversar, al mismo tiempo que el canto de los pájaros y el murmullo del agua al caer por una pequeña cascada artificial les sumerge en un envidiable ambiente de paz y tranquilidad.

En ese entorno tan especial y, acariciados por unos caloríficos rayos de sol que tanto se agradecen en los fríos meses de invierno, ambos amigos se animaron a entablar una larga conversación que se inició con una pregunta de Leunam a su amigo Jairo.

—Jairo, tú crees que nuestros antepasados más cercanos a la Creación vivían en tribus o sociedades de una forma más fraternal que nuestra convivencia actual.

—Leunam, si nos atenemos a la historia de la humanidad te puedo contestar con rotundidad que nuestros lejanos antepasados vivían en sociedades mucho más sangrientas y crueles que nosotros. Las luchas que mantenían las tribus entre sí por la consecución de todo lo que les interesaba eran tan violentas y despiadadas que se producía la aniquilación total de los grupos más débiles, imperando de esta forma la ley del más fuerte.

—La verdad —dijo Leunam— es que los seres humanos, después de tantos siglos, continuamos matándonos casi por las mismas cosas y solo hemos progresado en la forma de hacerlo. Hoy tenemos a nuestro alcance armas muy poderosas y eficaces que pueden causar una muerte instantánea, evitando la tortura o la lenta agonía de una muerte causada por las armas primitivas. Aunque es cierto que, muchas veces, sobre todo si el conflicto surge entre dos o más comunidades, el sufrimiento y la muerte de los contendientes pueden ser homologables.

—Yo creo —contestó Jairo— que la muerte puede ser lenta o instantánea, independientemente del grado de civilización de los individuos que se atacan y de las armas empleadas. Lo que sí varía es la forma sanguinaria y cruel de ejecutarla y esto solo es consecuencia de la distancia que separe el comportamiento del ser humano con el de las fieras.

—Sea como sea —contestó Leunam— lo que resulta cierto y muy fácil de imaginar es que después de estas sangrientas batallas o guerras de auténtico exterminio de seres humanos, el paisaje más o menos extenso del lugar donde se producen los crueles asesinatos resulta repugnante a la vista de cualquier ser humano ajeno a la contienda y exento de instintos criminales; y, además, estoy seguro de que lloraría por no haber podido hacer nada para evitarlo.

—Tienes razón —contestó Jairo—. Y creo que millones de creyentes en un Dios omnipotente que todo lo tiene presente se preguntarán una y mil veces para qué le sirve su bondad y misericordia infinita, cuando consiente que se produzcan paisajes tan dantescos a causa de las guerras entre seres considerados sus hijos predilectos por haber sido creados a su imagen y semejanza.

—Jairo, a la vista de las crueldades y asesinatos cometidos por los hombres desde su creación o aparición en la Tierra, me cuesta tanto creer en los atributos sobrenaturales que la doctrina de la Iglesia católica le atribuye al Creador, que me gustaría encontrar, aunque fuera en los confines del mundo, alguna acción u obra humana individual o colectiva que solo pudiera ser justificada por la omnipotencia, la omnipresencia, la omnisciencia y la omnibenevolencia de Dios.

—Leunam, tengo en mente cantidad de hechos y revoluciones originados por la ambición y la codicia de los hombres desde la más remota antigüedad hasta nuestros días. Y si analizamos todos los logros obtenidos en las distintas contiendas, observaremos que se cimientan sobre inmensas cantidades de cadáveres y grandes ríos de sangre. Lo cierto es que no encuentro ninguna acción bélica que, en el momento de saltar la chispa de la trágica confrontación, haya sido apagada por un hecho sobrenatural que pudiera ser atribuido al Padre celestial.

—De los innumerables —dijo Leunam— relatos bíblicos de conquistas, batallas o hechos revolucionarios acaecidos en aquellos lejanos tiempos, una de las muchas cosas que podemos deducir es la suerte que tenían muchos descendientes de Adán y Eva, o sea, nuestros antepasados, al comunicarse asiduamente con Dios y sus profetas, los cuales les decían lo que tenían que hacer en beneficio del pueblo escogido. Por eso me gustaría que recordáramos a algunos patriarcas o profetas cuyas acciones y justificaciones nos podrían hacer desaparecer las grandes dudas que nos están atrapando.

—Jamás he leído —contestó Jairo— en los textos del Antiguo y del Nuevo Testamento algunos relatos de acciones de conquistas de territorios o de pueblos exentas de crueldad y aniquilamiento. Siempre recuerdo a Moisés y a Josué como líderes del gran éxodo de los hebreos hacia la Tierra Prometida, pero sin olvidarme de sus comportamientos racistas, crueles y sanguinarios en la conquista de los territorios y de las ciudades-estado que Jehová su Dios les concedió, según se relata en las llamadas Sagradas Escrituras.

—Jairo, recordemos lo que consideramos más importante de las vidas de Abraham, Isaac, Moisés y de Josué, y sigamos comentando de forma sincera lo que pensamos respecto a la omnipotencia y comportamiento de Jehová-Dios en esa época en que tanto se preocupaba de ayudar a los grandes patriarcas y profetas. Y también pensemos en las enseñanzas y creencias que los textos del Antiguo y Nuevo Testamento nos transmiten, especialmente, la doctrina de la Iglesia católica que tanto ha influido en nuestra formación, y, además, considera y venera como santos a esos patriarcas y profetas bíblicos.

Abraham e Isaac

Podemos remontarnos brevemente al año 2018 a. C., donde en la próspera ciudad de Ur de Caldea, ubicada al sur de Mesopotamia y muy cerca de la confluencia de los ríos Éufrates y Tigris, nació Abraham en el seno de una familia poderosa, culta y adinerada.

Abraham, con el paso del tiempo, se convirtió en un gran patriarca hebreo muy respetado por algunos reyes de las ciudades-estado que existían en una vasta región limitada al norte por el río Éufrates, al sur por el desierto del Sinaí o los límites de Egipto, al oeste por el mar grande o Mediterráneo y al este por una amplia franja de varios kilómetros de tierras fértiles que discurría a lo largo de la ribera oriental del río Jordán. En la actualidad, casi la totalidad de estas tierras pertenecen a los estados de Israel, Cisjordania-Gaza y amplias zonas de Siria, Irak, Jordania y Líbano.

Abraham era un gran terrateniente de su época, ya que poseía grandes cantidades de oro y de plata, extensas áreas de tierra, miles de cabezas de diferentes clases de ganado, muchos sirvientes, gran número de amantes o concubinas, centenares de esclavos, etc.

Dedicó la mayor parte de su vida a acrecentar su poder y riqueza, valiéndose de su ejército de capataces, siervos y esclavos que le cultivaban la tierra y le cuidaban todas las reses de la explotación ganadera.

Le gustaba practicar el pastoreo al mismo tiempo que controlaba mejor el trabajo y comportamiento de sus capataces, los cuales estimaban más a los animales que a los seres humanos que tenían bajo su látigo.

Abraham, aparte de la práctica pastoril interesada, era un fanático creyente en Jehová-Dios; su fe y su crueldad parece ser que no tenían límites, hasta el extremo de estar dispuesto a ofrecer en sacrificio la vida de su primogénito Isaac, evitado por un ángel enviado por Dios momentos antes de producirse el sacrificio.

Abraham también era un infatigable soñador que amaba mucho la soledad; de ahí sus asiduos retiros a las montañas para interpretar mejor sus sueños o visiones divinas y, además, decía recibir mensajes de Jehová-Dios que le indicaban lo que debía hacer en determinadas situaciones. Entre ellos, cuando a causa de las grandes sequías en su región se vio obligado a emigrar y asentarse en Canaán con gran parte de su familia, servidores, esclavos y rebaños; y junto a él también lo hicieron muchas tribus o clanes familiares, convirtiéndose todos ellos en el pueblo hebreo o gentes que venían de otras tierras.

La mayoría del pueblo cananeo era seminómada y vivía de la ganadería trashumante y el resto se dedicaba a la agricultura y al comercio, formando pequeñas ciudades-estados muy bien estructuradas política y socialmente. Pero la llegada a Canaán de los hebreos causó muchos conflictos derivados de los asentamientos y de las prácticas religiosas, ya que sus habitantes profesaban religiones politeístas y una forma de vida repudiada por los seguidores de Abraham.

Con el paso del tiempo, los conflictos fueron amainando, pero fue también otra sequía seguida de una gran hambruna, la que transformó las relaciones humanas y la fértil región de Canaán. Como consecuencia del fatal acontecimiento, fueron muy pocos los que pudieron seguir viviendo en sus territorios; mientras que Abraham, con una edad que superaba los setenta años, condujo nuevamente a sus seguidores y a miles de cananeos hacia Egipto, donde finalmente, después de unas férreas y humillantes negociaciones con las regias autoridades egipcias, consiguieron establecerse durante varios siglos bajo unas condiciones tan denigrantes que terminaron convirtiéndose en esclavos

Abraham, su esposa Sara, su sobrino Lot, otros familiares, siervos y esclavos con todos los rebaños, se vieron obligados al poco tiempo de estar en Egipto a regresar nuevamente a Canaán, a causa de los graves problemas que surgieron con el faraón, ya que este deseaba desposar a la hermosa y pasional mujer de Abraham.

Se establecieron en la ciudad de Hai, donde vivieron durante algún tiempo, hasta que surgieron problemas a causa de los pastos necesarios para los rebaños de Abraham y de Lot, que cada día aumentaban más. Por esta razón decidieron separarse, escogiendo Lot la fértil franja de terreno que se extendía al este del río Jordán, y Abraham se quedó en Canaán, muy cerca de Hebrón.

Abraham, a causa de los problemas de esterilidad de su mujer, tuvo su primer hijo llamado Ismael con la esclava egipcia Agar ofrecida por su esposa. Sara, cuando Agar quedó embarazada, sintió tantos celos que la maltrató de forma tan cruel que la hizo huir al desierto. Pero Agar también tuvo la suerte de poder ver y escuchar a su Creador, el cual le ordenó que volviera con Abraham, porque su hijo Ismael también sería padre de un gran pueblo. Ella volvió y, Dios, como no podía ser de otra forma, cumplió con su promesa; puesto que Ismael está considerado el padre de los ismaelitas o árabes que poblaron la península Arábiga y que más tarde se extenderían principalmente por todo el norte de África.

Pasó el tiempo y dos o tres enviados del Señor, que pernoctaron una noche en la casa de Abraham, le comunicaron que antes de un año tendría un hijo legítimo con su esposa Sara. Y así fue: Abraham y Sara fueron padres con edad muy avanzada de un hijo varón llamado Isaac, que fue el heredero legítimo y, por supuesto, gozó de mayores privilegios que Ismael.

Más tarde, Abraham enviudó y, a pesar de tener más de 90 años, se volvió a casar con una de sus concubinas llamada Quetura y fueron padres de seis hijos. Los cuales también tuvieron una abundante descendencia.

Abraham está considerado como el padre y fundador del judaísmo, gran patriarca del pueblo judío y árabe y depositario de las promesas divinas a favor del pueblo elegido. Siempre llevó a su pueblo por el camino que le ordenaba Jehová-Dios, ya que deseaba lo mejor para el mismo y eso solo podía venir de Dios.

Abraham murió en el año 1843 a. C. a la edad de 175 años y sus hijos lo enterraron en la caverna de los Patriarcas muy cerca de Hebrón junto a su primera esposa Sara. Antes de morir regaló propiedades a Ismael, dio regalos a su esposa y concubinas, y a todos los hijos de estas; y, por último, despidió a todos, quedando como único heredero de todos los bienes restantes su primogénito Isaac.

Isaac, siendo adolescente, fue engañado por su padre y llevado al lugar de sacrificio sin conocer el animal que se iba a sacrificar, de ahí que le preguntara varias veces durante el acceso al monte por el cordero a sacrificar Y este le contestaría que el Señor ya lo proporcionaría en el momento del holocausto. ¿Cuál sería la sorpresa y la resistencia de Isaac cuando llegaron a la cima del monte Moria y se encontró apresado por los siervos de su padre que lo prepararon para el sacrificio? Aunque los textos bíblicos nos dicen que Isaac asumió ser sacrificado sin resistencia alguna, por respeto a su padre Abraham y por la fe y veneración que tenía a Jehová-Dios. Y que Abraham fue sometido por Dios a una prueba durísima de fe, porque jamás hubiera consentido un sacrificio humano, ya que detestaba y condenaba severamente estos actos practicados por otros pueblos de religiones politeístas e idolátricas. Por esto, el ángel del Señor impidió el sacrificio de Isaac, el cual fue sustituido por un carnero.

Isaac, que adoraba y quería mucho a su madre, también se dedicó a la misma actividad de su padre. Era muy amante de la soledad y de hacer el bien a los demás. Por esto, cuando murió su madre, su sufrimiento y dolor le hacen profundizar aún más sus sentimientos religiosos, entregándose a la adoración de Jehová-Dios.

Isaac se casó cuando tenía unos cuarenta años de edad, después de que su padre mandara a un siervo de su confianza a Mesopotamia, su tierra natal, para que entre sus familiares encontrara una mujer ideal para su hijo Isaac.

El siervo llamado Eliezer regresó con una jovencísima adolescente llamada Rebeca que era sobrina de Abraham y, por consiguiente, sobrina segunda de Isaac.

Cuando Isaac llevaba más de cincuenta años casado sin poder tener descendencia con su esposa Rebeca, también tuvo el privilegio de ser atendido por Dios, puesto que le solicitó que su mujer pudiera concebir hijos y así fue, porque, cuando Rebeca ya sobrepasaba los sesenta años, tuvo dos hijos gemelos llamados Esaú y Jacob. Aunque más tarde, Dios cambió el nombre de Jacob y lo llamó Israel.

Jacob o Israel tuvo con su primera mujer, Lía, seis hijos que se llamaron: Rubén, Simeón, Levi, Judá, Isacar y Zabulón y una hija llamada Dina.

Con Raquel, que fue su esposa favorita, tuvo a sus hijos: José y Benjamín.

Con Bilha, una de sus concubinas y sierva de Raquel, tuvo a sus hijos: Dan y Neftalí. Y con otra concubina, llamada Zilpa, tuvo a sus hijos, Gad y Aser.

Los doce hijos de Jacob fundaron las doce tribus de Israel. Una de las cuales fue Judá, de la cual los israelitas consideran descendientes al rey David y al rey Salomón.

Después de reflexionar sobre las vidas de Abraham y de su hijo Isaac, Leunam y Jairo emprendieron el camino de regreso a casa, conversando sobre estos grandes e influyentes patriarcas en las religiones monoteístas.

—Leunam, creo que Abraham fue un hombre muy afortunado y con mucha suerte. No solo por el privilegiado *status* familiar a nivel económico, cultural y social, que le facilitó el camino para lograr ser poderoso y culto, sino por tener como asesor y guía a Dios, puesto que mantenían una singular relación a cambio de una sumisión sin límites.

—Estoy de acuerdo contigo —contestó Leunam—, pero piensa que era culto, inteligente, poderoso, rico, temido por sus siervos y esclavos, y, además, por los reyezuelos de la zona. Con esto quiero decirte que sus sueños y, sobre todo, las manifestaciones divinas que decía recibir podrían ser una forma de acrecentar más su influencia y poder sobre su ejército de siervos y esclavos.

—¿Quieres decir —contestó Jairo— que hacía teatro y conseguía todo lo que se proponía haciendo uso de los innumerables medios que tenía a su alcance?

—No sé —contestó Leunam— si hacía teatro o realmente estaba poseído por las creencias de sus antepasados, revisadas y adaptadas a su conveniencia para poder continuar obteniendo los objetivos y beneficios que se había fijado. Lo que me cuesta mucho creer es que Dios mantuviera una relación tan amistosa con un poderoso explotador de seres humanos convertidos en esclavos.

—He de reconocer —dijo Jairo— que era un líder enérgico y ambicioso que casi lo tenía todo, no solo a nivel social y económico, sino también en el plano placentero o afectivo, ya que aparte de tener esposa, disponías de todas las concubinas, siervas o esclavas que le apetecían.

—Quizás —dijo Leunam— por estar rodeado de tanta riqueza y placer decidiera tomarse de vez en cuando algunas cortas vacaciones en las montañas, acompañado de un reducido séquito para disfrutar y gozar de la paz que proporcionan esos parajes y así poder reflexionar y pensar más intensamente cómo llevar a la práctica sus aspiraciones de conquistas y de grandeza, cuyas soluciones le llegaban a través de sus sueños, que más tarde las transformaba en mandatos del adorado y muy respetado Jehová-Dios.

—Lo que no comprendo —dijo Jairo— de una de las muchas decisiones de Abraham es cómo, recibiendo órdenes directas de Jehová-Dios para que condujera a su pueblo hacia el mejor destino, terminaran en Egipto como esclavos durante varios siglos, a excepción de Abraham y de un reducido número de familiares y seguidores que tuvieron la suerte de poder volver a la tierra de Canaán, gracias a su poder y a la consideración de gran patriarca.

—Creo —contestó Leunam— que una vez más tengo que dudar de la omnibenevolencia o absoluta bondad de Dios, sin olvidarme del resto de atributos, porque cuesta mucho creer en la existencia de un Creador con poderes sobrenaturales que no quiera evitar el mal que se cierne sobre unas gentes que lo adoran y tienen una fe ciega en su omnipotencia y bondad.

—De todas formas —contestó Jairo—, el hecho que más me impresiona de la vida de Abraham es esa fe convertida en un ciego fanatismo, acompañada de una frialdad y crueldad ilimitada que le hacen tomar la decisión de ofrecer a su hijo Isaac en sacrificio para cumplir con la petición que le había hecho Jehová-Dios. Aunque dudo que una petición de esas características se la hubiera hecho Dios y, más bien, fuera un montaje para consolidar más su patriarcado y poder frente a su pueblo.

—No me cabe duda —contestó Leunam— de que el planeado holocausto de Isaac o de Ismael, tampoco se ponen de acuerdo los estudiosos, fue un montaje cruel y despiadado por parte de Abraham y sus siervos del círculo más íntimo para demostrar a su pueblo de lo que era capaz de hacer por Jehová-Dios, al que tenían que obedecer y adorar ciegamente, empezando por él, que era su representante más directo en la Tierra, ya que mantenía una relación muy familiar y directa. No cabe duda de que Abraham fue un carismático líder conductor de las masas ignorantes y esclavizadas de su época; y, especialmente, de su extraordinario ejército de siervos y esclavos sometidos a la adoración inducida de Jehová-Dios y al látigo de su amo.

—Entonces —contestó Jairo—, de este posible montaje teatral el que quedaría traumatizado para toda su vida fue Isaac, porque sería el único que de verdad creyó que iba a ser sacrificado como un carnero hasta que fue evitado por el siervo o siervos encargados de quitar el cuchillo de la mano del malvado padre.

—Estoy de acuerdo —contestó Leunam—, de ahí que, a partir de ese detestable hecho, Isaac, que todavía era un niño-adolescente, se refugiara más en el círculo protector de su madre y creciera en una situación alejada de todo lo que le rodeaba; hasta que a la edad de unos cuarenta años su padre decidió casarlo con la mujer ideal que él consideraba. Una vez más, se demuestra el autoritarismo y poder que ejercía el indiscutible patriarca.

—Creo —dijo Jairo— que hoy hemos hecho un buen repaso de la vida del gran patriarca Abraham, de acuerdo con las enseñanzas recibidas de nuestros mayores y preceptores y, también, de lo que hemos aprendido en los textos bíblicos.

—Es cierto —contestó Leunam—, pero el conocer algunos hechos divinos y comportamientos humanos me ha producido una gran pena, ya que por un lado me alejan cada vez más de mis creencias y, por otro, compruebo que la avaricia y la explotación del débil por el fuerte es algo que nace con la aparición del hombre en la Tierra y llega hasta nuestros días, sin que el supremo árbitro o juez sea capaz de controlarlo.

Con estas reflexiones y puntualizaciones los dos amigos dieron por finalizado su paseo, pero con el propósito de continuar profundizando en la vida de otros patriarcas y profetas como Moisés y Josué, y, sobre todo, analizar la influencia y la relación que tuvo Dios con ellos.

Moisés

Según el Antiguo Testamento, Moisés nació y se educó como un príncipe egipcio en la corte de los faraones. Era hijo de los esclavos hebreos, Amram y Joqebed, pertenecientes a la corte faraónica; también estaba como dama de compañía de la princesa Batía, hija del faraón, y una hermana de Moisés, llamada Miriam.

Moisés nació en el año 1305 a. C. y fue escondido por su madre durante tres meses para evitar que recayera sobre él la aplicación de una ley del faraón de la época, por la cual todos los hijos varones de los hebreos que vivían en Egipto debían morir siendo arrojados al río Nilo.

Finalmente, Moisés fue colocado cuidadosamente sobre las aguas del río Nilo metido en una cesta impermeabilizada con forma de barqueta, la cual fue vigilada atentamente por su hermana Miriam que disimuladamente la condujo para que la encontrara la hija del faraón, que junto con sus damas de compañía se estaban bañando a muy poca distancia del lugar donde Moisés fue depositado.

Miriam preguntó a la princesa si el niño podía ser criado por una mujer hebrea que acababa de perder el suyo. Esta dio su consentimiento, le puso el nombre de Moisés (rescatado del agua) y el niño pasó nuevamente con su madre, pero como niñera, porque la princesa lo adoptó como su hijo y, por consiguiente, fue educado como príncipe e instruido en todas las ciencias egipcias.

Moisés, a partir de su mayoría de edad, empezó a visitar las obras públicas que se construían en Egipto y también las canteras donde se extraían los grandes bloques de piedra que se empleaban en las múltiples construcciones. Durante esas visitas observó las durísimas condiciones de trabajo a las que eran sometidos los esclavos hebreos por parte de los crueles y sanguinarios capataces egipcios, que en ningún momento manifestaban la más mínima compasión o piedad. Un día sintió tal odio a esa forma despiadada de esclavitud, que llegó a dar muerte a uno de los feroces capataces egipcios. Como consecuencia de esa acción de muerte, hacia el año 1240 a. C. Moisés huyó a la península Arábiga, concretamente, a la ciudad de Madián que estaba ubicada en una zona montañosa de la región de Hiyaz, limitada por el mar Rojo, Jordania y el desierto. De esta forma evitó una segura condena a muerte por parte de la justicia del faraón.

Moisés en su nueva vida trabajó como pastor de los rebaños del sacerdote Jetró de Madián, cuya hija Séfora se casó con Moisés y tuvieron dos hijos, Gershom y Eliezer.

Cuando hacía casi 40 años que Moisés ejercía el pastoreo, decidió trasladarse unos días con su rebaño hacia la península del Sinaí, concretamente a una zona muy próxima al monte Horeb o monte Sinaí.

En las llanuras próximas a ese monte, Moisés se sorprendió un día al ver que una zarza ardía, pero no se consumía. Se acercó a ella para observar mejor lo que sucedía y, entonces, escuchó la voz o revelación de Dios-Jehová, ordenándole que volviera a Egipto para liberar a su pueblo de la esclavitud y guiarlo hasta Canaán o la Tierra Prometida.

Cumpliendo el mandato divino, Moisés regresó a Egipto, el cual fue recibido por su hermano mayor Aarón y su hermana Miriam. Cuando comunicó a ellos y a los jefes de los diferentes clanes existentes dentro de la masa hebrea esclavizada por qué había vuelto, no todos estaban muy conformes con lo que les pedía, pero al final, debido a las condiciones inhumanas a las que estaban siendo sometidos por los egipcios, empezaron a ponerse de acuerdo para organizar el mayor éxodo de la historia de la humanidad.

Los egipcios no estuvieron nunca de acuerdo con la salida masiva de los esclavos, porque formaban parte de uno de los pilares fundamentales de su economía. Por esto, fueron necesarias diez plagas o advertencias divinas sobre el pueblo egipcio para que los dejaran marchar. Aun así, cuando los hebreos ya habían iniciado el éxodo hacia el año 1386 a. C., los egipcios intentaron impedirlo enviando a su ejército para forzar el regreso de los esclavos, pero nuevamente una intervención de Jehová-Dios les ayudó a pasar el mar Rojo, separando sus aguas hasta que cruzó la gran caravana de hebreos, liberándose definitivamente de sus verdugos y explotadores.

Moisés guio a los hebreos en su éxodo, pero después de haber cruzado el mar Rojo y los inhóspitos parajes de la península del Sinaí, surgieron graves problemas provocados por varios jefes de clanes que culpaban directamente a Moisés y a su hermano Aarón de la dureza del itinerario escogido y de las penurias alimenticias que estaban padeciendo.

Según los textos bíblicos, Moisés pidió a Jehová-Dios que los ayudara a vencer los muchos problemas que estaban apareciendo a causa de la larga travesía hacia la Tierra Prometida y así infundir al pueblo hebreo más confianza en lo que él le había prometido. En el resto de tiempo que duró la travesía, fueron abundantes y generosas las manifestaciones divinas.

Durante los días de acampada en el valle de las faldas del monte Sinaí, el pueblo hebreo fue estructurado socialmente y adoctrinado por Aarón y los demás líderes, con el objetivo de que se concienciaran sobre el cumplimiento de unos estatutos organizativos de funcionamiento y, también, de la fidelidad que debían de mantener los hebreos a los mandatos de Jehová como único Dios.

Estando acampados en el citado paraje, Moisés, su primer servidor o lugarteniente Josué y otros ayudantes, decidieron explorar el monte Sinaí. Parece ser que Moisés, cuando estaba en la cima, se separó del reducido grupo para orar y dar gracias a Jehová-Dios. El cual se hizo presente ante Moisés para hacerle entrega de las Tablas de la Ley o el Decálogo de los Diez Mandamientos.

Cuando el reducido grupo de líderes bajó del monte Sinaí al cabo de varios días, Moisés se encontró a su pueblo rindiendo culto a un falso dios o ídolo que habían construido con los metales más valiosos que algunos guardaban. La justificación del idólatra comportamiento fue la petición para que no se alargara más la prolongada ausencia de Moisés en el campamento.

El gran líder y patriarca no aceptó ninguna clase de justificación y, con mucha energía e ira, mandó destruir el ídolo con forma de becerro para que sirviera de escarmiento y ejemplo al pueblo, que solo debería orar a Dios-Jehová.

Cuando los hebreos estuvieron muy cerca de la tierra de promisión, Moisés antes de ocuparla parece ser que quiso conocer más a fondo lo que a simple vista se veía desde el monte Nebo, es decir, como eran realmente esas tierras y, en particular, sus habitantes. Por esto envió a un reducido grupo de hombres para que inspeccionaran y averiguaran el máximo de cosas que les interesaban. Esos emisarios con funciones de espías trajeron informaciones poco halagüeñas y contradictorias, que no solo crearon desconfianza de las promesas de Jehová-Dios en los líderes hebreos, sino también en el propio Moisés. Por esta razón, el implacable y Supremo Juez decidió prohibir a Moisés y, a casi todos los varones con una acusada mayoría de edad, la entrada a la futura Palestina o tierra de promisión.

Todos los hebreos que nacieron durante los últimos cuarenta años, que fue el tiempo aproximado que duró la travesía del gran éxodo, constituyeron una generación de hombres libres y fueron los encargados de conquistar la Tierra Prometida guiados y dirigidos por Josué.

A Moisés se le atribuye la revelación por parte de Jehová-Dios del libro sagrado del Antiguo Testamento o Pentateuco, que constituye la Torá o Ley de los judíos y está compuesto por estos cinco libros: Génesis, Éxodo, Levítico, Números y Deuteronomio.

Muchos eruditos bíblicos afirman que la Torá actual solo contiene fragmentos de la revelación original, ya que el nuevo texto es obra del trabajo de varios autores durante diferentes épocas de la Historia Universal.

Moisés en sus últimos días de vida confió a Josué el mando para guiar y dirigir a su pueblo a la Tierra Prometida, mientras que él se quedó con el reducido número de hebreos que tampoco podían entrar en la tierra de Canaán, con la que siempre soñaron y a la que tanto sacrificio habían dedicado. Moisés murió a la edad de 120 años y fue enterrado en algún lugar lejano del interior del desierto y quizás por esto su sepulcro nunca se ha encontrado.

Moisés está considerado como el personaje mitológico más importante del Antiguo Testamento. Así lo considera el judaísmo, el cristianismo y el islamismo. Fue un gran profeta, legislador del pueblo hebreo, con grandes dotes militares, diplomático, historiador y poeta.

Moisés también es venerado como santo por la Santa Madre la Iglesia.

Hoy los amigos Leunam y Jairo dedicarán parte del tiempo de su paseo por el campo a conversar sobre Moisés —el fiel seguidor de la religión monoteísta fundada por Abraham— y también de las especiales relaciones que a lo largo de su vida mantuvo con Jehová-Dios al que tanto obedecía y adoraba junto con su pueblo.

—Si es verdad lo que nos cuentan —dijo Jairo— los textos bíblicos sobre la salvación de Moisés, yo creo que se trata de un hecho casi milagroso porque resulta muy difícil admitir que hiciera un cierto recorrido en una rústica barqueta arrastrada por la corriente de las aguas del río Nilo hasta ser rescatado por su hermana Miriam.

—Jairo —contestó Leunam—, estoy seguro de que la barqueta había sido construida con el máximo esmero para garantizar una máxima estabilidad y, si añadimos la vigilancia interesada por parte de su hermana y la serenidad de las aguas de la zona acondicionada donde se bañaban la princesa y sus damas de compañía, entonces la salvación, aunque no dejó de ser arriesgada la operación, creo que tuvo el final feliz que se merecía un hecho tan meticulosamente preparado.

—De todas formas —contestó Jairo—, dejando aparte la salvación de Moisés más o menos milagrosa, lo que sí queda documentado en las Sagradas Escrituras es que era hijo de esclavos hebreos y tuvo la suerte de vivir en el palacio real y ser educado como un príncipe egipcio.

—Es cierto —contestó Leunam—, porque cuando vino a este mundo tuvo doble suerte, primero porque nació el año que el faraón decidió que todos los niños que nacieran de los hebreos fueran arrojados al río Nilo o entregados a los soldados para proceder a su exterminio, como si se tratara de una granja de cría de animales domésticos, ya que consideraba que tenía demasiados esclavos. Y segundo, porque gracias al cumplimiento de esa ley regia fue salvado de las aguas y educado como un príncipe egipcio.

—Yo siento una gran admiración —dijo Jairo— por Moisés como príncipe egipcio, por su repulsa a la explotación del débil por el poderoso y por tener la valentía de revelarse contra las injusticias y el trato inhumano, atacando hasta su eliminación física a los brazos ejecutores, sabiendo que en esa acción de rebeldía contra el sistema se jugaba su noble *status* y su propia vida.

—Sigo estando de acuerdo contigo —contestó Leunam—, porque gracias a hombres como él, la vida de millones de personas puede dejar de tener una existencia igual o peor que la de muchos animales de carga. Pero hombres valientes, honrados, honestos y dispuestos a luchar hasta la muerte por conseguir el bien de sus semejantes existen muy pocos. Los que aparecen de tarde en tarde son perseguidos o eliminados si no huyen antes. Esto es lo que tuvo que hacer Moisés, huir muy lejos de su pueblo, dejando a familiares y amigos y esconderse durante cuarenta años en pueblos perdidos entre valles y montañas.

—Es verdad —contestó Jairo—, tuvieron que pasar muchos años para poder lograr lo que en su conciencia estoy seguro que anidaba desde su juventud, cuando empezó a darse cuenta de la cruel explotación a la que estaba sometido el pueblo hebreo, cuya sangre también corría por sus venas.

—Yo creo —dijo Leunam— que Moisés, cada día de los muchos años que estuvo ejerciendo el pastoreo, no dejó de pensar cómo y cuándo volvería con su gente. Estoy seguro de que durante ese tiempo se dedicó a profundizar más en sus creencias religiosas, dándole contenido y estructura a su religión monoteísta. Y, por supuesto, a conocer en profundidad los antepasados del pueblo hebreo del que tantas cosas le habían contado.

—Leunam, te estás olvidando de que Moisés volvió a Egipto por un mandato que recibió de Jehová-Dios para que liberara al pueblo hebreo de la esclavitud a la que estaba sometido por el bárbaro y cruel imperio de los faraones.

—Jairo, piensa que Moisés era un creyente monoteísta que consideraba a Jehová su único Dios; también era una persona muy inteligente, tenía una amplísima formación militar y una óptima formación cultural, aparte de ser un gran estudioso de las religiones politeístas, las letras, las artes y la historia. Yo creo que, en sus largos retiros en las montañas, acompañado de algunos eruditos y religiosos, dedicados eventualmente al pastoreo, elaboraron conjuntamente un estricto compendio religioso y un ambicioso, estratégico y metódico plan de salvación del pueblo hebreo de las garras egipcias que, durante tantos siglos, lo tenían bien atrapado. Moisés sabía que esa operación de éxodo no sería posible de forma ordenada si no contaba con todos los jefes de los clanes, con una disciplina militarizada y fundamentalmente con una nueva religión que los uniera.

—Entonces piensas que Moisés —contestó Jairo— no recibió ninguna orden de Jehová-Dios cuando pastoreaba en el valle cercano al monte Sinaí.

—Continuando con lo que te acabo de decir —contestó Leunam—, creo que Moisés antes de regresar a Egipto y encontrarse en primer lugar con su familia, con la que había procurado no perder el contacto, quiso volver a explorar el camino que debería recorrer como guía y patriarca del pueblo hebreo hacia la Tierra Prometida. Y, estando en la península del Sinaí tan cerca de Egipto, debió sentir tal emoción que, posiblemente, durante alguno de sus cortos reposos diurnos soñó con el mandato divino y que más adelante aprovechó para convencer de una forma más efectiva a los que manifestaban una cierta reticencia y miedo a emprender tamaña aventura.

—Entonces —contestó Jairo— si dudas de la zarza que ardía y que llamó la atención de Moisés, menos creerás en la partición de las aguas del mar Rojo que permitieron cruzar fácilmente a los hebreos, pero no a los soldados egipcios que los perseguían a causa del arrepentimiento del faraón por haberles concedido la libertad.

—Sinceramente —contestó Leunam— me inclino más por el sueño y el deseo de grandeza y poder de Moisés, que por la zarza ardiente. Y respecto a la división de las aguas, te he de contestar rotundamente que eso no pudo ocurrir, porque no hay poder en la tierra ni en el cielo capaz de provocar semejante fenómeno. Lo lógico es que el pueblo hebreo dejara la península del Sinaí por la zona comprendida entre el mar Mediterráneo y el extremo más septentrional del mar Rojo.

—Me dices —contestó Jairo— que no hay poder ni en la tierra ni en el cielo para provocar semejante hecho, pero si tenemos en cuenta los relatos de los textos bíblicos y lo que nos enseñaron nuestros profesores de religión, lo que se produjo fue un milagro, porque el fenómeno fue causado gracias a la intervención divina, o sea, la de Dios-Jehová.

—Jairo, lo que ocurre es que me cuesta mucho creer en la arbitraria intervención divina. Recordando mi inolvidable catecismo del padre J. Ripalda, que definía a Dios como un ser infinitamente bueno, sabio, justo, poderoso y principio y fin de todas las cosas, más lo que me enseñaron mis maestros y familiares que siempre me decían que era todopoderoso, porque con solo su poder hace cuanto quiere, y, además, que su existencia es eterna y está presente en todas partes simultáneamente, es decir, goza de la omnipresencia y de muchas consideraciones más. Por favor, ¿me quieres hacer comprender el porqué de ese derroche de poder y teatralidad, separando las aguas del mar para que pasaran unas gentes torturadas y esclavizadas que huían de una sociedad infernal que él mismo había creado y consentido durante bastantes siglos? ¿Acaso habían cometido alguna falta grave contra el Creador sobrenatural y supervisor del Universo todos los que nacieron, vivieron y murieron como esclavos en el larguísimo cautiverio?

—Encuentro muy difícil —dijo Jairo— el poder contestarte a tus preguntas, porque tendría que acudir a las verdades reveladas por Dios y transmitidas por la Santa Madre Iglesia católica, como sabes muy bien; pero comprendo que ciertos hechos te hagan resquebrajar tu fe hasta el extremo de dudar de la existencia de Dios. A mí me ocurre también algo parecido, pero, antes de renegar de casi todo lo que nos han enseñado y nos han hecho profesar, quiero constatar con otras personas mis muchas dudas sobre la religión que profesamos y este es uno de los motivos que hacen que mantenga estas largas charlas contigo.

—Bueno —dijo Leunam—, sigamos por el camino de la búsqueda del porqué de unas creencias que tanto se alejan de la vida real o nos tratan durante toda la vida como seres con una capacidad intelectual mermada, que irremediablemente debemos ser conducidos por las creencias religiosas y por las ideologías políticas. Esto es lo que debieron pensar Moisés y los líderes del gran éxodo del pueblo hebreo cuando acamparon junto al monte Sinaí.

—Es cierto —dijo Jairo— que la inmensa mayoría del pueblo hebreo que integraba la masa humana que huía de Egipto estaba embrutecida y poseída de una ignorancia generalizada. Por consiguiente, era lógico que Moisés y su equipo dirigente quisieran apartarse de la misma en el monte Sinaí, para terminar de estudiar cómo completar el plan que habían elaborado antes de ponerse en marcha. De ahí que con ayuda de algún escriba sobre piedra plasmaran de forma sintetizada las leyes básicas de obligado cumplimiento para todo el pueblo hebreo. En esta ocasión no hay nada sobrenatural para pensar que hubiera una intervención de Jehová-Dios, puesto que era una consecuencia lógica de la estrategia contenida en el plan que hizo posible el gran éxodo; y lo de las tablas de los Diez Mandamientos en las manos de Moisés, creo que solo fue una puesta en escena frente a aquel pueblo esclavo e ignorante, como ocurre en la actualidad con los líderes de las influyentes religiones e ideologías políticas.

—Jairo, estoy totalmente de acuerdo en todo lo que has dicho, porque, desgraciadamente, eso es lo que ocurre cuando un pueblo está sumido en un comportamiento propio de un rebaño humano y al que hay que conducir con tácticas diferentes hacia el fin deseado. Moisés sabía perfectamente que la plebe hebrea quedaría extasiada al saber que se había comunicado con Dios-Jehová en la cima del monte Sinaí y, además, le había entregado unas tablas con la Ley que, a partir de ahora, tenían que cumplir y dejar de orar a otras divinidades, cuyo reconocimiento habían heredado de sus antepasados.

—Hay otro hecho —dijo Jairo— casi al final del largo recorrido del pueblo hebreo hacia la Tierra Prometida, que también me hace dudar mucho de una intervención de Dios-Jehová, como fue el castigo de no pisar la Tierra Prometida a muchos varones en edad de guerrear, incluido Moisés y exceptuando a Josué, por haber dudado de la promesa de conquista y reparto a las doce tribus de Israel de las tierras de Canaán.

—Yo no creo —contestó Leunam— que existiera ese castigo divino por el solo hecho de haber tenido unas reacciones muy humanas frente a unas malas noticias que trajeron unos observadores o exploradores enviados por Moisés respecto a las grandes dificultades o luchas que tendrían que entablar con los habitantes de Canaán para ocupar sus tierras. Pienso que teniendo en cuenta las grandes contiendas que se iban a desarrollar para ocupar la Tierra Prometida al otro lado del río Jordán, hubo en los liderazgos de las diferentes tribus un cambio generacional y, además, se decidió que algunas de estas tribus se establecieran de forma permanente en la zona oriental del río Jordán y que las personas de mayor edad no cruzaran el río, como fue el caso de Moisés que hacía más de una década que había sobrepasado los cien años y otros muchos como él, que también terminaron sus vidas en las fronteras de las tierras de Canaán.

Finalmente, Leunam y Jairo han dado por finalizada la valoración que han hecho de la vida de Moisés, intentando recordar hechos que puedan regenerar su fe en las creencias religiosas que le inculcaron desde muy jóvenes, pero que, desgraciadamente, los acontecimientos pasados y presentes se encargan fácilmente de torpedear.

De todas formas, inasequibles al desaliento, continuarán en su empeño de buscar las posibles razones para seguir manteniendo o eliminando unos sentimientos y enseñanzas que le fueron impuestas sin su consentimiento.

Los dos amigos han decidido dejar para el próximo encuentro todo lo que le ocurrió al pueblo hebreo dirigido por Josué y otros líderes durante la conquista de la futura tierra de Israel, que más tarde los romanos denominaron Palestina.

Josué

Josué nació y vivió como esclavo en Egipto. Pertenecía a la tribu de Efraín y, según los relatos bíblicos, fue ayudante, lugarteniente y sucesor de Moisés por mandato de Jehová-Dios.

También por mandato divino, Josué debía conquistar toda la Tierra Prometida que Jehová-Dios había ofrecido a los hijos de Israel. Le ordenó que se esforzara y fuera muy valiente, ya que nadie podría hacerle frente mientras viviera; además, al igual que con Moisés, siempre estaría a su lado y jamás lo dejaría ni lo desampararía.

Después de la muerte de Moisés y tras haber conquistado las tierras al este del río Jordán (la zona por donde sale el sol), Josué, antes de emprender la conquista de Canaán, decidió, como gran patriarca del pueblo hebreo y jefe militar supremo de su ejército, que las tribus de Rubén, Gad y la mitad de la tribu de Manasés ocuparan los territorios que se les habían asignado. Estas tierras formaban una amplia y fértil franja que se extendía paralela al este y a lo largo del río Jordán. En estas tierras debían quedarse los ancianos, las mujeres, los niños y todo el ganado. Los hombres fuertes de estas tribus, que ya tenían tierras, pero regresarían más tarde, formarían parte del ejército hebreo que cruzaría el río Jordán junto con las tribus de Simeón, Judá, Benjamín, Neftalí, Aser, Zabulón, Isacar, Dan, Efraín y la otra mitad de Manasés, para conquistar las tierras de Canaán y repartirlas como herencia entre estas tribus de Israel, tal y como Jehová-Dios había prometido a sus padres y antepasados.

Los jefes de las tribus y los oficiales militares no solo respetaron y obedecieron las decisiones de Josué porque sabían que eran un mandato de Jehová-Dios, sino que le manifestaron su lealtad, asegurando que irían con él en todo cuanto decidiera, igual que estuvieron con Moisés. Si aparecía algún rebelde o traidor a sus mandamientos, debía ser castigado con la muerte.

Durante varios días, Josué, sus oficiales y los líderes tribales estuvieron planeando la estrategia para los ataques a las diferentes ciudades-estado que debían conquistar.

También organizaron y militarizaron al pueblo, para que supieran cómo debían actuar antes, durante y después de la conquista.

Finalmente, decidieron que la primera ciudad-estado a atacar sería Jericó. Por lo tanto, cruzarían el río Jordán y establecerían el campamento base en una zona estratégica y próxima a la gran ciudad que se proponían conquistar.

El cruce del caudaloso río se realizó sin ninguna dificultad, ya que las aguas se dividieron por intervención de Jehová-Dios, quien ordenó a Josué que primero pasaran los doce hombres que transportaban el Arca de la Alianza. Debían detenerse en el centro del lecho hasta que llegara la última persona de la caravana y luego unirse a ellos para cruzar a la otra orilla. Antes de salir del río, cada uno debía coger una piedra del fondo del lecho para construir un monumento conmemorativo en honor a las doce tribus de los hijos de Israel.

Antes de emprender el asalto a la ciudad de Jericó, Josué, los jefes militares y los líderes tribales enviaron a dos espías a la ciudad para recolectar información. Estos espías fueron descubiertos y denunciados al rey de Jericó, pero gracias a la intervención de la prostituta Rahab, lograron esconderse y escapar durante la noche. Le prometieron que, cuando atacaran la ciudad al día siguiente, ella y toda su familia se salvarían; solo debían reunirse en la misma casa y atar en la ventana la cuerda que habían utilizado para descender por el muro.

Aparte del informe detallado de los espías, antes de iniciar la conquista de Jericó, Jehová-Dios recordó a Josué que le entregaba la ciudad y a su rey, junto con todos sus guerreros. Del mismo modo, haría con el resto de las ciudades-estado que faltaban por conquistar. También le ordenó cómo debía llevarse a cabo el asedio, su duración y qué debía hacer con todo ser vivo en la ciudad y sus zonas de influencia.

Siguiendo la estrategia impuesta por Jehová-Dios, y con la excepción del salvamento de la prostituta Rahab, primero se derrumbaron las murallas de Jericó por intervención divina. Luego, todos los habitantes, hombres, mujeres, jóvenes, niños y ancianos fueron asesinados por los asaltantes. Ni siquiera se salvaron los bueyes, ovejas o asnos; mientras que, en el resto de ciudades asediadas, se apropiaron de todos los animales y despojos. Antes de que Jericó quedara reducida a escombros, se recuperaron todos los objetos de valor, especialmente aquellos de oro, plata, bronce e hierro, que constituyeron un tesoro consagrado a Jehová-Dios.

El rey de Jericó, al igual que los reyes del resto de las ciudades-estado de la región, fue ahorcado en un patíbulo, quedando expuesto todo el día. Al caer la tarde, cuando el sol se ocultaba, Josué ordenó que el cuerpo del ajusticiado fuera descolgado y arrojado frente a la que había sido la entrada principal de Jericó, donde lo sepultaron bajo un gran montón de piedras.

La ciudad de Jericó fue destruida por completo mediante el fuego, y Josué hizo un juramento invocando a Jehová-Dios, diciendo que sería maldito el hombre que intentara reconstruir Jericó, ya que sobre su primogénito echaría los nuevos cimientos, y sobre su hijo menor asentaría las puertas.

Josué prosiguió la conquista de la Tierra Prometida ajusticiando a más de treinta reyes de la región y masacrando a todos los habitantes de las ciudades y asentamientos humanos, incluidos ancianos, mujeres y niños. Según su justificación, esto evitaba posibles contagios con gentes de otras religiones, pero, sobre todo, lo hacía porque así lo había ordenado Jehová-Dios.

Una vez conquistada toda Canaán o Tierra Prometida, y eliminados todos sus habitantes de cualquier rincón remoto, Josué repartió todo el territorio entre las doce tribus del pueblo hebreo, los hijos de Israel.

Leunam y Jairo paseaban un día más por los tranquilos y bellos parajes que la naturaleza ofrece a quienes tienen la fortuna de saber disfrutar de sus encantos y beneficios. Hoy hablarían sobre Josué, un controvertido personaje bíblico que, si realmente existió y actuó como relatan los textos del Antiguo Testamento, genera una inmensa frustración y desesperanza respecto a cualquier religión.

—Leunam, en los relatos bíblicos sobre la vida y conquistas de Josué, me sigue llamando poderosamente la atención la intervención tan constante, directa y permanente de Jehová-Dios en todas las decisiones que debía tomar ese poderoso y autoritario líder militar.

—Sinceramente —contestó Leunam—, creo que el éxodo, la invasión de las tierras y ciudades que ocuparon los hebreos, junto con la aniquilación de sus habitantes, respondía a un cruel y ambicioso plan de conquista y exterminio. Este plan, unido al posterior reparto y asentamiento de un pueblo que había sido llevado a tierras lejanas y condenado a vivir en la esclavitud durante siglos, fue sin duda concebido por Moisés, sus fieles ayudantes, los sacerdotes o predicadores de la fe y por los jefes de las diferentes tribus. Debido a la avanzada edad de Moisés le correspondió a Josué, su lugarteniente y sucesor, culminar este plan. Josué fue un jefe militar cruel y sanguinario.

—Entonces —respondió Jairo—, ¿qué consideración haces de todo lo que dice el Antiguo Testamento, de las enseñanzas y del aprovechamiento que hacen las religiones monoteístas actuales sobre la vida de los influyentes personajes bíblicos?

—Los textos bíblicos —contestó Leunam— nos cuentan lo que hicieron Abraham, Moisés, Josué y otros profetas para salvar a sus hermanos del hambre, liberarles de la esclavitud y de muchas otras crueldades. Pero yo me pregunto: ¿quién originó, permitió y consintió tantas calamidades y atrocidades? Para mí está claro —porque así lo afirman tanto el Antiguo como el Nuevo Testamento— que fue Jehová-Dios, el creador sobrenatural y supervisor del Universo. Como principio y fin de todas las cosas, nada ocurre en la tierra ni en el cielo sin su consentimiento. Si debo creer en un ser tan poderoso y único, forzosamente he de imaginarlo como un prodigioso mago, creador y amante de los juegos de sobremesa, pero con fichas vivientes: seres humanos y animales. En este juego, con tableros formados por paisajes espléndidos que gravitan en el Universo, las reglas son tan dictatoriales, crueles y sanguinarias que solo pueden ser impuestas por un monstruo que se erige en dueño y señor de su diabólico juego.

—Según tú —dijo Jairo—, el comportamiento de Abraham, Moisés, Josué y otros profetas fue únicamente obra de Jehová-Dios, como creador omnipotente, omnipresente y omnisciente. Al mismo tiempo, pones en duda su omnibenevolencia, es decir, no puedes creer que sea infinitamente bueno.

—Es cierto —contestó Leunam—, pero ya te he dicho que debo forzarme para creer que existe un mago diabólico y extraño que se dedica a jugar o permitir tantas miserias y atrocidades humanas. Yo creo que esos grandes patriarcas, líderes o profetas, creadores de religiones monoteístas y de otras reglas de convivencia, fueron hombres autoritarios, cultos, estudiosos y conocedores de su entorno social. Eran grandes actores, dotados de una desmedida ansia de poder y dominio sobre sus semejantes. Para conseguirlo, no les importaba recurrir a cualquier arte, terrenal o espiritual, inventándose un dios temible y poderoso, o utilizando la tortura o el crimen público para demostrar quién era el poderoso. ¿Acaso Josué no hizo algo similar a esto?

—Debo reconocer —dijo Jairo— que, con el bagaje de mi formación religiosa recibida a lo largo de mi vida desde que empecé a tener uso de razón, ahora me siento aterrorizado al pensar que existieron tales acciones humanas, aisladas o colectivas, causadas por la codicia y maldad, ya sea de los seres humanos o de manera simbiótica entre lo humano y lo divino, es decir, la acción humana dirigida por la intervención de Jehová-Dios.

—Jairo, en conciencia debo confesarte lo que ahora mismo estoy pensando sobre esos grandes líderes cuya vida hemos repasado estos días. Aunque espero y deseo que, a medida que avanzo en la búsqueda del porqué de mis creencias religiosas, pueda encontrar más adelante una justificación a este enorme muladar de hipocresía que me asfixia. Puedo estar de acuerdo con las hazañas de los patriarcas Abraham y Moisés, dejando de lado las intervenciones divinas o sobrenaturales, porque volvería a reiterar lo que ya te he dicho. Pero en cuanto a Josué, estoy seguro de que coincidiría con cualquier persona exenta de creencias dogmáticas o sectarias al juzgar su cruel y sanguinario comportamiento hacia los vencidos. Nos encontramos ante un individuo autoritario que empequeñece a los genocidas históricos del siglo XX. Y, en cuanto a la eliminación física de forma tan sanguinaria de miles y miles de seres inocentes, cuyo único pecado era ser idólatras, sinceramente no me convencen los mandatos de Jehová-Dios. Al contrario, los detesto, porque creo que fueron elaborados como estrategia y justificación por unos iluminados enloquecidos para masacrar y eliminar decenas de pueblos, cometiendo un horrendo genocidio, ordenado y dirigido por Dios-Jehová, si nos atenemos a los relatos bíblicos.

—Me aterra —dijo Jairo— la idea de que, al final, no exista un ser supremo, infinito, perfecto, principio y fin de todas las cosas en el que pueda confiar. Porque ese miedo al desamparo forzosamente me conduciría a entregarme a algo que creyera superior a mí para que me ayudara a vivir, aunque se tratara de un astro, un enigmático animal o una idea que me transformara espiritualmente en un ser poderoso y sin miedo al más allá, capaz de destruir y eliminar a los demás para ganar mi felicidad.

—Jairo, si continúas pensando así, te vas a convertir en uno de los muchos idólatras o politeístas que Josué y sus seguidores degollaron, ahorcaron y quemaron en las tierras de promisión. O también te puede ocurrir que te vuelvas tan loco y sanguinario como Josué, el fiel discípulo de Moisés. Yo solo te pido que estos coloquios que hemos mantenido sobre la vida de unos hombres que las religiones monoteístas han envuelto en halos de divinidad para provecho propio, solo te sirvan para seguir buscando el porqué de todas las religiones y las ideologías políticas con su adoctrinamiento o dogmatismo, que se ponen siempre de acuerdo para aborregar o esclavizar más a los pueblos incultos o ignorantes.

Leunam y Jairo se despidieron después de haber hecho un largo paseo, disfrutando de un sol espléndido y, en medio de un paisaje lleno de paz y sosiego, donde los únicos seres que se atrevían a alterar el silencio reinante eran los jilgueros, verderones, mirlos, urracas, gorriones, lavanderas, tórtolas, palomas torcaces y otros. Y quizás son los que realmente merecen esa vida de paz en este inmenso y singular paraíso, que es la naturaleza, a la que tanto cuidan y embellecen, y, además, porque son seres carentes de instintos criminales para apoderarse de lo que les pertenece a los demás.

Finalmente, Leunam y Jairo decidieron plantear sus dudas y conclusiones a su amigo Jonatan, el sacerdote y párroco de una modesta iglesia cristiana y católica, para tratar de organizar sus mentes y creencias religiosas. Jairo se conformará con las explicaciones de Jonatan, pero Leunam solo las tendrá en cuenta para seguir buscando el porqué de sus grandes dudas o pérdida de fe.

Por esta razón, Leunam quiere profundizar más en todo lo que ha aprendido escuchando a sus seres más queridos, a sus profesores y, también, todo lo estudiado en los libros de Historia Sagrada, en su inolvidable catecismo del padre jesuita J. Ripalda y en otros muchos sobre la vida de Jesús de Nazaret, y, por supuesto, sin olvidarse de varias películas de contenidos bíblicos.

Jesús de Nazaret

Cuando nació Jesús, Nazaret era una humilde aldea de la región de Galilea donde no vivían más de un centenar de familias; la mayoría de ellas en viviendas excavadas en la ladera de la montaña y dedicadas a trabajos artesanos, ganaderos, agrícolas y de pesca.

En ese pueblo de Nazaret, que está ubicado muy cerca del mar de Galilea o lago Tiberíades y que, con el paso del tiempo, fue creciendo y transformándose en una bonita y activa ciudad, vivió Jesús desde niño junto a sus padres, hermanos, familiares y amigos, hasta que inició su vida pública.

Pero Jesús no nació en Galilea, sino en Judea, igual que el rey David, concretamente, en Belén, una pequeña ciudad cananea muy cercana a Jerusalén. Y ocurrió así porque, cuando faltaban pocos días para que se produjera su nacimiento, sus padres, José y María, tuvieron que desplazarse obligatoriamente a Belén para cumplir con un mandato del emperador romano César Augusto, que ordenaba la confección de un censo en el que todos los israelitas nacidos en el reino de Judea o provincia romana debían empadronarse en su lugar de nacimiento.

Con el nacimiento de Jesús en Belén se inicia la Era Cristiana de acuerdo con el calendario gregoriano, que coincide con el año 3761 a. C. del calendario hebreo o judío.

Jesús y sus padres no regresaron a Nazaret hasta transcurridos dos o tres años después de su nacimiento. Según algunos relatos bíblicos, la pequeña familia huyó del reino de Judea hacia Egipto para salvar a Jesús de una muerte segura por culpa de un decreto del rey Herodes el Grande, títere de Roma, que ordenaba matar a todos los niños menores de dos años nacidos en Belén y en toda la comarca.

Jesús, al octavo día de su nacimiento, fue circuncidado como norma y práctica formal en cualquier familia judía, para que sus hijos entrasen a formar parte del pueblo de Israel.

Jesús empieza a vivir en Nazaret a la edad de dos o tres años, formando parte de una familia judía numerosa, puesto que tenía como hermanastros a varios hijos de su padre, aparte de otros hermanos que nacerían más tarde. Además, en Nazaret también vivían varios tíos y primos.

Como era lógico en un niño judío, la infancia y niñez de Jesús hasta sus ocho o diez años en poco se diferenciaba de lo que hacían los demás niños de su edad. Aunque parece ser que su comportamiento en los últimos años de su niñez se distinguía y alejaba bastante del resto de sus amigos; también le ayudaba mucho, a su natural inteligencia, el singular entorno familiar, ya que era muy amado por unos padres piadosos y practicantes de su religión, hermanos mayores en los que encontraba siempre la respuesta amable a todo cuanto anhelaba saber y, especialmente, por parte de su padre, que le empezó a enseñar su oficio de artesano y todo cuanto sabía de los patriarcas y profetas del judaísmo.

Cada año, por la fiesta de la Pascua, se organizaba desde Nazaret una caravana para visitar Jerusalén y así poder rezar en su Templo. Pero el año que Jesús cumplió doce años parece ser que ya disfrutaba de una cierta libertad paterna de movimiento dentro de la ciudad, permitiéndole separarse de ellos e interesarse por lo que más le atraía, que eran las cuestiones religiosas o espirituales.

Lo que ocurrió es que sentía tanta atracción por lo que hacían y explicaban los doctores del Templo de Jerusalén, que perdió la noción del tiempo y no se acordó de reunirse con sus padres. Estos tardaron tanto tiempo en encontrarlo que ni siquiera pudieron formar parte de la caravana de regreso a Nazaret.

Según nos cuenta el evangelio de Lucas, los padres de Jesús lo encontraron en el Templo al cabo de tres días, rodeado de sacerdotes y doctores de la religión hebrea, que estaban asombrados por la inteligencia y sabiduría que demostraba en sus respuestas a las cuestiones que le sometían y también por los profundos razonamientos que hacía en lengua hebrea de temas espirituales.

Después de este hecho, Jesús regresó con sus padres a Nazaret, donde continuó su vida hasta los inicios de su edad adulta, mientras realizaba trabajos de aprendizaje artesanal de carpintero al lado de su padre, dedicando todo su tiempo libre a seguir profundizando en las enseñanzas del judaísmo, a estudiar la historia del pueblo de Israel, del Imperio romano y las lenguas griega, hebrea y aramea, sin olvidarse de las duras condiciones de servilismo y esclavitud a la que estaban sometidos los israelitas por el poder de Roma con la interesada colaboración de los reyes títeres de la región, como era el caso del rey Herodes de Judea.

Jesús, antes de iniciar su vida pública alrededor de los 30 años de edad, visitó muchas veces la ciudad de Jerusalén, no solo para asistir a las fiestas religiosas, sino para reunirse con algunos sacerdotes del Templo y también con otros eruditos, con el fin de consolidar los amplios conocimientos que estaba adquiriendo de forma autodidacta en su tiempo libre, después de realizar su jornada de trabajo en el taller familiar o fuera del mismo.

Aunque no se conoce la fecha exacta de la muerte de José, el padre de Jesús, parece ser que esta sucedió cuando Jesús ya había cumplido los 20 años. Durante ese tiempo, padre e hijo mantuvieron serias discusiones a causa de la excesiva ingenuidad y espiritualidad con las que Jesús sustentaba su relación y comportamiento, no solo a nivel familiar, sino social.

José y también los hermanos de Jesús estaban muy preocupados por la excesiva influencia que estaban ejerciendo las diferentes enseñanzas y ciencias que de forma muy intensa aumentaban cada día más la sabiduría de Jesús, porque, según ellos, con su excesivo mesianismo, dogmatismo, religiosidad e idealismo, se colocaba en un plano poco comprensible e irreal para los que le rodeaban.

Jesús, después de la muerte de su padre, decidió empezar a trabajar en los importantes astilleros de Tiberíades. Y, en la época de tala de los grandes robles que poblaban los bosques próximos, trabajaba de sol a sol para los referidos astilleros como un obrero más, comiendo y durmiendo en los campamentos que levantaban a pie de tajo.

Jesús, desde su adolescencia, tuvo grandes dudas respecto a su vida futura, a pesar de tener una buena perspectiva de trabajo que le ofrecía un futuro estable para poder formar una familia, igual que lo hacían los jóvenes de su comunidad. De sus padres y hermanos recibió consejos en esa dirección, pero él no pensaba, por el momento, en el matrimonio, porque sus inquietudes humanistas, religiosas, espirituales y políticas le turbaban y atormentaban como consecuencia de la gran opresión esclavista que infligían los romanos al pueblo de Israel. También los múltiples comentarios de los habitantes de Nazaret y zonas limítrofes sobre futuros hechos relacionados con la liberación de su pueblo le creaban muchas dudas sobre qué destino o misión le había reservado Dios en la vida.

Jesús, después de más de 15 años de intensos y vastos estudios sobre su religión, historia de los pueblos y ciencias en general, consiguió estar espiritualmente más allá de su tiempo, porque se sentía capaz de traspasar los sentimientos humanos para enlazarlos con unos hechos sobrenaturales o dogmáticos, que de forma obsesiva deseaba que aquellos que le escuchaban comprendieran que se han de preparar para la gran conversión, es decir, para la vuelta al padre del que tanto se habían alejado.

Jesús, con su apasionada dedicación al estudio, aumentaba cada día que pasaba su amplísima formación religiosa, cultural y también el dominio del arte de la comunicación, por lo que resulta comprensible que su imaginación se fuera convirtiendo en un inmenso universo compuesto por multitud de hechos históricos y de los relacionados con el pueblo hebreo en la época que le había tocado vivir; además, su mesianismo y cognición le advertían de la necesidad de ejercitarse, igual que habían hecho a lo largo de la historia del pueblo de Israel muchos profetas bíblicos, llevando a la práctica todo aquello que había deducido de sus innumerables lecturas y que, según las mismas, eran mandatos divinos para beneficiar al pueblo de Israel.

Casi con 30 años de edad, Jesús continúa con sus grandes dudas sobre cuál ha de ser su dedicación futura, ya que se considera preparado para ayudar a su pueblo a resolver sus carencias más primarias y sociales o, incluso, en un plano más superior, intentar conquistar poder político para así servir mejor los intereses de sus conciudadanos. Pero sobre estos dos posibles caminos prevalecía su gran vocación mesiánica, que le hacía pensar en convertirse en un gran rabino y predicador de la verdadera religión que necesitaba el pueblo. Aunque, para reflexionar y decidirse por una determinada opción, necesitaba poner en práctica lo que ya había sido muy habitual en los grandes patriarcas o profetas del pueblo judío, es decir, retirarse a un lugar aislado que le permitiera pensar tranquilamente. Pero, antes del retiro a las montañas, quiso tener más información sobre todo lo que sus allegados le habían explicado acerca de un predicador que habitaba en un lugar del desierto muy próximo al río Jordán.

Juan el Bautista, pariente asceta muy cercano a Jesús, se dedicaba a predicar y anunciar la venida de un Mesías o enviado de Dios, que sería el salvador y el conductor del pueblo elegido hacia el Reino Eterno del Dios Creador.

Juan el Bautista, en sus sermones, cada vez apuntaba de forma más clara a Jesús como el verdadero Mesías. Esto originó que mucha gente que no conocía a Jesús quisiera conocerlo, creando una alteración en la conducta de Jesús que le causaba problemas en sus relaciones familiares. María llegó a pensar que su hijo sería un mesías político, el libertador del pueblo de Israel que expulsaría a los invasores y guiaría al pueblo elegido para conquistar todo el mundo. Ante esta situación, Jesús abandonó el hogar familiar y se fue unos días a casa de unos amigos que vivían muy cerca de Nazaret.

A pesar del cambio de residencia, Jesús fue localizado por las gentes que escuchaban al predicador, porque querían conocerlo y saber lo que pensaba respecto a todo lo que Juan el Bautista decía de él.

Toda esa presión le hacía la vida muy difícil a Jesús. Por eso, un día dejó de trabajar en los astilleros y, junto con sus hermanos

Santiago y Judas, decidieron ir a conocer y escuchar al asceta y anunciador judío del desierto, que, además, era su primo.

Al cabo de unos días, Jesús y sus hermanos se encontraban a las orillas del río Jordán con Juan el Bautista y la multitud de gente que le acompañaba para escucharlo y ser bautizada o sumergida en las aguas del famoso río, como acto de entrega, humildad y sumisión a los mandatos de Dios.

Era un día lluvioso y de fuertes tormentas cuando les tocó el turno de la acción del bautismo mediante la inmersión en las aguas del río Jordán a Jesús y a sus hermanos. Primero lo hizo Santiago, después Judas y, en tercer lugar, Jesús. Parece ser que en el momento del bautismo de Jesús se produjeron unos fuertes relámpagos que iluminaron intensamente el lugar e, incluso, algunos de los presentes afirmaron que habían escuchado voces celestiales desconocidas.

Después de recibir el bautismo por Juan el Bautista, Jesús decidió adentrarse en las desérticas montañas de la zona para reflexionar y orar en compañía de un grupo muy reducido de seguidores.

Al cabo de bastantes días de estancia en las agrestes montañas, y habiendo cumplido 30 años de edad, Jesús tomó la decisión de entregarse en cuerpo y alma a su gran vocación espiritual y mesiánica. Así que, cuando volvió con los que le esperaban, se puede decir que inició su vida pública.

Lo primero que hizo fue visitar a su madre, hermana, familiares y amigos, pero no se quedó a vivir en Nazaret, sino que lo hizo en Cafarnaúm. Y, a partir de entonces, empezó a predicar la inminente llegada del Reino de Dios, es decir, la intervención de Dios sobre todas las cosas, bien fueran políticas o espirituales.

Además, Jesús seguía reflexionando sobre quién era él como consecuencia de todo lo que decían las gentes de su tierra, que estaban muy influenciadas por los sermones y profecías de Juan el Bautista.

De esos hechos bíblicos conviene destacar los siguientes:

• María, hija de Joaquín y de Ana, que, como sabemos, estaba casada con José, de profesión carpintero, un día recibió la visita del ángel Gabriel, o mensajero de Dios, para anunciarle que el hijo que tenía concebido sería un varón enviado de Dios para salvar al mundo de sus pecados y que debería responder al nombre de Jesús.

• El nacimiento de Jesús fue profetizado por Juan el Bautista como el Salvador y Mesías de la Tierra de Promisión.

•Y que, durante su retiro al desierto o en agrestes montañas, sería sometido por el diablo a duras pruebas que fácilmente superaría con la ayuda de Dios.

Jesús desarrolló su vida pública principalmente en las ciudades de Cafarnaúm, Corozaín, Nazaret, Jerusalén, Canaán, Jericó, Betania y algunas más; pero habitualmente en las regiones de Galilea y Judea. Siempre fue acompañado por sus fieles seguidores y gentes que querían conocerlo y escuchar sus sermones y parábolas.

Entre sus amigos y simpatizantes, Jesús escogió a doce colaboradores o apóstoles para que lo siguieran y estuvieran con él en todas partes y, después, propagaran lo que habían visto y aprendido.

Todos los hechos extraordinarios y los contenidos principales de las predicaciones de Jesús durante su vida pública fueron recopilados en escritos realizados por cuatro apóstoles, cuando habían transcurrido más de 20 años de la muerte de Jesús. Esos escritos o narraciones de hechos de la vida pública de Jesús son conocidos en el cristianismo como los Evangelios y sus autores fueron: Juan el Evangelista, Mateo, Lucas y Marcos, conocidos en los textos bíblicos como los evangelistas.

Los doce apóstoles elegidos por Jesús, según los Evangelios, se llamaron: Simón, conocido como Pedro; su hermano Andrés; Santiago y Judas, hermanos de Jesús; Felipe, Bartolomé, Tomás, Mateo, Tadeo, Santiago el Alfeo, Simón el Celoso y Judas Iscariote. Algunos de estos apóstoles eran pescadores, artesanos, trabajadores de los astilleros, etc.

Jesús, en todas sus actuaciones y predicaciones, insistió y ensalzó el valor principal de su mensaje, que era el perdón y el amor al enemigo.

Destacaba también de forma muy natural su especial relación con Dios, al que llamaba «padre». De aquí la oración del Padrenuestro, que enseñó a sus apóstoles, amigos y seguidores. Y que dice así:

• Padre nuestro, que estás en los cielos, santificado sea tu nombre; venga a nosotros tu reino, hágase tu voluntad en la tierra como en el cielo. Dadnos hoy nuestro pan de cada día. Perdona nuestras ofensas, como también nosotros perdonamos a los que nos ofenden. No nos dejes caer en la tentación y líbranos del mal.

Jesús predicó durante tres años en sinagogas, en plazas y en grandes espacios al aire libre, donde siempre se reunía gran cantidad de gente para escucharlo e interpelarlo.

En sus discursos, siempre empleaba numerosas parábolas para que la gente lo comprendiera mejor. Entre todos sus discursos, el Sermón de la Montaña se considera el más importante.

Jesús mantuvo graves discusiones y controversias con los máximos e influyentes jerarcas y sacerdotes de las principales tendencias religiosas del judaísmo y, muy especialmente, con los fariseos, a quienes acusó de hipócritas y vividores por no enseñar y practicar los preceptos más importantes de la Torá, la ley mosaica o del judaísmo, como eran la justicia, la compasión y la lealtad.

Muchos de los citados jerarcas y sacerdotes del judaísmo se sintieron humillados al ser acusados por Jesús de mentirosos y corruptos, incluido el sumo sacerdote Caifás. A partir de esos hechos, lo consideraron su enemigo y lo acusaron de impostor y blasfemo, por lo que debería ser juzgado lo antes posible por el Gran Sanedrín, o sea, por el tribunal o corte suprema del pueblo de Israel.

Según los Evangelios, se sabe que, durante la breve vida pública de Jesús, ya que la inicia casi con treinta años y muere a los treinta y tres por crucifixión en Jerusalén, se contabilizaron más de veinticinco milagros. Unos eran curaciones de distintas enfermedades, algunos exorcismos, dos o tres resurrecciones y prodigios de tipo natural relacionados con la obediencia del viento y del mar. Y, por último, cuatro milagros extraordinarios, como fueron: la multiplicación de los panes y los peces, la pesca milagrosa del lago Tiberíades, la conversión del agua en vino en las bodas de Canaán y la resurrección en Betania de su amigo Lázaro.

Durante la vida pública de Jesús ocurrió un hecho muy propio de la envidia o de las miserias humanas, ya que, cuando fue como predicador a Nazaret, donde vivió y creció, fue recibido con hostilidad e insultos por sus convecinos.

En la última visita que Jesús hizo a Jerusalén para celebrar la fiesta de Pascua en compañía de sus seguidores, quiso que se cumpliera un anuncio del profeta Zacarías y, por esto, entró a lomos de un asno, siendo recibido por una gran muchedumbre que lo aclamó como rey e hijo de David. Cuando llegó al Templo de Jerusalén, expulsó con ira a todos los cambistas y vendedores de animales para los sacrificios rituales que lo habían ocupado ante la pasividad de los corruptos sacerdotes del judaísmo.

Jesús vaticinó la destrucción del Templo de Jerusalén y otros acontecimientos que también se cumplieron en el futuro.

Jesús, durante los días que estuvo en Jerusalén, departió mucho con sus apóstoles, amigos y seguidores. También pasó toda la tarde con su amada Magdalena, que lo ungió con aceites y perfumes, como era costumbre en esa época entre personas amadas.

Jesús, en la noche de Pascua, cenó con sus doce apóstoles. Esa cena está considerada por la religión cristiana como la Última Cena. Después de cenar, se fueron todos a orar al huerto de Getsemaní, aunque algunos se durmieron.

Judas Iscariote traicionó a Jesús y recibió treinta piezas de plata por denunciarlo a un grupo de secuaces armados con armas blancas y palos, que tenían que apresarlo y entregarlo al Gran Sanedrín, ya que, a medida que los jerarcas y sacerdotes del judaísmo iban conociendo mejor la vida pública de Jesús, se volvían más intransigentes al querer terminar no solo con su actividad pública, sino con su vida.

En el momento de la detención, los apóstoles apenas se opusieron y, al final, huyeron como unos cobardes. El que siguió a Jesús cuando se lo llevaron detenido fue Pedro, pero aún lo hizo a escondidas y, cuando fue descubierto por los sirvientes del Sumo Sacerdote, negó hasta tres veces que fuera discípulo de Jesús, cumpliéndose así lo que había profetizado el Maestro en una reunión con ellos.

Jesús fue llevado al palacio del Sumo Sacerdote Caifás; allí fue escarnecido de forma cruel y juzgado ante el Sanedrín, que estaba acompañado de unos falsos testigos que se contradecían en sus acusaciones. Finalmente, Caifás preguntó a Jesús si era el Mesías y este le contestó: «Tú lo has dicho». El Sumo Sacerdote fingió volverse loco por lo que consideraba una blasfemia. Aptitud parecida ofrecieron los otros miembros que le juzgaban, todos ellos integrantes del Sanedrín.

A primera hora del día siguiente del citado juicio, Jesús fue llevado por los jerarcas del Sanedrín ante Poncio Pilatos, que era el prefecto de la provincia romana de Judea en tiempos del emperador Tiberio.

Poncio Pilatos vivía en Jerusalén, concretamente en el palacio de Herodes, y fue prefecto de Roma en Judea desde el año 26 hasta el 36 de la Era Cristiana. Pilatos, aparte de ser un tirano cruel, también era un funcionario romano muy preocupado por hacer cumplir la ley de Roma.

A Poncio Pilatos no se le puede considerar culpable directo de la muerte de Jesús, ya que trató de evitarla, por lo menos, tres veces durante el desarrollo del juicio público. Él no encontraba delito alguno en las acusaciones que le hacía el Sanedrín a Jesús y, por esto, al final del juicio y de forma simbólica, se lavó las manos para manifestar que él no era culpable de la muerte de un inocente.

El juicio público de Jesús se celebró en la entrada principal del palacio del rey Herodes, al final de la escalinata y frente a la gran plaza donde se congregó la muchedumbre que fue a presenciarlo.

El vulgo o masa ignorante del pueblo judío acudió atendiendo a la llamada que habían hecho los tiránicos sacerdotes y escribas en nombre del Sanedrín, para que gritaran, corearan y exigieran a gritos la crucifixión de Jesús.

El Sanedrín no tenía competencias jurídicas civiles y, por consiguiente, no podía aplicar la pena de muerte que solicitaba para Jesús. El sumo sacerdote Caifás, al frente del Sanedrín, trató por todos los medios de que Roma ejecutara la pena capital. Por esto, Jesús no solo fue acusado ante Poncio Pilatos como un blasfemo contra la ley de Moisés, cosa que le importaba muy poco al prefecto romano, sino que también fue acusado de ser un revolucionario en contra del Imperio Romano. Pero lo cierto es que había tantas contradicciones en las acusaciones que Pilatos no creía nada de aquellos detestables jerarcas del judaísmo.

Poncio Pilatos volvió a someter a un breve interrogatorio a Jesús y no encontró ningún delito en sus actuaciones y conducta, y así lo hizo saber a sus acusadores.

Pilatos, enterado de que Jesús vivía en Galilea, lo envió al rey Herodes Antipas, que se encontraba esos días en Jerusalén, por ser un ciudadano de su jurisdicción.

El Sanedrín manifestó e insistió con sus acusaciones contra Jesús ante el rey Herodes. Este rey marioneta, déspota y criminal, humilló y se burló de Jesús junto con sus soldados, porque, aunque no lo conocía, sí estaba enterado de muchos hechos de la vida pública de Jesús. Al final, lo envió nuevamente a Poncio Pilatos.

El prefecto romano Poncio Pilatos, al encontrarse otra vez con Jesús, intentó nuevamente salvarlo de la muerte, diciéndoles a sus fanáticos y tiránicos acusadores y también a la masa aborregada que se había congregado frente al palacio, ocupando la inmensa plaza, que el rey Herodes tampoco lo había encontrado culpable de ningún delito de los que era acusado, así que lo castigaría y lo soltaría. La servil y detestable muchedumbre, siguiendo las instrucciones de los despreciables sectarios del judaísmo, empezó a gritar pidiendo la libertad de un preso famoso condenado a muerte por crucifixión llamado Barrabás.

Intentando una vez más salvar la vida de Jesús, Poncio Pilatos se dirigió nuevamente a la vociferante muchedumbre y a los fanáticos integrantes del Sanedrín para decirles que Jesús no había cometido ningún delito castigado con la muerte. Pero el gentío congregado, convertido en un dócil rebaño humano astutamente dirigido por sus crueles y sanguinarios pastores, continuó pidiendo a gritos la crucifixión de Jesús y la libertad de Barrabás.

Finalmente, Poncio Pilatos, el burócrata y cobarde prefecto romano, sentenció que se cumpliera la demanda mayoritaria del pueblo ignorante y astutamente manipulado o pastoreado por los intransigentes, fanáticos y tiránicos miembros de la corte suprema del pueblo de Israel.

En este injusto y gravísimo acontecimiento histórico queda claramente demostrado que el pueblo soberano y sus decisiones mayoritarias no siempre son justas, ya que pueden causar a las minorías daños irreparables, detestables, crueles y criminales.

Poncio Pilatos, en el juicio público de Jesús, es cierto que intentó, por lo menos en tres ocasiones, salvarlo de la muerte, pero, en última instancia, tuvo un comportamiento injusto y sumamente cobarde, porque dejó que la intransigencia, el fanatismo y la tiranía del pueblo judío asesinara a Jesús, colmando así el ansia de sangre de aquellos ignorantes y enloquecidos judíos conducidos por unos tiranos convertidos en auténticos criminales.

El prefecto romano Poncio Pilatos, antes de dejar a Jesús en manos de sus verdugos, hizo constar que él y la justicia romana que representaba no tenían nada en contra de aquel hombre que iban a crucificar. A continuación, se lavó simbólicamente las manos para manifestar su inocencia de la muerte de Jesús, como ya se ha dicho.

Los soldados romanos encargados de la crucifixión de Jesús lo azotaron, lo humillaron y se burlaron de él, colocándole una capa roja, una caña en su mano derecha y una corona hecha de ramas de espino, por creer que era el rey de los judíos. A continuación, fue obligado a cargar con la cruz en la que iba a ser crucificado hasta el monte Calvario, situado en las afueras de Jerusalén.

Los soldados, en la parte superior de la cruz, colocaron un cartel escrito en arameo, griego y latín, que decía: «Jesús de Nazaret, rey de los judíos». Este texto queda abreviado en muchas obras de arte con la siguiente inscripción: INRI (*Iesus Nazarenus Rex Iudaeorum*).

Jesús murió crucificado, que era la muerte más ignominiosa que podía sufrir una persona en esos tiempos. Según los evangelistas Mateo y Marcos, Jesús, antes de la expiración, gritó: «*Elí, Elí, lemá sabactani*», que en arameo significa: «Dios mío, Dios mío, ¿por qué me has abandonado?».

En la crucifixión y posterior sepultura estuvieron presentes su madre, hermanos, familiares, algún apóstol y varios seguidores. José de Arimatea, tutor y familiar de Jesús, solicitó a Poncio Pilatos el cuerpo del crucificado aquella misma tarde y, a continuación, lo sepultó en un sepulcro de su propiedad, envuelto en una sábana o lienzo de algodón.

Jesús, a partir de su muerte, también es reconocido con el nombre de Jesucristo o simplemente Cristo. Está considerado como la figura central del Cristianismo, cuyo credo establece como dogma de fe que es el Hijo de Dios.

La crucifixión era el método de ejecución o muerte más vergonzoso y cruel de todos los existentes en esa época. No solo significaba la muerte, sino también la tortura despiadada y prolongada que producía una lenta agonía; y porque era el método legal de ejecución empleado por los romanos para casos extremos de asesinato, terrorismo o similares.

Esa forma cruel de ejecución fue empleada por los romanos durante más de nueve siglos, puesto que en la Roma Antigua unos 500 años a. C. y hasta el año 337 fue empleada pródigamente. Introduciendo algunas variables también fue un método muy empleado en otras culturas.

No hace muchos siglos, gobernantes despóticos, crueles y sanguinarios, como fue el caso del califa Abderramán III, que se dedicó durante 50 años a la guerra de conquista, saqueo y exterminio de los reinos cristianos de España, también ordenó ejecutar por crucifixión en nombre de Alá a varios centenares de oficiales de su propio ejército por el solo delito de haber sido derrotados en una batalla. Aparte de los cientos de miles vencidos que mandó degollar, ya que este era el sistema de ajusticiamiento más empleado por los musulmanes, y siempre en nombre de Alá.

En la actualidad, se continúan produciendo casos aislados de ajusticiamiento por crucifixión en las guerras tribales de religión que se mantienen en algunos países de los continentes africano y asiático, donde generalmente se enfrentan musulmanes entre sí o contra cristianos.

Leunam y su amigo Mateo se encuentran disfrutando de un agradable paseo a la orilla del mar, en una pequeña ciudad turística y marinera. En cuya playa, y conectando con su extraordinario paseo marítimo, se han construido, con grandes bloques de piedra natural, una serie de espigones de superficie superior muy regular y amplia, que permiten adentrarse en un mar de aguas muy limpias y transparentes, de color azul intenso, producto del reflejo del luminoso cielo azul de un día muy soleado que dulcifica la temperatura.

En su caminar por el espigón hacia el extremo más alejado del paseo, Leunam y Mateo se detienen de vez en cuando, no solo para dejarse acariciar por los cálidos rayos del sol y respirar mejor esa fresca brisa marina cargada de sodio, sino para acercarse al borde de la gran plataforma pétrea y observar, entre las enormes rocas que la forman, la gran cantidad de pececillos que buscan comida, como también lo hacen las miles de quisquillas, cangrejos, nécoras, erizos, algún pequeño pulpo, muchos mejillones y bastantes medusas y anémonas.

A Leunam este lugar le encanta, no solo por sus magníficas playas y entorno deslumbrante, sino porque, siendo muy joven, cuando por primera vez se alejó de su lugar de nacimiento, cada final de semana paseaba sobre estas construcciones rocosas o se bañaba en este mar de tranquilas aguas, encontrando una paz y una sensación de bienestar y libertad muy difíciles de olvidar. También le ha contado a su amigo Mateo que, cuando se casó y tuvo hijos, cada año, durante mucho tiempo, pasaba una larga temporada con ellos en este bonito pueblo de tradición marinera, conocido en casi todo el mundo por su singular ubicación y arquitectura, por sus playas, por su clima y por su extraordinario y excelente ambiente de tolerancia y libertad de convivencia entre sus moradores y los visitantes.

Al cabo de unos cuarenta minutos, Leunam y Mateo han llegado al final del rompeolas, después de recorrer unos 300 metros y haber disfrutado de cosas pequeñas o insólitas que nos ofrece la Naturaleza para que disminuyamos nuestra tensión emocional y busquemos la felicidad sin acudir a la artificialidad.

Como el día es espléndido, la brisa tiene sabor a mar y el sol se afana en calentar el ambiente, los dos amigos han optado por colocarse sobre unas cómodas rocas del terminal ataluzado del espigón que, en esta zona, está siendo acariciado por la leve marejadilla del inmenso mar.

Sentados en sus especiales asientos de granito grisáceo, porque de este resistente material son las grandes rocas que forman el rompeolas, y envueltos en un paradisíaco ambiente, Leunam y Mateo quieren tratar de encontrar en la vida de Jesús algún hecho o grave pecado que justifique el abandono que sufrió por parte del padre, como él lo llamaba, o sea, por Dios, permitiendo y observando cómo lo sometían a un trato tiránico y sanguinario, seguido de una muerte humillante, cruel y vergonzante.

—Leunam, yo no comprendo tanta intervención divina y misteriosa en el nacimiento de Jesús, ni la facultad recibida por el padre —aunque por poco tiempo—, para realizar eventos inexplicables y, seguidamente, abandonado por Dios Padre sin consideración alguna para que lo escarnecieran y eliminaran físicamente de una forma cruel y sanguinaria, igual que se hacía con gentes envilecidas o asesinas.

—Mateo, yo creo que Jesús nació como tú y como yo, es decir, siguiendo el proceso natural y básico de la reproducción generativa o sexual que permite la creación biológica de un nuevo ser. En principio, yo tampoco comprendo ese empeño por envolver de tanto misterio sobrenatural el nacimiento de un ser humano, cuando en realidad vivió, creció y murió como desgraciadamente morían cada día muchos hombres crucificados. Podría afirmar, sin riesgo a equivocarme mucho, que de los miles de infelices y desgraciados que cada día crucificaban en el gran Imperio Romano, muy pocos eran como Jesús. Aunque es cierto que entre ellos se encontrarían muchas analogías.

—Estoy de acuerdo —contestó Mateo—. Jesús, como otros muchos condenados, nació en el seno de una familia creyente y practicante de su religión, humilde, modesta y trabajadora, que vivía en una pequeña aldea que ofrecía pocos alicientes a la gente joven con inquietudes sociales, políticas y espirituales; pero, en cambio, se veía obligada a soportar el peso del yugo romano, que solo les permitía realizar actividades civiles o propias de esclavos. Por esto, no resulta extraño que un adolescente, sin duda muy inteligente y con grandes inquietudes humanas y espirituales, encontrara en los libros y en los relatos de sus mayores la mejor respuesta emocional al mar de dudas que le asaltaban cada día en su convivencia diaria.

—Sin duda alguna —contestó Leunam—, Jesús encontró en los libros y en los sabios consejos de un padre ya mayor, con gran experiencia de la vida, sin olvidar los de sus hermanos mayores y amigos, todo lo que anhelaba saber de la historia del pueblo judío y de su religión; y, por supuesto, sin olvidarse de las civilizaciones romana y griega, incluidas sus lenguas.

—No tengo dudas —contestó Mateo— de que Jesús se convirtió en un excelente autodidacta, aparte de rodearse, siempre que su tiempo libre se lo permitía, de grandes maestros o eruditos que, cada día que pasaba, le aumentaban más su experiencia y sabiduría. Y a eso dedicó los años de su adolescencia y muchos de su juventud, aparte del trabajo manual o artesanal que necesariamente tenía que realizar para garantizar su subsistencia, incluida la ayuda a su familia.

—Yo creo —dijo Leunam— que esa gran experiencia de la vida que fue adquiriendo durante más de quince años, junto con su excelsa formación cultural, su fervorosa religiosidad y su equitativo sentido de lo justo, despertaron en él una vocación o un proyecto futuro de su vida que se alejaba de lo material o terrenal y se dirigía más a la espiritualidad. Sencillamente, Jesús estaba concienciado de que debía iniciar una actividad que ayudara a sus semejantes a lograr un acercamiento a Dios para conseguir su salvación eterna.

—Pero —dijo Mateo— Jesús, en los inicios de su vida pública, enseguida mantuvo controversias con los sacerdotes del judaísmo, especialmente con los fariseos, a los que acusaba de hipócritas por no aplicar en sus actuaciones unos preceptos básicos de la ley mosaica o Torá, como eran la justicia, la compasión y la lealtad.

—Lo cierto —dijo Leunam— es que en muy poco tiempo a Jesús le salieron enemigos en todas las instituciones del judaísmo, llegando al Sumo Sacerdote y terminando en la corte suprema del pueblo de Israel, o sea, el Gran Sanedrín. Era lógico que así ocurriera, no por la gran cantidad de seguidores que cada día aumentaba, sino por el miedo que algunos jerarcas del judaísmo sintieron ante la pérdida de prebendas y de su *status* social, a causa de las acusaciones públicas que Jesús hacía de ellos por colaboracionistas y corruptos.

—A Jesús —contestó Mateo— decidieron eliminarlo físicamente los podridos estamentos del judaísmo; por esa razón, el Gran Sanedrín lo acusó formalmente de blasfemar, aparte de otras imputaciones de terrorismo contra el poder de Roma, que resultaron ser falsas, aunque desgraciadamente no lo salvaron de ser ejecutado en la cruz.

—Llevas razón —contestó Leunam—, porque, aunque fue sometido a un juicio público —que en principio podría aportar más garantías en la aplicación de la justicia—, presidido por un tribunal que estaba constituido por Poncio Pilatos, el Gran Sanedrín y el omnipotente y Supremo Juez, que lo presidía de forma invisible desde algún lugar de sus dominios celestiales; lo cierto es que Jesús gozó de muy poca justicia por culpa de una plebe idiotizada, ignorante y cruel, más dos jueces terrenales corrompidos y tiránicos, dirigidos por un presidente supremo que creyó justa y redentora del género humano la sentencia de morir en la cruz.

—Lo que tampoco comprendo —dijo Mateo— es el extremado conformismo de Jesús ante Dios en las horas previas a su muerte, creyendo que tenía un poder absoluto sobre todas las cosas, que era infinitamente bueno y, sobre todo, porque estaba convencido de que gozaba de los atributos de la omnipresencia y de la omnisciencia, es decir, que presenciaba la tortura que le estaban infligiendo y, además, conocía que se seguiría la crucifixión, provocándole una muerte cruel y espantosa. Y, aun así, no se dirigió al padre como siempre le había enseñado a los apóstoles y seguidores, para que por lo menos le comunicara cuál era la grave falta que había cometido para ser merecedor de una sentencia a muerte en condiciones tan deshonrosas.

—Sinceramente —contestó Leunam—, Jesús, desde que tuvo uso de razón, empezó a ser instruido en la práctica de una religión monoteísta en la que Jehová-Dios era el principio y fin de todas las cosas, es decir, dueño y señor de todo lo que había y sucedía en la Tierra y en el cielo. Creo que poco a poco y durante muchos años, su excelsa sabiduría religiosa lo fue hipnotizando, hasta quedar apasionadamente poseído de que le pertenecía a Dios-Jehová y, por consiguiente, podía disponer de él para cualquier sacrificio sin ninguna clase de explicación, ya que consideraba que él no era nada frente a su Creador.

—Estoy de acuerdo —contestó Mateo—, solo una persona que el medio social y los libros le hayan moldeado dogmáticamente sus ideas y sentimientos espirituales puede ser capaz de afrontar una acción tan criminal como la que sufrió Jesús en las últimas horas de su vida, sin intentar violentar al que asiduamente, en sus sermones y oraciones, lo trataba como padre.

—Yo también creo —contestó Leunam— que Jesús, en sus últimas horas de vida, afrontó con dignidad la denigrante y cruel situación, por estar firmemente poseído por esas creencias dogmáticas que se apoderaron de su mente desde muy joven y que él, en su instrucción autodidacta, alimentó hasta el infinito. Pienso que solo su fe, o la sugestión que le provocaba su gran formación cultural, religiosa y espiritual, le permitían adoptar una aptitud viril frente a tanta hipocresía, escarnio y crueldad.

—De todas formas —contestó Mateo—, en sus últimos segundos de vida, antes de expirar y clavado en la cruz, aún tuvo un respetuoso gesto de rebeldía, cuando, dirigiéndose a Dios, le preguntó dando un fuerte grito: «Dios mío, Dios mío, ¿por qué me has abandonado?».

—Creo que Jesús —contestó Leunam—, hasta los últimos segundos de su vida, confió en la existencia, en la bondad y en el poder infinito de Dios, pero, viendo que moría sin conocer la causa que justificaba su muerte, porque lo único que había hecho durante toda su corta vida era servirlo, reverenciarlo y honrarlo, al final se atrevió a gritar pidiéndole una explicación que jamás recibió, quizás porque no podía existir respuesta de una suprema deidad que solo habitaba en su mente altamente sugestionada y dogmatizada.

—Pero si todo ocurrió así —contestó Mateo—, ¿por qué los seguidores de Jesucristo y, en definitiva, la Iglesia católica han creado una religión basada en un Dios Supremo y en unos acontecimientos sobrenaturales que se han de admitir como dogmas de fe, es decir, sin ninguna clase de duda? Desde luego, a mí no me vale la contestación de la limitación del conocimiento humano para poder obtener pruebas concluyentes de cómo es Dios.

—Estoy de acuerdo contigo —contestó Leunam—, los representantes de Cristo en la Tierra pueden tratar de convencernos de nuestra incapacidad mental para comprender cómo es Dios, pero ellos mismos se contradicen o nos toman por imbéciles, porque lo definen de mil maneras, que Dios es un Ser Supremo dotado de omnipotencia, omnipresencia, omnisciencia, omnibenevolencia y otras muchas cualidades más. Con esta exhaustiva definición, aunque no seamos capaces de imaginarnos su cara o su cuerpo, lo que sí nos queda muy claro es que nos están describiendo a un Ser infinitamente poderoso, que está presente al mismo tiempo en todas partes, que no solo sabe el pasado y el presente de todos, sino que también conoce el futuro; y, además, es infinitamente bueno y bondadoso. Esto lo comprende cualquier ser medianamente inteligente. Entonces, yo me pregunto: ¿de verdad existe un ser omnipresente que disfruta ajusticiando de forma injusta, severa, inflexible y abominable a tantos seres humanos? En cuanto a la creación de la religión católica, pienso que se puede comparar con la formación de una bola de nieve que elaboran los apóstoles a conveniencia del medio o del momento, la echan a rodar por los caminos poco limpios de la vida y nos llega un ente manipulado y afectado de una grave enfermedad contagiosa que nada tiene que ver con el inicio de su invención.

—Yo estoy muy de acuerdo con todo lo que dices —dijo Mateo—, incluso lo diría más claro y de forma muy resumida: yo no creo en la existencia de ningún ser supremo capaz de permitir y asistir durante tantos siglos a millones de crucifixiones y muertes espeluznantes entre los seres creados a su imagen y semejanza. Y esto, por no citar los atroces sufrimientos y muertes causadas por catástrofes naturales, inmensas hambrunas, trágicas epidemias y espectáculos con leones devoradores de cristianos; así que me conformaré con seguir viviendo lo mejor que pueda, sin preocuparme de quiénes son los dioses que pululan por el firmamento ni del especial cuidado del fuego de su particular infierno para que el negocio siga floreciendo.

—Mateo, la verdad es que vivimos en un inmenso teatro esférico con múltiples escenarios, donde participamos infinidad de individuos o marionetas humanas, conducidos o manipulados por unos directores insaciables, hipócritas, arribistas o criminales, que amparan y justifican sus acciones más execrables en la defensa de unos derechos humanos en los que no creen o en un supremo juez que solo ejerce lo que ellos mismos le han ido asignando desde hace muchos siglos. Pero, a pesar de estar convencido de que vivo en un inmenso y cochambroso teatro con múltiples escenarios y rodeado de actores o marionetas al servicio de unos soberbios explotadores y tiránicos directores, quiero seguir deambulando por la historia del enorme edificio con forma de bola, a ver si tengo la suerte de encontrarme con el irresponsable y supremo director general para intentar despertarlo en el caso de que esté durmiendo detrás de algunos de los innumerables telones del terráqueo teatro de la vida.

Leunam y Mateo, después de su extensa charla sobre la existencia de Dios y de su nula influencia para evitar el ajusticiamiento de un ser inocente, condenado en última instancia terrenal por una masa de seres ignorantes, deshumanizados, envilecidos y conducidos por sus tiránicos pastores, decidieron abandonar el idílico lugar junto al mar, que, a pesar de su brisa fresca con sabor a sodio, en algunos momentos habían sufrido una elevación de la temperatura corporal, quizás por el remordimiento de conciencia que sufrían al estar participando involuntariamente en la representación de la detestable obra de teatro que les había tocado representar en el fatídico reparto de papeles correspondientes a sus vidas.

Pero Leunam, en su itinerario de búsqueda del creador, hará una breve parada en la terrorífica etapa de la Santa Inquisición, porque sigue resistiéndose a quedar atrapado durante el resto de su vida en ese inmenso manto bíblico tan adornado de dogmatismo y misticismo que le fueron tejiendo desde su niñez y que hoy le impide comprender por qué se llega a defender de forma cruel y sanguinaria la existencia de un Ser de naturaleza incorpórea de poder infinito, que demuestra tener escasa bondad y misericordia a pesar de estar presente de forma permanente en todas partes.

La Santa Inquisición

Según los textos bíblicos, Jesús consagró a sus doce apóstoles para que fueran sus mensajeros en el mundo, explicando todo lo que les había enseñado, sin olvidar lo que habían visto y oído.

En presencia de todos los apóstoles, Jesús nombró a Pedro su vicario diciéndole: «Tú eres Pedro, y sobre esta piedra edificaré mi Iglesia, y el poder de la muerte no prevalecerá contra ella. Yo te daré las llaves del Reino de los Cielos. Todo lo que tú ates en la Tierra quedará atado en el cielo, y todo lo que desates en la Tierra quedará desatado en el cielo».

Por estas razones, el apóstol Pedro está considerado por la Santa Madre Iglesia el primer Papa, siendo este el origen del papado tradicional de la Iglesia católica, apostólica y romana.

Pasó el tiempo y, recordando lo que se ha dicho sobre la bola de nieve, resulta que los principios básicos de la religión cristiana, guardados y enseñados por la Iglesia, humilde, llena de humanidad y espiritualidad que había fundado Jesús, fueron modificados, alterados, envueltos en halos divinos o alejados exageradamente del necesario humanismo, entrando muchas veces en contradicción con la verdad y humildad de sus orígenes. Las nuevas ideas, aportaciones o discrepancias de los diferentes jerarcas religiosos empezaron a surgir cuando aún hacía muy poco tiempo que había muerto Jesús y continuaron a diferentes escalas entre sociedades enteras desde el siglo i. hasta nuestros días, con la aparición de nuevos prohombres o profetas cuyos pensamientos les hicieron creer y predicar lo que para ellos era la nueva verdad, capaz de salvar a la humanidad de los males terrenales y llevarla al jardín del Edén o paraíso, donde, según los designios divinos, nuestros primeros padres Adán y Eva tuvieron la suerte de vivir algún tiempo.

Parte de las controversias o reformas citadas no solo fueron propuestas por algunos herederos oficialistas de la Iglesia católica, sino por altos poderes políticos o imperiales interesados en ostentar un poder absoluto en su reino o imperio, sin querer separar o diferenciar lo espiritual de lo civil o militar.

A las referidas reformas o pretensiones, la Iglesia católica, presidida por el vicario de Jesucristo en la Tierra, o sea, por el papa, siempre intentó combatirlas con comportamientos muy diferentes con el fin de mantener su supremacía. A todas ellas, la Iglesia católica las calificó de herejías y, a sus seguidores, los consideró herejes.

Concretamente, una bula papal sellada en el año 1656 define la herejía como: «La creencia, la enseñanza o la defensa de opiniones, dogmas, propuestas o ideas contrarias a las enseñanzas de la Santa Biblia, los Santos Evangelios, la Tradición y el magisterio».

Estos conceptos de herejías y herejes también fueron introducidos en otras nuevas religiones y en las facciones renovadoras o protestantes de las doctrinas resultantes que se mantuvieron triunfantes después de haber mantenido feroces luchas o guerras entre sí, desde los inicios del cristianismo hasta nuestros días.

Aunque casi todas las religiones se han defendido de sus particulares herejías y herejes aniquilándolos o reduciéndolos a una cruel esclavitud en la mayoría de los casos, ahora nos queremos detener en un período de la historia de la Iglesia católica que empieza en el año 1184 y termina en 1965, cuando el papa Pablo

VI reorganiza el tribunal del Santo Oficio o de la Santa Inquisición, denominándolo: La Congregación para la Doctrina de la Fe; por consiguiente, se puede decir que la Inquisición del papado de Roma ha sobrevivido hasta nuestros días, siendo su máximo dirigente el actual Papa o vicario de Jesucristo en la Tierra.

En realidad, a principios del siglo IV, la Iglesia católica y algunos estados ya combatían la herejía con actuaciones de excomunión, destierros o castigos más o menos crueles; pero fue el papa Lucio III en el año 1184 el que, mediante una bula, instauró la Inquisición como norma de obligado cumplimiento en todo el orbe cristiano y católico.

Durante los seis siglos y algo más que de hecho duró la Inquisición o la actividad de las múltiples instituciones dedicadas a erradicar la herejía en el seno de la Iglesia cristiana y católica, se puede decir que fueron millones de seres humanos los que sufrieron humillaciones, terribles torturas y crueles ejecuciones, destacando las hogueras, donde cientos de miles de seres inocentes ardieron vivos como antorchas humanas para regocijo y distracción de la ignorante y miserable chusma o populacho, y como no, para satisfacción del diabólico deber cumplido de los clérigos o militares constituidos en despreciables y temidos esbirros o verdugos inquisitoriales colocados en todas partes, incluidos los más recónditos rincones del mundo católico, y pastoreados siempre de forma directa o indirecta por el papa de turno o vicario de Jesucristo.

En el año 1231, ante el fracaso de la Inquisición episcopal o territorial, el papa Gregorio IX, mediante la bula *Excommunicamus*, creó el tribunal de la Inquisición Pontificia dirigido directamente por el papa reinante y administrado por la orden de los dominicos, pasando la mayoría de sus miembros o predicadores a ejercer de activos inquisidores. Además, la bula establecía que los herejes juzgados fueran entregados a la autoridad civil, o sea, al brazo secular o ejecutor, para que aplicara la pena de muerte. Aunque previamente muchos de los integrantes de la autoridad civil también habían colaborado en la aplicación de los diferentes métodos de tortura para obtener la confesión de los reos.

Con solo la descripción de los diferentes artilugios empleados por el Tribunal de la Inquisición en sus métodos de tortura o aniquilamiento de los herejes, se podría escribir más de un voluminoso libro con espeluznantes y crueles ilustraciones, pero aquí solo se quiere mencionar la denominación de alguno de los métodos de tortura empleados, para que tengamos en cuenta de lo que son capaces de hacer los hombres cuando la soberbia, la avaricia y la religión les envilecen o enloquecen.

Algunos de esos métodos eran: la silla de interrogatorios, la sierra, la cuna de Judas, la doncella de hierro de Nuremberg, el aplasta cabezas, el garrote, la tortuga, el cepo, látigos de cadenas, el desgarrador de senos y muchos más.

Quizás también sea bueno recordar a algunos de esos perversos papas o vicarios de Cristo que tanto esfuerzo y empeño dedicaron a limpiar de herejes a la comunidad católica, sin importarles los crueles métodos empleados. Aunque hay que reconocer que el papa Inocencio IV, en el año 1252, cuando aprobó el uso de la tortura, recomendaba en su bula que los inquisidores, torturadores o verdugos en la fase de la instrucción del sumario no se extralimitaran causando mutilaciones o incluso la muerte al reo.

Entre los endemoniados o satánicos papas sucesores del apóstol Pedro y siervos de los siervos de Dios que más se destacaron y apoyaron al Tribunal de la Inquisición, podemos citar a los siguientes: Lucio III, Inocencio III, Gregorio IX, Inocencio IV, Sixto IV, Pablo III, Pablo IV, Pío IV, Pío V, Gregorio XIII, Sixto V y varios más para no hacer más larga y vomitiva esta lista.

La Iglesia católica siempre contó con aliados poderosos, tales como condes, príncipes, reyes o emperadores y, no solo para llevar a cabo la tiránica y macabra Inquisición, sino para defenderse mediante guerras o cruzadas de las acciones hostiles y dominantes de otras religiones monoteístas, en especial, de la religión musulmana, que no solo había conseguido consolidarse en determinadas zonas de la Tierra, sino que aspiraba a su implantación y dominio absoluto en el mundo, por considerarse en posesión de la verdad que ilumina a los hombres hacia la salvación eterna o paraíso.

En la actualidad, todavía hay individuos detestables que justifican la Inquisición llevada a cabo por la Iglesia católica, apostólica y romana, diciendo que, por ejemplo, en España se evitó un mal mucho peor, como fueron las terribles guerras de religión libradas en el centro de Europa.

Respecto a las inhumanas y criminales torturas ejercidas contra los acusados, las justifican diciendo que no eran peores que las que aplicaba la justicia del rey. Lo que ocurre es que todo lo ejecutado por la Inquisición, enjuiciado desde la perspectiva de la vida actual, nos parece exagerado y demoníaco. Hace falta ser seres cínicos, infames o criminales para hacer semejante defensa de tantas torturas y crímenes atroces consentidos por Dios, cuya omnipotencia y omnipresencia eran las mismas ayer que hoy, según las enseñanzas de la Iglesia católica.

Leunam, en su búsqueda de la existencia de Dios, se afana desesperadamente para que no se desmoronen sus creencias religiosas, en las que tanto empeño puso su abuela para que las adoptara como guía y luz de la larga y difícil vida que le esperaba en este mundo. Aunque cada día le resulta más difícil evitar el posible derrumbamiento de la sólida estructura religiosa que en su mente le incrustaron unos excelentes profesionales, ayudados por colaboradores ignorantes, dogmáticos y esclavizados, ya que le resulta imposible comprender la existencia de acciones repugnantes y criminales entre seres de la misma naturaleza sin que medie una actuación contundente del Dios padre omnipotente.

Leunam y su amigo Samuel se han desplazado a un lugar de las afueras de su ciudad para disfrutar de la tranquilidad que tanto aman y así poder mantener una charla lo más distendida posible, al mismo tiempo que crítica y severa, sobre el Tribunal de la Inquisición y de su promotora, la Iglesia católica, apostólica y romana.

—Samuel, hace bastantes años, cuando en la clase de Religión el profesor nos explicaba y nos hacía memorizar mi inolvidable catecismo de la doctrina cristiana, recuerdo que las primeras oraciones que aprendimos fueron el Padrenuestro, el Ave María, el Credo y los Mandamientos de la ley de Dios, porque al rezar estas oraciones, según nos decía, nos comunicábamos con Dios, con Jesucristo, con la Virgen María y con todos los santos. Tampoco puedo olvidar la contestación del sacerdote y profesor, cuando un día, al terminar de rezar el Padrenuestro, le pregunté por qué le llamábamos a Dios «Padre nuestro», y me dijo: «Para confesar que todos los hombres somos hermanos, hijos de un mismo padre, y también para obligarle a mirarnos a todos con benevolencia». Y terminó recalcándome: «Nunca tienes que olvidar que cuando rezas la oración del Padrenuestro estás hablando con Dios».

—Leunam, así también me enseñaron a mí la doctrina cristiana en mi escuela, ya que todos los alumnos terminábamos memorizando los libros de la asignatura de Religión y algunos más. Lo que me cuesta creer es el cambio de actitud y comportamiento de muchos católicos cuando la soberbia, la avaricia y las ansias de poder se apoderan de ellos. Porque creo que estas son algunas de las poderosas razones que han tenido los hombres a lo largo de la historia para cambiar o crear nuevas religiones y, a continuación, ser capaces de entablar luchas o guerras fratricidas para tratar de imponerlas a los más débiles.

—Estoy de acuerdo contigo —contestó Leunam—, lo que ocurre es que cuando una religión tiene una buena dosificación de humanismo y espiritualidad, ayuda mucho a la buena convivencia entre sus practicantes y los no creyentes. Lo malo es cuando intencionadamente, para conseguir más influencia y poder, se desequilibra esa proporción, por ejemplo, aumentando excesivamente el misterio de lo divino y, además, arropándolo con muchos santos en sus altares.

—Creo —contestó Samuel— que con el transcurrir del tiempo la Iglesia católica se ha ido apartando tanto de la doctrina que enseñó Jesús a sus apóstoles que ha provocado graves luchas o guerras, facilitando de esta manera el nacimiento de otras religiones. Yo estoy seguro de que si Jesús pudiera visitar las iglesias que hoy dirigen sus vicarios, no dudaría en aplicar un método muy similar al empleado en el Templo de Jerusalén, cuando expulsó de forma enérgica a los cambistas y mercaderes. Respecto a los miles de estatuas de santos que ocupan los altares de la Iglesia católica, ¿creo que solo deberían estar los que han entregado su vida por ayudar y socorrer a sus semejantes, pero, por ejemplo, los Papas y sus seguidores, tan devotos y cumplidores del Tribunal de la Santa Inquisición, son muy poco ejemplarizantes para ocupar los altares.

—Sinceramente —contestó Leunam—, beatificar o canonizar a los diabólicos carniceros de seres humanos que llevaron a la práctica la Inquisición es un gravísimo insulto a la inteligencia y un inmenso desprecio a los cristianos y católicos en general. Y lo malo de esto es que hay gente tan ignorante e ingenua que encima se arrodilla a orar delante de las estatuas de esos crueles personajes a los que la Iglesia católica ha colocado en los altares.

—Tienes razón —contestó Samuel—, la Iglesia católica ha llenado todos sus templos de estatuas que representan a personajes nada ejemplarizantes y lo grave del caso es que ha congregado a personas que dedicaron toda su vida a hacer el bien a los demás con gentes indeseables. Y, ¿qué me dices si los humildes parientes de Jesús pudieran darse un paseo por las iglesias? Yo no sé lo que harían con las estatuas que los personifican, aunque seguro que se sentirían ofendidos o pensarían que hemos enloquecido.

—Existe, por parte de la Iglesia católica —dijo Leunam—, un empeño obsesivo por influir teatralmente en la gente para dogmatizarla más fácilmente. Por eso no duda en colocar en los altares a los padres de Jesús, a los padres de María, a su prima y a todos los que sean necesarios para domesticar más fácilmente al vulgo. Y por si esto resulta insuficiente, construye grandes catedrales e iglesias monumentales en medio de la miseria que padece el pueblo esclavizado. Tampoco sus jerarcas, vicarios o sacerdotes sienten ningún remordimiento al vestir en sus ceremonias impresionantes ornamentos y hábitos elaborados con las mejores sedas bordadas con hilos de oro y plata.

—Hay tantas —dijo Samuel— imposiciones contradictorias en todas las religiones y, en especial, en las monoteístas, que todavía no acabo de comprender cómo han mantenido grandes guerras y cruzadas, siempre hermanadas con los correspondientes poderes reales o imperiales y arrastrando a una muerte cruel y encarnizada a millones de siervos o ingenuos dogmáticos, cuando en verdad algunos contendientes estaban luchando por el mismo Dios, solo que unos ejércitos lo hacían con el grito de «Dios es único» y los otros gritaban «Alá es grande». Y me pregunto: ¿Qué hacía el Dios omnipotente mientras observaba la inmensa y macabra carnicería humana provocada entre hermanos que se eliminaban mutuamente con puntiagudas lanzas y afiladas cimitarras?

—Y yo te pregunto también —contestó Leunam— qué hacía Dios mientras muchos de sus secuaces en la Tierra, durante más de seis siglos, se dedicaban a aplicar a miles de seres humanos los atroces y criminales métodos de tortura y aniquilamiento empleados por la Inquisición. Solo quiero recordarte dos métodos. Primero, la hoguera. Hace falta ser un criminal sin ninguna clase de sentimientos ni creencias cristianas o religiosas para condenar a una persona a morir viva en la hoguera después de haber sido salvajemente torturada. Segundo, la sierra. Para aplicar esta condena, se colgaba de los pies, desnuda y viva, a la víctima y, a continuación, dos bestias endemoniadas con forma humana, por medio de una gran sierra, procedían a dividirla en dos mitades. No hace falta que te recuerde ninguno más, porque tú sabes, como yo, que se emplearon muchos más métodos, a cuál más sanguinario y atroz. Pero he querido recordarte la hoguera y la sierra porque pienso que un ser poderoso y omnipresente que permite esas acciones criminales es para sentir un miedo atroz, no ya de dirigirte a él, sino de ponerte a su alcance.

—Si de verdad existiera —contestó Samuel— un Dios como lo define la Iglesia católica y, en general, las religiones monoteístas, desde luego que no te salvarías de sus posibles y caprichosas acciones, aunque te escondieras debajo de las piedras; pero te digo, y además muy convencido, que ese Dios Supremo solo existe en las mentes de gentes desheredadas, ignorantes, ingenuas y dogmáticas. Porque, si los que de una forma inteligente, hábil y astuta han elaborado y desarrollado una religión asociándola a un Dios de atributos sobrenaturales creyeran en Él —aparte de sus teatrales reverencias y juramentos—, serían incapaces de cometer guerras y atrocidades en su nombre, ya que no ha existido ni existirá ningún ser humano que no sienta miedo ante un dios tan poderoso y omnipresente como el que definen en sus doctrinas las religiones que sostienen la existencia de un único Dios.

—Estoy de acuerdo contigo en todo lo que has dicho —contestó Leunam—, pero me falta estar plenamente convencido. Quizás por esto quiero seguir buscando en la historia del Nuevo Mundo, concretamente en la época cuando los conquistadores españoles llegaron a esas tierras con las espadas y el crucifijo, para ver si en un continente tan lejano del viejo mundo encuentro un resquicio por donde pueda entrar un rayo de luz que ilumine mejor mi mente, evitando de esta forma una acelerada heterodoxia de mis creencias cristianas.

Samuel y Leunam empezaron a caminar para abandonar el tranquilo lugar del que estaban disfrutando, pero, a pesar del idílico paraje que les ofrecía la Naturaleza, se sentían muy tristes al darse cuenta de su orfandad espiritual y del monumental engaño del que habían sido víctimas durante más de dos tercios de sus vidas.

Leunam, tal como le comunicó a Samuel, quiere indagar en la forma de vida de alguno de los pueblos indígenas americanos que fueron humillados, torturados, saqueados y conquistados en el siglo XVI por un reducido grupo de españoles en nombre del rey español, del cristianismo y de los designios del pontífice de la Iglesia católica.

La espada y la cruz en el nuevo mundo

América o el Nuevo Mundo fue descubierto por Cristóbal Colón en el año 1492, durante el reinado de los Reyes Católicos, que fueron los primeros soberanos del orbe católico que implantaron la Inquisición estatal, primero en el reino de Aragón y más tarde se extendió al reino de Castilla con el nombre de Inquisición Española, la cual estuvo vigente desde el año 1478 hasta el 1821.

Pero fue en el año 1532, y después de algunos intentos fallidos, reinando en España el emperador Carlos I y V de Alemania, cuando Francisco Pizarro, al mando de tres navíos con un grupo de unos ciento setenta españoles, acompañados de varias decenas de esclavos africanos, indios y cuarenta caballos, desembarcaron en las costas del Imperio Inca.

El gran Imperio Inca, que contaba con pocos siglos de antigüedad, había sido formado gracias al espíritu militar y de conquista que tenían sus pobladores, cuyas tribus principales en sus orígenes —alrededor del año 1100— se asentaban en la cuenca de Cuzco y, desde allí, fueron extendiendo su dominio sobre las tribus vecinas hasta lograr su máximo esplendor en el siglo xv.

A partir del año 1430, los incas iniciaron una ambiciosa y definitiva campaña militar de conquista de un vasto territorio que estaba limitado al norte por las montañas del sur de la actual Colombia y, por el sur, con el norte del actual Chile y Argentina;

al oeste, por la costa del océano Pacífico; y, al este, por el valle occidental del río Amazonas y su frondosa selva.

Ese inmenso territorio de más de diez millones de habitantes, con el quechua como idioma principal y de religión politeísta, abarcaba un millón de kilómetros cuadrados, más de cuatro mil kilómetros de costa y estaba atravesado de norte a sur por dos cadenas de montañas sensiblemente paralelas, que a su vez describen una línea paralela a la costa y dividen al país en tres regiones naturales: la selva y las sabanas amazónicas del este, los Andes o las montañas del centro, y la vertiente del océano Pacífico.

Sus cimas principales son el Huascarán, de 6 767 metros de altura, y el Misti, de 5 945 metros. Los ríos de Perú vierten sus aguas en el océano Pacífico, en el lago Titicaca y en el río Amazonas. La vertiente del este o amazónica es la más importante y, a ella pertenecen los ríos más caudalosos, encontrándose entre ellos los dos brazos superiores del río Amazonas.

El clima de Perú es seco y cálido en la costa, templado y lluvioso en el centro, y cálido y lluvioso en la región oriental. En el fértil suelo cultivaban maíz, gran variedad de papas, café, coca y muchas hortalizas.

Los grandes rebaños de alpacas y de llamas garantizaban a todos los habitantes una buena alimentación. Y la gran cantidad de oro y plata, aparte de otros metales que guardaban sus montañas, hacía florecer un arte y especialización en la extracción, fundición y transformación de estos metales en diferentes elementos que beneficiaban cada vez más a todos los habitantes del imperio.

El inteligente aprovechamiento de los recursos naturales permitió al Imperio Inca y a las tribus periféricas no sometidas alcanzar status superiores de cultura a las existentes en esa región americana, con desarrollos sociales, económicos, políticos y militares de gran complejidad.

El fundador del Imperio Inca en el siglo XIII fue el Sapa Inca Manco Cápac, jefe militar, político y religioso de un clan familiar o tribu de los quechuas, que era venerado como un ser divino al que nadie podía mirar directamente por considerarlo la personificación del dios Sol o Inti, y así se repitió para todos sus sucesores. Estableció como capital del imperio inca la ciudad sagrada de Cuzco y ostentaba sobre la comunidad un poder absoluto teocrático que coronaba la organización colectivista de la sociedad inca, o sea, encadenaba al individuo a la acción y al pensamiento colectivo por el interés del bien común. Pero el poderoso Sapa Inca tenía la obligación de alimentar y proporcionar a sus súbditos todo lo necesario para vivir satisfactoriamente.

La sociedad inca estaba jerarquizada en tres *status* o grupos sociales que resultaban de asociar a los individuos según el parentesco que tuvieran con el emperador inca, constituyendo este la cúspide del grupo superior que estaba formado por sus hermanos, familiares ascendentes y descendientes.

El emperador o jefe supremo del pueblo inca estaba obligado a contraer matrimonio con su hermana mayor para mantener la pureza del linaje familiar.

El segundo grupo lo integraban las numerosas concubinas del emperador, también de sangre real, y todos sus descendientes. El tercer grupo estaba formado por las concubinas emparentadas con el clan dirigente y sus correspondientes descendientes.

Los descendientes de todas las concubinas constituían la aristocracia del Imperio Inca, entre los que se designaban a los jefes militares, personal dirigente del clero y de la política.

Estos jefes y estamentos recibían diferentes denominaciones, por ejemplo, los generales, que eran los responsables de los diferentes ejércitos; los amautas, que eran los sabios y sacerdotes; y los jefes de los territorios conquistados, que se denominaban curacas.

Los ayllus o comunidades tribales, formadas por familias consanguíneas cuyos integrantes se casaban entre sí, eran regidas por los curacas.

El Sapa Inca, o máxima autoridad imperial, estaba asesorado por un consejo de estado compuesto por los nobles, los generales y los sacerdotes.

El pueblo inca rendía culto a sus dioses, al igual que otros pueblos con diferentes religiones, dedicándoles la construcción de grandes templos revestidos en muchas ocasiones con planchas de oro y de plata. Aunque tenían muchos dioses, porque también eran muchas las tribus que lo integraban, entre ellos citaremos los siguientes: el dios Sol o Inti, Viracocha, Mama Quilla, Pachamama, Pachacamac, Mama Cocha, Mama Sara y otros más.

Pero la religión principal del Imperio Inca estaba fundamentada en la adoración al dios Sol o Inti, representado de diversas formas hechas de oro. Este metal precioso también era muy empleado en múltiples rituales religiosos y en la construcción o elaboración de elementos decorativos.

En la capital de Cuzco se levantaba el fabuloso Templo del dios Sol, decorado interior y exteriormente con aplacados de láminas de oro. Aunque sus diferentes oráculos y sacrificios de animales, y a veces de humanos, se repartían también entre los demás dioses.

El moderno e inmenso Imperio Inca que encontraron los españoles cuando desembarcaron en la costa de Perú se constituyó durante todo el siglo xv. Pero fue a principios del siglo xvi, siendo emperador o Sapa Inca Huayna Cápac, cuando alcanzó su máxima extensión y esplendor. Al morir, lo repartió entre dos de sus hijos, asignando la zona de Cuzco a Huáscar y la de Quito a Atahualpa.

Lo que ocurrió seguidamente fue que los dos hermanos y sus respectivos partidarios provocaron una guerra civil al intentar cada uno hacerse con el control de todo el imperio. Esto sucedía en el año 1532, cuando los españoles desembarcaron en Perú; circunstancia que aprovechó Francisco Pizarro, ya que estaba muy bien informado de la guerra que mantenían los dos hermanos por la jefatura del Imperio Inca o de los hijos del dios Sol.

Francisco Pizarro González nació el 16 de marzo del año 1478 en Trujillo, una ciudad perteneciente a Cáceres, en la humilde, rural y atrasada región española de Extremadura. Era hijo natural del capitán Gonzalo Pizarro Rodríguez, que participó en las campañas militares de Italia, y de Francisca González Mateos, que era una campesina que trabajaba de doncella en casa de un familiar del capitán.

La estructura arquitectónica y urbana de la ciudad de Trujillo en esa época representaba de una forma bastante real los tres estratos principales de la sociedad medieval española que acababa de iniciar su salida a la Edad Moderna. La parte noble y amurallada estaba reservada para los ciudadanos del nivel social más elevado, o sea, para los caballeros y la nobleza. En esa zona habitaba Gonzalo Pizarro. En la parte contigua y exterior a las murallas vivían los notarios, médicos, profesionales liberales y artesanos. En esta parte de la ciudad residía la tía del capitán Gonzalo, donde trabajaba de doncella la madre de Francisco Pizarro. Y, por último, en la antigua ciudad de Trujillo existían las barriadas periféricas o arrabales habitados por campesinos y algunos artesanos. Entre los arrabales y la zona más cercana a las murallas transcurrió en condiciones de pobreza la infancia, niñez, adolescencia y parte de la juventud de Francisco Pizarro González, el cual no realizó ninguna clase de estudios por haber tenido que trabajar desde que era un niño, aunque tampoco los hizo a lo largo de su vida.

Cuando tenía la edad de 20 años, se alistó como soldado de las tropas españolas que luchaban en las conocidas campañas de Italia y en las que estaba su padre a las órdenes de Gonzalo Fernández de Córdoba, el Gran Capitán. Después de unos años como soldado, regresó a Sevilla, donde embarcó como paje de Nicolás de Ovando, el nuevo gobernador de La Española, llegando a América en el año 1502.

Francisco Pizarro era un aventurero nato, inquieto y de un fuerte carácter, además de no soportar la vida sedentaria, y estas fueron las razones que le impulsaron, en el año 1509 —reinando en España Fernando el Católico— a acompañar a Alonso de Ojeda en la expedición a América Central y a la conquista de la Nueva Andalucía o la actual Colombia.

Como lugarteniente de Vasco Núñez de Balboa, participó en la expedición que descubrió el mar del Sur, u océano Pacífico, en el año 1513.

En el año 1519, se instaló en Panamá, donde se enriqueció gracias a las rentas de su encomienda y a sus negocios ganaderos. Durante los cuatro o cinco años que estuvo afincado en Panamá, también fue regidor y alcalde de la ciudad.

Francisco Pizarro tenía conocimiento de los rumores sobre la existencia al sur de Nueva Andalucía de un gran imperio con cuantiosas riquezas naturales, especialmente mucho oro y plata, y, por esto, en el año 1524, se asoció con Diego de Almagro, y ellos a su vez con el influyente sacerdote Hernando de Luque y su amigo el licenciado Espinosa, para emprender la gran aventura de la conquista del Perú.

Después de dos expediciones de conquista fracasadas, y antes de iniciar la tercera, que la consideraban como la definitiva, Francisco Pizarro regresó a España en el año 1528, llevando muchos objetos de oro y plata, ropas muy vistosas de alta calidad, alpacas, llamas, guanacos y muchos elementos artesanales para mostrar al rey Carlos I, con el que firmó la Capitulación de Toledo, donde se le nombraba adelantado de las nuevas tierras, gobernador, alguacil y capitán general de la Nueva Castilla. Estos privilegios provocaron las primeras rencillas con Diego Almagro.

En el año 1530, Francisco Pizarro inicia viaje de vuelta a Panamá junto con sus hermanos Hernando, Gonzalo y Juan. También le acompañan su tío Francisco Martínez Alcántara y otros aventureros semianalfabetos buscadores de fortuna.

Al llegar a Panamá, empezó a preparar la tercera expedición que lo llevaría a la conquista de Perú. Así, en el mes de enero del año 1531, salió con tres navíos y un contingente aproximado de 170 hombres y cuarenta caballos. Por acuerdos ya establecidos, esta expedición la capitanearía Francisco Pizarro, Diego Almagro se responsabilizaría de la intendencia y el sacerdote Hernando de Luque se encargaría de las finanzas y de la provisión de las colaboraciones o ayudas. Gaspar de Espinosa, conocido en América como el licenciado Espinosa y que, según las crónicas, fue el mayor socio capitalista de las expediciones de la conquista de Perú, en principio no quiso asumir responsabilidades de mando.

Antes de llegar a Perú, la expedición, por estrategia de invasión, se dividió en dos grupos. El primero, comandado por Francisco Pizarro, se dirigió a la ciudad de Puná, en el golfo de Guayaquil, donde los españoles fueron acogidos con alegría y regalos por parte de los indios o indígenas del lugar. Sin embargo, esta armonía duró muy poco tiempo y terminó en una feroz lucha a causa de la soberbia y excesos cometidos por los españoles contra las costumbres y los bienes de los indios, incluido el rapto de sus mujeres.

El humillante trato que los españoles dieron a los indios se propagó rápidamente entre las diferentes tribus indígenas, provocando un rechazo total a mantener cualquier contacto con ellos. Incluso hubo caciques o curacas que ordenaron la muerte de los españoles.

Francisco Pizarro prosiguió viaje hacia la población de Chira para auxiliar al otro grupo de la expedición, donde los españoles estaban corriendo un grave peligro a causa del levantamiento indígena de la zona en defensa de su territorio, de sus bienes y de sus familias. Esa lucha indígena terminó con la captura de los trece curacas más influyentes de toda la región y algunos jefes más, seguida de un ajusticiamiento a garrote o torniquete y la quema de sus cuerpos por orden directa de Francisco Pizarro, sin que mediara ninguna clase de juicio.

De Chira, la expedición triunfante y avasalladora continuó viaje hasta la población de Tangarala, donde Francisco Pizarro, en agosto del año 1532, fundó la primera ciudad española, denominándola la Villa de San Miguel.

Fundó también la ciudad de Piura y Tumbes, y después de haber hecho para los españoles que quisieron quedarse en la zona conquistada nombramientos, dictando disposiciones, repartos de tierra y de indígenas en calidad de siervos, se dirigió a Cajamarca, donde, según sus informaciones, se encontraba el Sapa Inca Atahualpa.

La sangrienta guerra civil por el trono del Imperio Inca entre los partidarios de Huáscar y los de su hermano Atahualpa duró aproximadamente cinco años. Al final, las tropas leales a Atahualpa, por orden de este, hicieron prisionero en Cuzco a su hermano Huáscar y ahorcaron a todas sus esposas, a sus hijos y a todos los miembros que encontraron de su linaje familiar. Algunas esposas que estaban embarazadas, después de ser colgadas, les abrieron el vientre para que también quedaran expuestos los fetos.

Huáscar, en el trayecto de Cuzco a Cajamarca y después de haber sido torturado y escarnecido por las tropas que lo llevaban preso, descalzo y atado del cuello, fue asesinado por orden de Atahualpa y su cadáver fue arrojado al río Yanamayo, muy cerca de la comunidad ayacuchana de Andamarca.

Francisco Pizarro, en la conquista de Perú, aparte de su propia experiencia, tuvo muy en cuenta las recomendaciones de su paisano y primo Hernán Cortés —el conquistador del Imperio azteca que ocupaba el centro del México actual—, el cual había comentado que la mejor táctica para apoderarse de un territorio o de un imperio era hacer prisionero o eliminar al jefe o emperador, por estar considerado como un dios con poder absoluto, quedando sus súbditos anonadados sin saber qué hacer.

El 15 de noviembre del año 1532, Francisco Pizarro llegó a Cajamarca, donde mantuvo una breve entrevista con Atahualpa, que tenía el campamento instalado en las afueras de la ciudad. El Sapa Inca o emperador ya aprovechó para urgirle la devolución de las tierras que había tomado de su imperio y aplazó la entrevista para el día siguiente en la ciudad de Cajamarca.

Durante la noche, Francisco Pizarro y los demás jefes diseñaron un plan para atrapar a Atahualpa cuando acudiera el día siguiente con su séquito. Cuando el Sapa Inca llegó en su majestuosa litera real a la gran plaza mayor de Cajamarca, donde no pudieron entrar todos los miles de seguidores y soldados que le acompañaban desde el campamento, fue recibido por un fraile dominico que le entregó una Biblia y le preguntó si quería convertirse al cristianismo. Atahualpa, molesto por lo que estaba pasando al no haber salido Francisco Pizarro a recibirlo, tiró la Biblia, manifestando una gran contrariedad e ira. Ese fue el momento que los españoles consideraron oportuno para iniciar una gran lucha con armas de fuego, cargas de caballería y gente de a pie armadas, que provocaron una matanza de cientos de indios atolondrados y traicionados que trataban de ponerse a salvo al ver que Atahualpa fue hecho prisionero y sacado de forma violenta de la litera real por Francisco Pizarro y alguno de sus capitanes, siendo conducido al interior del edificio donde habían establecido su cuartel general.

A la mañana siguiente, los españoles saquearon el campamento de Atahualpa, donde se hicieron con un inmenso botín integrado por grandes piezas de oro y de plata, piedras preciosas, platos de todos los tamaños, ollas y cántaros, también de oro y de plata, y otras muchas cosas, incluidas ropas de lana y algodón. Frente a esa humillación y bandolerismo, los indios tuvieron que permanecer sin poder hacer nada, porque temían por la vida de su emperador, y además, tampoco tenían autoridad para rechazar la brutal agresión que estaban recibiendo.

Sabiendo que los españoles estaban muy interesados por el oro y la plata, Atahualpa, a cambio de su libertad, ofreció a Francisco Pizarro una enorme cantidad de oro y de plata, medidas con el relleno de una habitación de oro y dos de plata. Llegaron a un acuerdo, aunque Atahualpa continuó prisionero mientras iban llegando cargamentos de oro y de plata procedentes de las diferentes ciudades que componían el imperio. Al cabo de unos cuatro meses, Francisco Pizarro ya contaba con la cantidad acordada de oro y de plata, que equivalía a más de 6 000 y 12 000 kilogramos, respectivamente. Además de contar con enormes cantidades de oro y de plata robadas por los españoles de diferentes formas, también poseía una exhaustiva información sobre las grandes cantidades que quedaban en esas ciudades, ya que los indígenas encargados de reunir el gran tesoro del rescate de Atahualpa casi siempre estaban acompañados de españoles y, en otros casos, fueron los nobles o caciques quienes aportaron una extraordinaria información sobre dónde estaban ubicadas las valiosas riquezas del país.

Atahualpa, a pesar de haber cumplido con el pacto para lograr su libertad, no pudo conseguirla, porque Francisco Pizarro lo acusó de haber dado la orden de asesinar a su hermano Huáscar y de preparar, desde la prisión, una sublevación contra los españoles. Aparte de estas acusaciones, también le sumaron las de idolatra, fratricida, polígamo e incestuoso.

Finalmente, a la puesta del sol del día 26 de julio del año 1533, a la edad de treinta y un años, el Sapa Inca Atahualpa fue atado públicamente en un poste clavado en la plaza mayor de Cajamarca, ajusticiado con la aplicación del garrote o torniquete y quemado seguidamente a la vista de los súbditos que habían sido obligados por los españoles a presenciar la muerte de su señor, el Sapa Inca.

Antes de ser ajusticiado, Atahualpa intervino nuevamente el representante de la Iglesia católica, ofreciéndole el bautismo para que se pudiera confesar, arrepintiéndose de sus pecados y así pudiera ser acogido por Dios en la gloria eterna. Parece ser que el dominico consiguió sus propósitos, aunque se cree que el Sapa Inca murió sin comprender las causas de su condena a muerte y mucho menos el ceremonial que el fraile dominico escenificó en los últimos minutos de su vida.

La verdadera dinastía de los Incas, fundada por el mítico soberano Manco Cápac a finales del siglo XI e inicios del XII, terminó con la muerte de Atahualpa, aunque todavía han de pasar más de tres décadas para su total desaparición.

Francisco Pizarro, con el propósito de conquistar rápidamente y sin muchos problemas la capital Cuzco y el resto del imperio, se alió con la mayoría de la nobleza inca. Además, nombró nuevo emperador a Manco Cápac II, que era un hermanastro de Huáscar y Atahualpa, y que, por estar lejos de la capital, se había salvado de ser eliminado por los militares de Atahualpa. Este Inca reconoció, desde su nombramiento, el vasallaje al emperador o rey de España.

En realidad, Manco Cápac II fue un Sapa Inca títere de los españoles hasta el año 1536, cuando se sublevó contra los conquistadores a causa del trato que estos infligían a los indios y, especialmente, por la entrega forzada que tuvo que hacer de su esposa preferida a uno de los hermanos Pizarro. Esto fue aparte de las muchas y continuas acciones de saqueo y vejaciones contra el pueblo indígena, impropias de unas personas que desempeñaban altos cargos políticos y militares en representación del reino de España, como era el caso de los hermanos de Francisco Pizarro, gobernador, capitán general y Adelantado de las nuevas tierras.

Durante la sublevación, los indios sitiaron Cuzco, la capital y ciudad sagrada del Imperio Inca, y estuvieron a punto de conquistarla, si no hubiese intervenido Diego de Almagro uniendo sus fuerzas con las de Francisco Pizarro.

Después de dominar la rebelión del Sapa Inca, surgió un gran enfrentamiento sangriento de luchas y asesinatos entre los partidarios de Francisco Pizarro y de Diego de Almagro por el dominio de la ciudad de Cuzco y su área de influencia.

Diego de Almagro, conquistador español y descubridor de Chile, fue derrotado en la batalla de las Salinas en el año 1538 por las tropas de los hermanos Pizarro. Hecho prisionero por Hernando Pizarro, fue procesado, condenado a muerte y ejecutado en la prisión con la aplicación de garrote o torniquete el día 8 de julio del mismo año. A continuación, su cadáver fue expuesto en la plaza mayor de Cuzco, donde fue decapitado.

Cuando murió Diego de Almagro, Francisco Pizarro, que hacía dos o tres años vivía en Lima, la ciudad que fundó en la costa del océano Pacífico en el año 1535, se dedicó a consolidar la colonia española y a impulsar las actividades colonizadoras, incluida la evangelizadora.

Los partidarios de Diego de Almagro se agruparon en torno a su hijo, Diego de Almagro, el Mozo, y el día 26 de junio del año 1541, un grupo liderado por el Mozo y Juan de Rada se vengó de la muerte de Almagro, asesinando de una estocada en el cuello a Francisco Pizarro González cuando se encontraba con un hermano y un grupo de amigos en su palacio residencial de Lima.

Después de la muerte de Francisco Pizarro, de su hermano y del grupo de amigos que lo acompañaban el día de su muerte, todavía tuvieron que transcurrir bastantes años para que el último emperador del Imperio Inca o Sapa Inca, Tupac Amaru, fuera hecho prisionero en su diminuto reino, escondido en la jungla amazónica, juzgado, bautizado y decapitado públicamente en la plaza mayor de Cuzco por orden del virrey español Francisco Álvarez de Toledo. Esto ocurría reinando en España Felipe II y, en el ocaso del día 24 de septiembre del año 1577.

Leunam y su amigo Zacary se encuentran sentados en un rústico banco de la plaza mayor de un histórico y pequeño pueblo de difícil acceso, durante los meses de invierno, por estar casi en la cima de unas altas montañas que permanecen durante la fría estación cubiertas de nieve y de hielo. No es el caso de hoy, ya que los dos amigos disfrutan de una buena temperatura, de un sol radiante y de un extraordinario paisaje de belleza inolvidable. Aunque en esta época está a punto de iniciarse el caluroso verano de cada año, Leunam y Zacary todavía pueden disfrutar de unas montañas coronadas de nieve que ofrecen unas vistas magníficas por su insuperable iluminación astral y por esa singular combinación de colores espectaculares, tan difíciles de transportar al soporte adecuado para convertirlos en una gran obra de arte.

Rodeados de tan inolvidable paisaje, los dos amigos, que con frecuencia mantienen acaloradas discrepancias sobre la existencia de Dios, hoy, a propuesta de Leunam, quieren debatir sobre el comportamiento del grupo de conquistadores españoles de Perú, teniendo en cuenta que también se podía hacer extensivo a la amplia mayoría de los demás conquistadores y gentes que llegaron del viejo continente con el objetivo de conquistar, enriquecerse y evangelizar, sin observar el más mínimo escrúpulo y respeto hacia unas gentes que deberían haber sido tratadas como hermanos o, como mínimo, hijos de Dios por parte de todos los que se consideraban cristianos y católicos.

Con una codicia difícilmente superable y un patrocinio estatal acompañado del clero al completo, los conquistadores, en general, tuvieron un comportamiento de auténticos piratas terrestres o saqueadores, de negreros y de gentes políticas y religiosas muy radicales y dogmatizadas, que emprendieron una guerra de conquista con la que exterminaron a casi toda la población indígena, quedando la mayoría del resto sometida a una cruel y humillante esclavitud, sin mostrar mucha piedad, que era lo que tanto predicaban los vicarios y sacerdotes cristianos de la Iglesia católica, apostólica y romana en sus monumentales catedrales y en las humildes iglesias del viejo continente.

Con esas consideraciones en mente, Leunam y Zacary iniciaron una entretenida conversación sin ánimos de buscar apasionamiento ni excesivo rigor histórico, pero sí una crítica sincera de unas acciones bélicas que jamás debieron suceder y, mucho menos, protagonizadas por representantes reales de Estados que se consideraban civilizados, acompañados de vicarios eclesiásticos con mentalidades inquisitoriales.

—Zacary, ¿qué opinión te merece Francisco Pizarro?

—Leunam, como sabes, Pizarro era analfabeto, empezó a trabajar desde niño, creció en un ambiente de extrema pobreza y, además, vivió humillado hasta su juventud a causa de su situación familiar. Yo creo que estas razones y algunas más le hicieron marcharse a la guerra y, después, a América, tratando de buscar un porvenir con una perspectiva menos negra que la que tenía en su tierra, con una sociedad estructurada socialmente de forma tan injusta y clasista que le resultaría detestable y asfixiante. Por consiguiente, aplaudo su valiente determinación de librarse del cruel yugo que le oprimía, aunque tuviera que empezar arriesgando su vida luchando como soldado español en las campañas de Italia.

—Yo también estoy de acuerdo —contestó Leunam— en que tomó una decisión propia de un joven orgulloso, valiente, inconformista y de un fuerte carácter, capaz de adivinar el futuro que le esperaba en medio de aquella sociedad hipócrita y detestable, donde la nobleza, sus siervos y los esclavos convivían irremediablemente; aunque estoy seguro de que tuvo tiempo para empezar a odiar a todos los que se paseaban por el pueblo pisoteando a los débiles, subidos en sus caballos o envueltos en diferentes hábitos.

—Lo cierto —contestó Zacary— es que la experiencia de su niñez y juventud en su pueblo, y los tres o cuatro años como soldado en la guerra de Italia, transformaron y endurecieron al joven Pizarro, que solo tenía 24 años cuando se embarcó hacia el Nuevo Mundo, atraído por las buenas noticias que continuamente llegaban a España desde el primer viaje de Cristóbal Colón a las nuevas tierras de América, donde el rápido enriquecimiento y la abundancia de placeres corrían en paralelo.

—Y en esta ocasión —contestó Leunam— también tuvo bastante suerte, porque después de participar activamente en las expediciones de conquista de la actual Colombia y en el descubrimiento del océano Pacífico, se instaló en Panamá, donde en pocos años llegó a ser alcalde y, además, se enriqueció y disfrutó del placer que deben sentir los caciques cuando exprimen a sus siervos y esclavos.

—Hasta ahora —contestó Zacary—, yo encuentro muy lógica la actuación de un hombre joven como Pizarro, ambicioso, aventurero y muy activo, con unas ansias desbordantes de competir con los demás encomenderos y representantes reales en las tierras conquistadas. Él había pasado en cuestión de muy pocos años a ser un gran hacendado al conseguir una encomienda por merced real, pero su carácter inquieto y su ambición desmedida, rozando la codicia, le catapultaron a emprender la gran aventura de la conquista de Perú.

—Lo cierto —contestó Leunam— es que la conquista del Nuevo Mundo, con patrocinio real, estatal, papal y divino, fue una sucesión de hechos detestables y repugnantes, como fueron el asesinato de reyes o emperadores, príncipes y nobles de dinastías consolidadas, sumos sacerdotes y demás oficiantes de religiones mayoritarias del nuevo continente, sin olvidar las masacres despiadadas de la población indígena, los expolios y las destrucciones bárbaras amparadas en el odio a la divinidad que representaban o simplemente a la belleza y valor de un arte desconocido.

—¿Qué otra cosa —dijo Zacary— se podría esperar de unas gentes analfabetas y embrutecidas que, en su mayoría, escaparon de la base de la pirámide social de su pueblo o ciudad, por pura necesidad de subsistencia o empujadas por una codicia innata o contagiada por los que ya la estaban practicando?

—Zacary, yo me niego a pensar que todos los conquistadores del nuevo continente tuvieran alma de criminales, de saqueadores, de violadores, de sectarios políticos o religiosos. Para centrarnos en los españoles, te diré que al principio fueron recibidos por los nativos como si fueran dioses, pero es cierto que, cuando se dieron cuenta de la maldad de muchas de sus acciones, empezaron a defender, mediante actuaciones violentas, todo lo que era suyo, incluyendo sus tierras, sus riquezas, sus familias y el honor de sus mujeres.

—Estoy de acuerdo contigo —respondió Leunam—, pero lo que ocurría es que personas más o menos honradas y honestas formaban un ejército o grupos de asalto con gentes sin ninguna clase de escrúpulos al mando de codiciosos sanguinarios que tenían el beneplácito real y papal para exterminar, si era necesario, y todo ello por mandato de Dios. Porque si leemos las bulas otorgadas por el papa Alejandro VI en el año 1493 a favor de los reyes católicos Fernando e Isabel, se ponen los pelos de punta al pensar que un vicario de Jesucristo pudiera establecer ciertos mandatos y, además, en nombre de Dios.

—No todos —contestó Zacary— los mandatos que contienen las citadas bulas producen escalofríos, ya que la asignación de las distintas zonas del Nuevo Mundo a España y Portugal puso fin a las disputas que mantenían el rey portugués Juan II y los reyes españoles Fernando e Isabel. Pero estoy de acuerdo contigo en la crueldad manifestada hacia las personas que poblaban las lejanas tierras americanas por parte del Papa de la Iglesia católica, hablando en nombre de Dios.

—Zacary, no sé si sientes escalofríos o se te ponen los pelos de punta cuando lees esas bulas papales, pero quiero recordarte algunos párrafos de las mismas que, al leerlos, hacen dudar de forma inmediata de la existencia de un Dios que todo lo puede, todo lo ve, todo lo sabe y, además, es infinitamente bueno y misericordioso, según me enseñaron y aprendí de memoria con la ayuda de mi catecismo del padre Ripalda. Del contenido de esas bulas y de otras muchas se pueden deducir fácilmente dos cosas: Primera, yo dudo mucho que los Papas y sus vicarios en el orbe católico crean en Dios como un ser omnipotente y con muchas atribuciones más; y segunda, aún dudo más de que exista ese Dios tan justo, bueno y poderoso, porque si así fuera, los habría mandado a todos los hipócritas vicarios a una hoguera perpetua, por su detestable soberbia y por atentar contra la vida y el amor al prójimo. No quiero dejar de recordarte algunos de esos párrafos: […] *principalmente en nuestro tiempo, la fe católica y la religión cristiana sean exaltadas y que se amplíen y dilaten por todas partes, y que se procure la salvación de las almas, y que las naciones bárbaras sean abatidas y reducidas a dicha fe.* Otra: […] *y haciendo uso de la plenitud de la potestad apostólica, y con la autoridad de Dios Omnipotente que detentamos en la Tierra, y que fue concedida al bien-aventurado Pedro y como vicario de Jesucristo, a tenor de las presentes, os donamos, concedemos y asignamos perpetuamente, junto con todos sus dominios, ciudades, fortalezas, lugares y villas, con todos sus derechos, jurisdicciones correspondientes y con todas sus pertenencias; y a vosotros y a vuestros herederos […].*

—Estoy seguro —dijo Zacary— de que los conquistadores, que eran analfabetos en una amplísima mayoría cristianos y católicos sin saber muy bien lo que eso significaba, actuaban de forma arrogante, violenta y cruel, sin manifestar ninguna clase de piedad hacia los indígenas, porque así se lo ordenaban sus superiores, es decir, los ricos y avariciosos hombres que patrocinaban las expediciones de invasión y saqueo, los militares ansiosos de poder y riqueza y un cortejo de frailes inquisidores que habían memorizado más de una bula para hacer un apostolado de atrocidades, siguiendo los mandatos del Papa o del siervo de los siervos de Dios, como le gustaba presentarse. Teniendo en cuenta que tenían bula para poder exterminar a un pueblo por bárbaro y no ser cristiano, de acuerdo con lo mandado por el Papa y el beneplácito del Todopoderoso, los conquistadores de Perú actuaron con total impunidad en su acción de aniquilamiento, destrucción y saqueo de un gran imperio, cuyos emperadores fueron torturados, ajusticiados y quemados, mientras que los súbditos que se salvaron acabaron humillados y esclavizados, porque así lo había ordenado Dios a través del supremo vicario en la Tierra, o sea, el Papa.

—Yo no comprendo —dijo Leunam— cómo la Iglesia Católica y su cabeza rectora pudieron alejarse tanto de las enseñanzas de Jesús y del mandato que le dio a sus apóstoles, ya que resulta incomprensible que un papa disponga de un nuevo continente como si fuera de su propiedad, repartiendo no solo las tierras, sino sus habitantes, sus pertenencias e instituciones, con el encargo de que aquellos que no se sometan a la fe cristiana y católica pueden ser tranquilamente eliminados.

—Resulta inadmisible —dijo Zacary— para una persona que quiera creer en Dios, que su Vicario en la Tierra decida exterminar si la causa apostólica lo requiere a millones de habitantes de un nuevo y extenso continente que se extiende del polo ártico al polo antártico, si estos no se someten a los designios de Dios Todopoderoso y a los poderes reales dominantes de los cuales se valen para defender e imponer una doctrina que nada o muy poco tiene que ver con lo que enseñó Jesucristo en su corta vida pública.

—Según las enseñanzas —dijo Leunam— de la doctrina cristiana y católica, todo lo que existe en el Universo ha sido creado y consentido por Dios, y por supuesto, el nuevo continente americano con su extraordinaria naturaleza y sus gentes de milenaria existencia. Si Dios permitió un día que en esas tierras alejadas del continente europeo nacieran y vivieran millones de seres humanos semejantes a sus hermanos los cristianos y católicos, ¿por qué después el Padre Eterno decide exterminarlos si no acatan de inmediato la doctrina que imparte su Vicario en otra parte de la Tierra?

—Yo también —contestó Zacary— me hago la misma pregunta, porque esas gentes, de acuerdo con la doctrina cristiana y católica, si adoraban a muchos dioses y algunos incluso pudieron cometer horrendos crímenes ofreciendo sacrificios humanos a los mismos, como sucedía en el imperio azteca, era porque alguien se lo había enseñado y consentido. Desde luego, Dios, con su omnipotencia, lo consintió. Lo que no se reconoce es si envió algún profeta para salvar las almas de aquellos indígenas. Posiblemente sí, porque los dioses, las oraciones, los templos, los sacerdotes y las imágenes parece ser que no faltaban en ninguna comunidad india. Y, además, es lógico que así fuera; o acaso, Dios pudo tener algunos motivos para no querer ver lo que hacían aquellas comunidades indias que lo adoraban a su manera, dejándolas desamparadas y condenadas al fuego eterno del infierno.

—Eso que resulta tan fácil de comprender —contestó Leunam— con los Evangelios y demás textos bíblicos en la mano, no puedo dejar de preguntarme: ¿qué clase de locura demoníaca se apoderó a lo largo de los siglos de los Papas para promulgar esas bulas tan injustas y terroríficas que han causado tanto daño a la humanidad? Y, en concreto, a esas poblaciones indias que, aparte de procrear y trabajar para el bien de la comunidad, se pasaron toda su vida orando a muchos dioses, entre ellos al sol y a la luna, que no dejaban de ser grandes obras del creador de todo el universo.

—Yo tampoco —contestó Zacary— puedo dejar de preguntarme: ¿Por qué Dios no paraba la actividad atroz y enloquecida de los representantes de la Iglesia católica y demás gobernantes? Y me haría otra pregunta: ¿Por qué Dios consentía que sus evangelizadores en el nuevo continente no solo esclavizaran a los indígenas para provecho propio, sino que hicieran florecer un detestable y denigrante comercio humano? Porque en la época que siguió a los descubrimientos y conquistas, fueron muchos los barcos procedentes del continente africano que atravesaron el océano Atlántico, cargados de gentes que habían sido capturadas en sus aldeas como si se tratara de animales salvajes, para venderlos como esclavos a los ricos hacendados que habían surgido en las tierras del Nuevo Mundo.

—El comercio generado —dijo Leunam— por la venta de esclavos africanos negros a los nuevos terratenientes es algo tan abominable que califica de inmediato al explotador, a su legislador real y, por supuesto, a la religión que profesan. Este fue por excelencia el caso de los conquistadores españoles que asistían todos los domingos y fiestas de guardar a misa, por ser muy cristianos, católicos y temerosos de Dios, aunque se hicieron de un verdadero ejército de siervos y esclavos para realizar una diabólica e inhumana explotación de su trabajo, siendo tratados en muchas ocasiones peor que a los animales. ¿Y qué hacía la Iglesia católica, apostólica y romana? Sencillamente, colaborar en la consecución de la detestable obra. ¿Y qué hacía Dios? Pues creo que supervisar y dirigir su cruel y monstruosa obra. Porque no hay constancia de que él, la Virgen María o algún santo se aparecieran para apaciguar los ánimos de los negreros del látigo, ni tampoco a los amantes de la Santa Inquisición.

—Amigo Leunam, en más de una ocasión me has dicho que este mundo es un inmenso teatro compuesto por múltiples escenarios con cortinajes de colores muy variados y con tantas marionetas que a los trastornados directores a veces les faltan cuerdas para sujetarlas bien y moverlas con el ritmo adecuado, hasta enloquecerlas. Pero yo creo más en los monstruos, porque para mí este mundo está poblado por muchos monstruos hambrientos, deformes y pluricelulares de diferentes tamaños que se devoran unos a otros, aunque todos se alimentan, en mayor o menor medida, de sus propias células, que somos los seres humanos que los integramos, por haber caído, voluntaria o involuntariamente, en sus melosas, hipócritas o crueles redes intestinales, según las circunstancias de muchos millones de casos.

—Sinceramente —contestó Leunam—, comparto plenamente tu idea, aunque no me negarás que en el interior de esos cuerpos de forma inmensa e irregular de esas bestias terrestres no cabe mi teoría sobre los múltiples teatros de la vida, solamente que estarían más repartidos y con mayor capacidad de movimiento, convirtiéndose en las ocasiones convenidas en unos titiriteros ambulantes y maleables con capacidad para hacer el mal o el bien, según el capricho del director supremo o supervisor del universo. Lo que no me queda claro de esos monstruos es cómo nacen, cómo crecen y cómo se hacen fuertes y temerosos.

—Yo creo —contestó Zacary— que hay dos o más factores fundamentales en la condición humana que provocan la aparición de los monstruos terráqueos que se apoderan o intentan apoderarse de la libertad de los seres humanos que pueblan el planeta

Tierra. Uno de esos factores es el ansia de los hombres por vivir eternamente, causándoles un miedo terrible a la muerte, la cual les empuja a buscar desesperadamente el remedio para intentar lograr una vida eterna. Y esto lo encuentran ingenuamente en las diferentes religiones, bien sean monoteístas o politeístas. Otro factor humano es el anhelo casi incontrolado para conseguir riqueza y gozar al máximo de los placeres que les ofrece la vida. Conseguir muchos de estos bienes y sus derivados es sumamente difícil a nivel individual, por esto la inmensa mayoría de los hombres se agrupan por coincidencia de intereses o de ideas, es decir, por ideologías políticas, religiosas y sociales. Cualquier grupo de individuos vividores, ambiciosos, iluminados o más inteligentes que el resto de la masa, con anhelos de constituir el cerebro de un nuevo monstruo terráqueo, solo ha de ser capaz de reunir y disciplinar a un determinado número de individuos alrededor de cualquier ideología o religión que inventen o consideren, pero que prometa la salvación de los individuos, y así irán aumentando adeptos. Y, por supuesto, han de sumar o asociar al grupo ya constituido una ideología que les garantice un poder y una vida muy placentera. Conseguido esto, ya es cuestión de astucia, estrategia y métodos más o menos contundentes, según el poder acumulado, para seguir creciendo, destruyendo, saqueando, asesinando o devorando a cualquier otro monstruo que pretenda lo mismo o simplemente que esté viviendo y disfrutando de un rico territorio.

—Por lo que deduzco —dijo Leunam— de tu contestación, tú no crees en las religiones como mandatos de Dios transmitidos a los hombres a través de los profetas, sino que estás convencido de que han sido una invención de los hombres para someter más fácilmente a la gran masa ignorante, analfabeta y borreguil, sin necesidad de recurrir a la fuerza; aunque algunos justifiquen el uso de las armas para los que se resistan a la conversión o a entrar en la cerca o corrales de las divinas creencias; y otros tampoco han sentido ninguna clase de escrúpulos en usar no solo las armas, sino la hoguera para purificar las almas de los pobres condenados por unos diablos enloquecidos.

—Amigo Leunam, estoy totalmente de acuerdo contigo en tus conclusiones, y supongo que también has deducido que yo no puedo creer en Dios, tal como lo definen los textos bíblicos y nos enseñan los vicarios de Jesucristo en la Tierra, porque estoy plenamente convencido de que no existe ningún ser con poderes sobrenaturales capaz de permitir que los hombres se maten, se descuarticen y se devoren entre sí.

—Amigo Zacary, la verdad es que yo coincido contigo, porque resulta sumamente difícil de justificar la pasividad e incluso la recreación de un Dios todopoderoso ante hechos terroríficos incalificables cometidos entre hermanos o seres de la misma especie y que, además, son consentidos de forma continua y permanente por el Dios Padre tan misericordioso y condescendiente. Pero Zacary, yo no he llegado todavía a ese convencimiento pleno que tú has alcanzado y, por consiguiente, no te merece la pena seguir buscando la existencia de Dios; yo, en cambio, a pesar de los innumerables casos que estoy recordando, todavía no han conseguido arrancar de mi mente las raíces de las creencias contenidas en aquellas primeras oraciones que me enseñó mi abuela cuando, cogidos de la mano, acudíamos cada día a una o más iglesias de mi pueblo.

Después de la larga y apasionada charla mantenida sobre los gravísimos hechos sucedidos hace muy pocos siglos y que, al reflexionar sobre la crueldad de los mismos, se pone en duda la existencia de Dios, los dos amigos abandonaron la encantadora plaza del inolvidable pueblecito perdido entre mágicas y bellas montañas.

—Leunam, en su deambular por la historia de la humanidad, quiere recordar lo que ocurrió en las revoluciones industriales europeas durante los siglos XVIII y XIX, pero deteniéndose especialmente en una mano de obra muy frágil e indefensa, como fue la de millones de niños esclavizados o convertidos en simples piezas de las monstruosas máquinas hidráulicas o de vapor empleadas en la Revolución Industrial. No pretende recrearse con las calamidades y los comportamientos despóticos y crueles que tuvieron que sufrir millones de obreros industriales, entre ellos un elevado porcentaje de niños, para que unos pocos explotadores o negreros, sin ninguna clase de escrúpulos, continuaran aumentando su poder económico, social y empresarial. Pero sí quiere intentar localizar la existencia de Dios y la presencia de sus vicarios entre los numerosos testimonios de esa época esclavista de continua revolución tecnológica en la que millones de seres humanos inocentes, cuando apenas habían cumplido seis años, fueron condenados a trabajos forzados durante toda su vida.

Máquinas y niños esclavos

Hasta la mitad del siglo XIX, gran parte de la comunidad occidental se basaba en un modelo económico medieval, donde la agricultura y el comercio, acompañados de un trabajo doméstico y una rústica artesanía familiar o gremial, constituían los pilares fundamentales del lento progreso de muchos estados europeos, incluidas sus colonias americanas.

En esa época, la burguesía comercial surgida varios siglos antes se había convertido en una poderosa clase social, capaz de disputar el poder feudal y sus privilegios mediante un sistema capitalista, donde la implantación de la moneda y el trabajo remunerado con un salario serían los elementos generadores de riqueza que convertirían a ese poderoso grupo económico en el motor principal de una revolución transformadora, que provocó en las naciones más poderosas una rotura inmediata con el sistema económico medieval.

Pero la selecta e influyente minoría nobiliaria, propietaria en la mayoría de los países occidentales y en sus colonias de más de la mitad de la totalidad de la tierra que las integraban, no tardó mucho en fusionarse con la burguesía dominante mediante lazos matrimoniales o imitando costumbres capitalistas, resultando en una alta burguesía con un gran poder económico y unas ansias de dominio ilimitadas.

La firma del Tratado de Utrecht en el año 1713 por las potencias europeas, después de la Guerra de Sucesión, liberalizó las relaciones comerciales de Inglaterra y otros países europeos con las colonias españolas americanas, terminando con el proteccionismo económico que ejercía España sobre unas determinadas compañías muy privilegiadas. Por consiguiente, se produjo una expansión colonial, al mismo tiempo que se empezaban a crear grandes mercados nacionales e internacionales que necesitaban unos medios de transporte más eficaces y grupos bancarios que garantizaran rentables operaciones comerciales.

Durante el siglo XVIII, los propietarios de grandes extensiones agrícolas surgidos de la fusión de la nobleza con la alta burguesía introdujeron nuevos métodos de explotación de la tierra, originando una revolución agrícola que eliminó a los pequeños propietarios, porque no podían competir en rendimientos y precios con las grandes empresas agrícolas que se constituían. Esto trajo consigo que muchos campesinos y sus familias, al quedarse sin trabajo o vender su pequeña propiedad agrícola, se trasladaran en masa a la ciudad en busca de trabajo.

Los grandes sueños de poder de los gobernantes y la ambición desenfrenada de los poderosos capitalistas por obtener mayores rendimientos y beneficios provocaron que los diferentes métodos empleados en la obtención de los productos demandados por la nueva sociedad, que cambiaba a ritmo acelerado y de forma proporcional a su riqueza natural, humana y tecnológica, sufrieran una transformación espectacular.

Esos cambios revolucionarios en los métodos de producción, transporte y venta de múltiples productos dieron lugar a la llamada Revolución Industrial, que se inició en Inglaterra en la segunda mitad del siglo XVIII y obtuvo sus máximos objetivos a principios del siglo XIX. Esas grandes transformaciones socioeconómicas, tecnológicas y culturales que se produjeron en ese período histórico de la humanidad se fueron desplazando paulatinamente al resto de países del continente europeo.

A esa primera revolución siguieron dos revoluciones industriales más, que aumentaron el potencial tecnológico en todas las ramas de la producción, gracias a los nuevos inventos, desarrollo y aplicación de los mismos.

Teniendo en cuenta que la Revolución Industrial con el paso del tiempo afectó casi por igual a todos los países en desarrollo, por compartir los mismos objetivos y métodos de aplicación, veremos los conceptos que más influyeron en la primera revolución industrial inglesa y, así, hacerlos extensivos a cualquier otro país de la Europa continental, salvando sus características geográficas y sociológicas, sin olvidar el desfase temporal en el que se produjeron.

Desde el año 1765 hasta el año 1850, en la Gran Bretaña reinaron tres monarcas que también ostentaban el cargo de jefes supremos de la Iglesia anglicana o de Inglaterra; y en ese mismo período de tiempo reinaron siete papas en el Estado del orbe católico, apostólico y cristiano, es decir, en el Estado Vaticano. Es bueno tener en cuenta esta información sobre quiénes eran los dignatarios máximos monárquicos y eclesiásticos de una gran parte del mundo en un período tan transformador de la reciente historia de la humanidad, pero lleno de desprecio y crueldad hacia las personas que fueron víctimas de una explotación inhumana o esclavista a favor de una sociedad materialista y capitalista, incluidos los niños con apenas 5 o 6 años de edad.

Ese período de casi un siglo de duración en su primera fase, conocido en la historia como la Revolución Industrial, se inició en Inglaterra porque era un país que disponía de grandes yacimientos de materias primas o recursos naturales, como eran el carbón y el hierro, una acaudalada burguesía y un sistema político muy liberal que fomentaba las iniciativas privadas.

En los fundamentos de la Revolución Industrial está el empleo de las máquinas movidas por energía hidráulica o por vapor en casi todas las fases del proceso productivo, anulando la actividad artesanal y provocando un mayor rendimiento en el proceso de fabricación. El uso de las máquinas permitió a los empresarios industriales concentrar los lugares de producción o fábricas en zonas estratégicas y dirigir mejor a los trabajadores integrantes de las mismas. El alto precio de algunas máquinas necesitó una amplia disponibilidad de medios económicos de inversión, lo que dio lugar a la aparición de las primeras uniones entre empresas industriales y capital financiero, que más tarde determinaron la nueva sociedad capitalista.

Las innovaciones tecnológicas más importantes de la Revolución Industrial fueron la máquina de vapor y la potente hiladora Jenny, también movida a vapor. Estas máquinas movidas por la energía del carbón transformaron por completo la industria de la siderurgia, la textil, la agrícola, máquinas y herramientas, el transporte y otras.

Con el uso de las diferentes máquinas, la productividad y la calidad de los elementos fabricados aumentó de forma muy considerable, originando, además, un gran abaratamiento de todos los productos.

El progreso industrial originó grandes cambios en toda la sociedad, pero los que sufrieron las consecuencias negativas del auge de la burguesía industrial fueron los campesinos, artesanos, pequeños propietarios agrícolas o ganaderos y sus familias, que se vieron obligados a emigrar a la ciudad, donde ampliaron sus arrabales y se convirtieron en obreros fabriles muy mal considerados, no solo por su nula formación profesional, sino por la exagerada oferta de gente desocupada con muchas necesidades para poder seguir sobreviviendo, que estaba dispuesta a trabajar las horas que fueran necesarias por un mísero jornal en instalaciones insalubres.

Pero a los insaciables empresarios industriales no les importaba mucho las condiciones más o menos salubres, ni la edad de los obreros que trabajaban en sus fábricas, sino el aumento de la producción al menor coste posible para obtener un mayor beneficio o enriquecimiento. Aparte de exigir jornadas agotadoras que superaban las 12 horas, incluso para los niños mayores de siete años, que constituían un porcentaje superior al 35 por ciento del total de los obreros que trabajaban en las fábricas y en las minas de carbón o de extracción de minerales. Los empresarios de determinadas fábricas o explotaciones mineras sustituyeron en un amplísimo porcentaje a los obreros adultos por niños de diferentes edades, ya que consideraban que con los niños podían crear una fuerza de trabajo hecha a medida para sus fábricas y, por consiguiente, mucho más rentable.

Gracias a millones de niños convertidos prematuramente en obreros esclavizados en toda clase de trabajos, igual que sus padres que pasaron de ser campesinos o artesanos a obreros industriales, se puede afirmar que la primera Revolución Industrial británica fue un gran éxito.

Casi un siglo después de haberse iniciado una explotación inhumana de una mayoría de las familias campesinas y artesanas, empezaron a surgir protestas de grupos de obreros o proletarios urbanos que se organizaban en las tabernas u otros lugares de reunión —siempre fuera de los centros de trabajo— para reivindicar salarios más justos y mejores condiciones de trabajo. Al mismo tiempo, participaban en revueltas callejeras para exigir el abaratamiento de los alimentos básicos o para hacer peticiones sociales a los poderes políticos y eclesiásticos. Se puede afirmar que en esa época se empiezan a construir los cimientos de los sindicatos, que en el futuro lograrían una mayor justicia social, aplicando estrategias muy diferentes que pasaban por las huelgas o el apoyo a los partidos políticos con ideologías sociales que proponían la lucha de clases con todas sus consecuencias.

La grave situación social que se estaba produciendo en las ciudades industriales a causa del empobrecimiento masivo de las gentes que eran pagadas con sueldos miserables, tratadas como verdaderos esclavos y viviendo en los arrabales en condiciones infrahumanas, hizo que el papa León XIII, el día 15 de mayo del año 1891, promulgara la encíclica Rerum Novarum o de los cambios políticos. Era la primera vez que la Iglesia católica se preocupaba, a través de una carta o encíclica social, de la situación contemporánea de los obreros, incluidos sus salarios y las condiciones de vida. Aunque esta preocupación duró poco tiempo, ya que el papa Pío X, que sucedió a León XIII, no prestó la debida atención al reformismo religioso y social de su antecesor.

También es cierto que la Iglesia católica llevó a la práctica diferentes ayudas basadas en la caridad y puso en marcha asociaciones e instituciones dirigidas a ayudar o paliar algunos problemas de la gran masa del proletariado empobrecido.

Con la escalonada y difícil abolición de la esclavitud a finales del siglo XIX en los Estados continentales y en sus colonias americanas; y también con la puesta en marcha de la derogación del trabajo infantil, la sociedad surgida de la Revolución Industrial se vio obligada a introducir otros métodos de producción que continuaran reduciendo los costes y aumentando las ganancias, empleando para ello una mano de obra menos infantil, pero abundante y barata, por no necesitar ninguna clase de formación especial, ya que cada obrero quedaría aislado de los demás junto a su máquina y sujeto al ritmo que esta le marcara, de acuerdo con el tiempo fijado por el personal técnico y directivo, que indicaba a cada trabajador lo que tenía que hacer y el tiempo que tenía que emplear. Si el obrero superaba la producción fijada por haber sido capaz de acelerar su ritmo de trabajo asimilándolo a la máquina, este se veía premiado económicamente con un aumento de su salario a través de las primas de producción; esto fomentaba la competencia entre los obreros y excitaba aún más la producción.

El inventor de esa forma de trabajo de obreros sin cualificación encadenados al ritmo programado en las máquinas fue el ingeniero americano Frederick Taylor, el cual tuvo muy en cuenta la nula preparación profesional de los obreros que iban a formar parte del trabajo en cadena, llamado técnicamente organización científica del trabajo y, finalmente, taylorismo en recuerdo a su inventor.

Leunam y Hugo, que últimamente se han interesado mucho por la esclavitud que han sufrido muchos seres humanos en los últimos siglos, se han reunido hoy para hacer un cambio de impresiones sobre ese hecho tan despiadado y repugnante, ejercido legalmente por muchas instituciones que se consideraban y consideran grandes defensoras de los derechos humanos y por individuos o fieles creyentes de religiones monoteístas muy influyentes en el mundo, cuyos sumos vicarios, predicadores y sacerdotes buscan de forma infatigable adeptos entre seres inmaduros, ignorantes y vividores que aumenten los respectivos rebaños, al mismo tiempo que generan una gran fuerza latente por si fuera necesario aplicar nuevamente la hoguera o la cimitarra.

Los dos amigos se encuentran muy impresionados por los textos que han leído sobre la esclavitud en el mundo y por las películas que, de una forma objetiva, describen y retratan un detestable pasado llevado a cabo por muchos miles de seres humanos contra millones de prójimos o hermanos más desfavorecidos a causa de la ambición y la avaricia por tener más poder y riquezas; y lo peor es que, en la mayoría de los casos, la Iglesia católica, apostólica y romana, con sus ramificaciones díscolas, los bendecía, igual que hacen ahora, y solo en situaciones puntuales manifestaban o manifiestan hacia el poder real unas discrepancias cómplices para salvar las apariencias frente a sus ignorantes y sectarios seguidores, que rezaban y siguen rezando sin parar porque buscan ansiosamente su salvación eterna.

A pesar de la grave impresión que le han producido algunos grabados relacionados con los esclavos africanos y, especialmente, los que representan a cantidad de niños esclavizados en las fábricas y en las minas inglesas durante la Revolución Industrial, Leunam y Hugo inician tranquilamente su charla con el deseo, en primer lugar, de saber el concepto de la esclavitud que tiene cada uno, para entrar poco a poco en sus valoraciones y críticas hacia la inexplicable ausencia del Dios Creador de la magna obra que constituye el Universo y también del proceder de los jerarcas e instituciones políticas y eclesiásticas.

—Hugo, yo creo que la sociedad que basa su desarrollo en la explotación de los seres humanos o comerciando con ellos como si fueran animales, está cimentando su futuro sobre un terreno pantanoso donde la sangre humana ha sustituido al agua y los huesos y otros restos de millones de esclavos constituyen la base de su infraestructura. Esa sociedad podrá llegar a ser poderosa e influyente de forma transitoria, pero irremediablemente sucumbirá al horror y a la tragedia humana que ha provocado a pueblos inocentes para alcanzar un efímero poderío que justamente será destruido o arrebatado por otra sociedad más justa; igual ocurrirá con las personas que, sin ninguna clase de escrúpulos, se han aprovechado de situaciones propicias para enriquecerse a costa de esclavizar o exterminar a seres de su misma especie.

—Leunam, la libertad del ser humano es un bien supremo que, en una sociedad civilizada y justa, debería tener garantizado durante toda su vida. Por consiguiente, el Estado y las instituciones que no sean capaces de garantizar o defender con todas sus consecuencias los derechos del ser humano en su ámbito competencial me merecen un absoluto desprecio, cuya existencia debería ser fulminada por acciones mayoritarias incruentas. Creo que todas las personas responsables de sus actos deben tener la capacidad para poder obrar según su propia voluntad durante toda su vida y jamás estar sometidas de manera absoluta a la voluntad y el dominio de otra.

—Lo que no comprendo —dijo Leunam— es cómo seres humanos practicantes y creyentes de religiones monoteístas que adoran al mismo Dios llevaron a cabo un horrendo y repugnante negocio de explotación de seres humanos. No les importó arrancar de sus aldeas a familias completas, con la excepción de los viejos y lisiados. Es cierto que a lo largo de la historia de la humanidad siempre han existido personas esclavizadas, pero resulta incomprensible que los últimos profetas enviados por Dios a la tierra y artífices de influyentes y poderosas religiones elaboradas y dirigidas por Él, según nos aseguran estos iluminados, no recibieran, aunque fuera a través del Espíritu Santo o del aguerrido Arcángel, el divino y sabio precepto de obligado cumplimiento para que cesaran definitivamente las explotaciones de los hombres por los hombres y las luchas fratricidas entre los seres humanos.

—Yo tampoco encuentro —contestó Hugo— el beneficio que se deriva hacia los seres humanos por sus prácticas religiosas monoteístas o politeístas desde los tiempos de la Edad de Piedra hasta nuestros días; en cambio, sí he comprobado la existencia de un oceánico derramamiento de sangre y un atroz genocidio de pueblos o de civilizaciones por querer imponer una religión a costa de la eliminación de otras, dándose por ejemplo la descomunal barbaridad de que las dos adoran como ser supremo al mismo Dios. Si reverenciando al mismo Dios los individuos son capaces de quemar a sus prójimos vivos en una hoguera o cortarles la cabeza, imagínate lo que hicieron con aquellos seres humanos que, desde que nacieron, les enseñaron que el sol, la luna, el mar, el maíz, su rey y muchas cosas más eran dioses que tenían que adorar.

—Creo —contestó Leunam— que las guerras y las atrocidades provocadas por culpa de las diferentes religiones no compensan en absoluto a los individuos que las profesan y esto lo saben muy bien los inventores, vicarios y vividores de estas, pero su maldad, su ambición, su avaricia y su crueldad no tienen límites. O acaso, ¿sienten alguna caridad o respeto por esas multitudes sectarias o adocenadas que mantienen engañadas durante toda su vida, prometiéndoles después de su muerte un paraíso donde podrán disfrutar eternamente de la visión de Dios y de otros placeres que tanto anhelan? Y, ¿qué hacen estos fariseos frente al poder civil que transgrede los preceptos que, de forma tan vehemente e hipócrita, predican a sus adeptos? Simplemente, colaboran con el Estado o con el poder imperante para seguir disfrutando del *status* que les otorga por ser unos inteligentes y efectivos pastores de gentes manipulables, ignorantes o idiotizadas.

—Estoy de acuerdo contigo —contestó Hugo—, pero lo que ocurre es que, unos más y otros menos, casi todos necesitamos a lo largo de nuestra vida creer en algo espiritual o sobrenatural que nos ayude a dulcificar las influencias negativas que se producen en nuestro ánimo o comportamiento cuando nos faltan los anhelos materiales. Y eso lo saben muy bien los que administran y viven a costa de cualquier religión.

—Yo pienso —contestó Leunam— que la raíz de casi todos los males que sufren las personas libres durante su vida está en el mayor o menor grado de ignorancia que padezcan. Ocurriendo de hecho que el estado de felicidad de muchas personas resulta inversamente proporcional a su nivel cultural; es decir, cuanto más iletrada es una persona, menos cosas necesita para sentirse feliz a su manera, a pesar de ser fácilmente manipulable e incapaz de valorar la trascendencia positiva o negativa de sus actos. Una religión será más o menos influyente en la medida en que sea capaz de abarcar un abanico de preceptos que satisfagan o den solución a las diferentes inquietudes surgidas en las personas de acuerdo con su nivel cultural.

—Posiblemente —contestó Hugo—, llevados por su mayor o menor grado de incultura o de ignorancia generalizada, las gentes, a lo largo de la historia, han sentido la necesidad de un alimento espiritual para hacer más llevadero el ayuno material. Sin importarles mucho quién se lo suministraba, bien fuera el brujo de la tribu, el sumo sacerdote, sus ayudantes, los maestros o los predicadores. Lo que no comprendo es el porqué las distintas religiones monoteístas siguen siendo el resultado de una mezcla astutamente dosificada de preceptos sobrenaturales y terrenales, que provoca un efectivo rechazo de todos aquellos individuos que consiguen despojarse al máximo de los ropajes que configuran su incultura.

—Como sabes muy bien —contestó Leunam—, durante los siglos XV y XXVI la corrupción que se había apoderado de la Iglesia católica y el excesivo alejamiento de lo terrenal provocaron una protesta muy contundente de religiosos, pensadores y políticos que detestaban el comportamiento corrupto de los vicarios católicos y anhelaban una revitalización de la auténtica iglesia cristiana y católica, la cual situaban en la era más primitiva y humanista de la misma. Esas graves divergencias provocaron las llamadas guerras de religiones de Europa, que originaron la consolidación de nuevas doctrinas cristianas, menos espirituales y más humanistas y, además, el reconocimiento supremo de la Iglesia católica.

—Lo que resulta —dijo Hugo— difícil de comprender sin tener en cuenta el grado de ignorancia de las gentes, es el triunfo de religiones muy espiritualistas, poco comprometidas con la defensa efectiva de los derechos de los seres humanos y rodeadas de inmensas riquezas, pompas y boatos. Aunque, intentando recordar la violenta y cruel implantación de la religión musulmana y cristiana en algunas regiones del planeta azul, se puede entender el porqué de su triunfo y consolidación, pero no el de su perpetuación; sobre todo cuando, de forma cobarde y camaleónica, dejan de defender a los seres humanos frente al poder que las protege y alimenta. Como uno de los miles de ejemplos nos podría servir el comportamiento de las iglesias cristianas y católicas durante la Revolución Industrial en Inglaterra.

—Llevas razón —contestó Leunam— se podrían poner no miles de ejemplos, sino millones. Pero ya que hemos repasado superficial y brevemente la primera Revolución Industrial, rindamos un merecido recuerdo a los millones de hombres, mujeres y niños que unos detestables, avaros y codiciosos capitalistas decidieron convertir en apéndices de máquinas, eliminando su condición humana con el objetivo de aumentar sus riquezas y poder, mientras que los vividores eclesiásticos que tenían que defenderlos de las graves injusticias terrenales se dedicaron a bendecir las grandes instalaciones fabriles, al mismo tiempo que se integraban de forma camaleónica y cobarde en la monstruosa máquina de triturar y devorar a gentes inocentes y desahuciadas, convertidas en esclavos mecánicos de por vida.

—Lo que resulta inaudito —dijo Hugo— es que el elemento decisivo que posibilitó el éxito de la Revolución Industrial fuera el trabajo infantil. Ya que, cuando los hijos de los obreros cumplían siete u ocho años, empezaban a trabajar en muchas clases de actividades, pero especialmente en las fábricas y en las minas, con el agravante en muchas ocasiones de que ni siquiera su trabajo les era remunerado, sino que lo hacían a cambio de la comida y el alojamiento ubicados en las mismas instalaciones de la explotación infantil. En realidad, durante ese transformador período de la historia de la humanidad, millones de niños fueron sometidos a un estado muy detestable de esclavitud y muchos de ellos ni siquiera conocieron la libertad, ya que murieron durante su niñez cumpliendo la condena perpetua de trabajos forzados en la mina o en la fábrica que les había impuesto su Dios y creador al nacer.

—Y lo aborrecible —contestó Leunam— es que tuviera que pasar casi un siglo para que los que se comunicaban cada día con Dios a través de sus oraciones, empezaran a preocuparse de las inhumanas explotaciones que estaban sufriendo los seres humanos más desahuciados, especialmente los niños. Resulta incomprensible que el Supremo Juez, desde su atalaya celestial, condenara a millones de seres inocentes que, por su edad, todavía no habían tenido tiempo de pecar y, encima, se recreara con el tétrico panorama que le ofrecían los despiadados campos de concentración de niños, como eran las minas, las fábricas y otros trabajos que convertían a criaturas de solo cinco años en simples herramientas de trabajo. ¿O acaso los niños tramperos o deshollinadores eran otra cosa?

—La verdad es que siento náuseas —contestó Hugo— ante tanto comportamiento infecto de la humanidad en su conjunto y de la Divinidad que la dirige en particular, aunque cada día que pasa dudo más de que haya algo de verdad acerca de la monumental doctrina que muchos vividores han elaborado alrededor de lo sobrenatural, tratando de embaucar a gentes parásitas, ingenuas y analfabetas.

—Tus dudas las comparto plenamente —contestó Leunam— es muy difícil creer que exista un Dios omnipotente que lo ve y lo domina todo, capaz de consentir atrocidades inenarrables que volverían loco al más sanguinario de los seres humanos. Por esto, comprendo que en el siglo XVIII o de las Luces, apareciera una corriente liderada por un grupo de pensadores e intelectuales que colocaron a la razón como la base principal del conocimiento, rechazando los dogmas de las religiones y lo tradicional, es decir, para ellos, la razón humana podía combatir la ignorancia, la superstición y la tiranía, constituyendo un mundo mejor; y, para ello, era necesario considerar imprescindible potenciar el optimismo sobre la capacidad del ser humano y la educación como el mejor medio para difundir la razón.

—Volviendo a la esclavitud —dijo Hugo— que provocó la Revolución Industrial en toda la masa familiar del proletariado, resulta muy reprobable la actitud tan hipócrita y cobarde de la iglesia cristiana y católica, especialmente la del Papa como vicario supremo de Jesucristo en la Tierra, que como mínimo debería haber hecho cumplir lo que dicen los Evangelios sobre Jesús y los niños; o en caso contrario, haber luchado hasta morir con todo su ejército de seguidores capitaneados por sus orondos y mimados sacerdotes, como hicieron Jesús y sus apóstoles. Cuando había transcurrido casi un siglo de la cruel y despiadada implantación esclavista, el Papa León XIII se acordó de que era el vicario de Jesús y tuvo la gran valentía de dedicar una carta encíclica de contenido social que trataba sobre los derechos y deberes dentro de los cuales tenían que mantenerse los ricos y los proletarios; o sea, los que aportaban el capital y los que ponían su trabajo y toda la prole que poseían.

—Pero la encíclica Rerum Novarum —contestó Leunam— no tuvo la continuidad y contundencia que debería haber tenido con otras del mismo contenido que consolidaran y ampliaran el camino emprendido, porque el Papa Pío X, que sucedió a León XIII, se dedicó más a combatir el reformismo religioso, dejando la resolución de los temas sociales a los actores de la producción. Una vez más, la iglesia católica, apostólica y romana se aleja de muchos niños esclavizados, por ser la prole de la masa obrera destinada a producir grandes beneficios a un sistema capitalista, sin ninguna clase de escrúpulos ni piedad. En ese sistema de explotación despiadada del hombre por el hombre, debemos buscar las raíces de los primeros sindicatos de los trabajadores y el nacimiento de las ideologías socialista y comunista.

—Yo desprecio —contestó Hugo— el egoísmo, la hipocresía y la cobardía de las religiones monoteístas en general, por no defender con una actitud contundente las injusticias que sufren las personas por parte de los poderes del Estado y de las gentes pudientes. Y, además, es que ni siquiera tendrían necesidad de hacer uso del empleo de la fuerza, sino dejar de bendecir y de colaborar con todas aquellas instituciones e individuos que defienden y practican la explotación del hombre por el hombre; pero lo entiendo, con esa beligerancia se expondrían a perder las prebendas y el *status* tan arrogante que les concede la sociedad imperante y, eso no sería propio de personas vividoras e inteligentes, sobre todo, con lo fácil y barato que les resulta embobar a la gente con las cosas sobrenaturales, el paraíso, el infierno, los santos, las vírgenes, el juicio final presidido por el Juez Supremo creador del cielo y de la Tierra. Amigo Leunam, estoy convencido de que he perdido miserablemente mi tiempo por haberme puesto ingenua y espiritualmente en contacto con los moradores del Paraíso celestial a través de las oraciones que me enseñaron cuando apenas tenía uso de razón, para que siempre que lo deseara acudiera al Padre eterno en busca de su protección y salvación.

—Amigo Hugo, reconozco la sinceridad y acierto sobre tu valoración de los dogmas religiosos y, además, comparto tu falta de aprecio hacia gentes que si de verdad creyeran en lo que predican, lo defenderían hasta sus últimas consecuencias. Y no me estoy refiriendo a morir por no renegar de su fe en lo sobrenatural, sino a defender sin ninguna clase de miedo los hechos que se derivan en el plano terrenal de las enseñanzas provenientes de Dios y contenidas en los Evangelios, tan repetidas en sus cansinos e hipócritas sermones. Sigo pensando que todos los hombres que pueblan la Tierra deberían profesar una única religión, cuya doctrina fuera el compendio de derechos, obligaciones y valores humanos que avalen una convivencia de auténtica fraternidad sin violencia, donde la educación y la cultura hagan triunfar a la razón. Y para los que tengan necesidades espirituales trascendentales, siempre habrá una religión personal o íntima capaz de crear un dios que satisfaga sus diversas carencias.

Con estas reflexiones sobre la maldad de los hombres y las grandes mentiras que encierran las doctrinas de todas las religiones, Leunam y Hugo dieron por terminada su conversación sobre un período de extraordinarios cambios tecnológicos, socioeconómicos y culturales de la historia de la humanidad, donde millones de niños, a partir de los cinco años de edad, fueron condenados a trabajos forzados inhumanos por una sociedad enloquecida que buscaba el enriquecimiento camuflado con el progreso, sin importarle mucho la forma de obtenerlo. Y esto ocurría sin que los seguidores de la iglesia católica y sus derivados reformistas sustituyeran en el trabajo a un solo niño esclavo de los muchos que eran azotados por sus crueles y sanguinarios capataces o perdían hasta el cuero cabelludo transportando sobre sus cabezas cubos de carbón por galerías insalubres de las minas o campos de concentración.

Leunam ya no sabe si es católico, cristiano o cree en Dios, pero lo que sí tiene claro es que quiere seguir conociendo, valorando y observando muy de cerca la actitud de los sacerdotes y predicadores de religiones en general y, también la de todos los que dicen cumplir los mandamientos de la Ley de Dios, los mandamientos de la Santa Madre Iglesia y los artículos de la fe, frente a comportamientos y hechos trascendentales que se están produciendo en la sociedad actual. El objetivo también es muy claro: no puede admitir que las religiones monoteístas se basen en una deidad inexistente y, por eso, intenta encontrar alguna acción plena de omnipotencia y omnisciencia en la compleja e hipócrita sociedad actual.

Muerte violenta en el útero

Con el vehemente deseo de encontrar en nuestra sociedad la presencia de Dios o acciones contundentes en la defensa de los derechos humanos por parte de los muchos miles de vicarios y predicadores de las diferentes religiones, Leunam quiere entrar a visitar esas dependencias de estructuras y fachadas progresistas donde se instruye el caso, se juzga, se condena y se ejecuta por succión, envenenamiento o descuartizamiento a seres vivos e inocentes que sus progenitores han decidido matar, mientras reciben ayudas materiales, psicológicas y espirituales por parte de una sociedad gravemente enferma, bendecida por unas religiones hipócritas, camaleónicas y vividoras; sin olvidarnos de la nula presencia de Dios en estos nuevos holocaustos —tampoco en el holocausto nazi— de seres vivos del género humano que son vilmente asesinados.

Para poner en marcha el inicio del desarrollo de un nuevo ser humano o situarnos en la línea de salida de la carrera de obstáculos que nos esperan a lo largo de la vida, solo son necesarios unos minutos de un día o de una noche en cualquier parte del planeta Tierra para que unos centenares de millones de espermatozoides liberados en el útero de una mujer, luchen entre ellos de forma intrépida y esforzada para intentar llegar a la meta el primero y, así poder entrar en ese óvulo maduro y despistado que pasea por los pequeños túneles de las trompas de Falopio, produciéndose una fusión entre sus células germinales que lo transformarán por completo; puesto que al fusionarse los núcleos del óvulo y del espermatozoide forman un nuevo núcleo integrado por cromosomas de la herencia de sus antepasados que da origen al diseño de un nuevo ser irrepetible, dando lugar a la concepción e inicio del desarrollo de un ser humano, cuyo tamaño en esos primeros minutos de su vida solo alcanza la longitud de algo menos de un cuarto de milímetro.

Solo han de pasar tres o cuatro días de la concepción para que las células que integran el nuevo y diminuto cuerpo se redistribuyan, formando un grupo interno que dará origen a la formación del embrión, mientras que el grupo exterior se convertirá en la capa protectora que garantizará el prodigioso proceso de la anidación y la alimentación del mismo.

Cuando han transcurrido no más de doce días de la fusión del espermatozoide con el óvulo, es decir, de la concepción, la capa exterior del nuevo organismo produce unas enzimas o moléculas proteicas que disminuyen la dureza de la mucosa del útero, facilitando la fijación o anidación del óvulo fecundado. En esta fase y, por medio de una determinada hormona, el diminuto ser vivo entra en contacto químico con la mujer que lo hospeda en su vientre, o sea, con la futura madre de un ser humano; además, la referida hormona permite constatar el embarazo de la mujer, aparte de que los ovarios dejan de generar óvulos y se suspende la menstruación. Empezando a sufrir el cuerpo de la gestante lentas transformaciones de preparación para una perfecta adaptación al progresivo desarrollo del nuevo ser, que a partir de ahora será cubierto con múltiples vasos sanguíneos, al mismo tiempo que se producirá la placenta, que será el órgano que relacionará estrechamente al nuevo ser o futuro bebé con su madre, ocupándose de las necesidades de respiración, nutrición y excreción del feto durante su desarrollo.

El embrión, cuando cumple tres semanas de su inicio de vida, ya se ha desarrollado en tres niveles o grupos celulares que contienen los inicios de la formación de los diversos órganos, tales como el hígado, los pulmones, el estómago, los riñones y el sistema nervioso. Durante estos días ha empezado el proceso de formación del cordón umbilical, se pueden observar los primeros vasos sanguíneos y su singular corazón empieza a tener pulsaciones. El embrión alcanza, a los veinte días de vida, un tamaño aproximado de dos milímetros y medio y, en estos días, la gestante descubre que está embarazada porque deja de tener la menstruación.

Un mes de vida para un embrión supone un tamaño de unos seis milímetros y una transformación muy considerable, porque los sistemas orgánicos ya están presentes, pudiéndose observar los ojos, las orejas y la formación de los brazos y piernas. Se abre y se cierra la boca y la lengua empieza a desarrollarse.

El embrión, de 5 semanas de vida y con un tamaño aproximado de diez milímetros, ya tiene un corazón que late a unas 145 pulsaciones por minuto y bombea la sangre producida por el complejo organismo en desarrollo, en el que ya se puede observar la formación de la tráquea.

Un embrión de 6 semanas mide aproximadamente veinte milímetros desde la cabeza hasta las nalgas y, en cualquier ecografía, podemos observar claramente la formación de los ojos, los oídos y las mandíbulas. También se pueden ver de manera perfecta sus extremidades superiores e inferiores, con el inicio de la formación de los dedos de las manos y de los pies. A esta edad, el corazón ya está compartimentado, es decir, ya tiene cuatro cámaras y, las células empiezan a formar los pulmones, el estómago, los intestinos y el hígado. Se ha empezado a formar su esqueleto, su masa muscular, su sistema nervioso. Sus ondas cerebrales ya se pueden medir con el encefalograma y, empieza a percibir información de su medio ambiente, como son la posición en el útero, las diferencias de temperatura y la presión sobre su cuerpo.

A las 8 semanas del inicio de su vida, el embrión humano pasa a ser denominado feto. En cualquier ecografía, podemos observar que los dedos de las manos y los ojos están muy definidos, dando una visión muy real de un diminuto bebé que tiene una longitud aproximada de 40 milímetros desde la cabeza hasta las nalgas, siendo el diámetro de la cabeza la mitad de esta dimensión. El feto ya tiene en su cuerpo todos los órganos, por consiguiente, no se desarrollará nada nuevo; solo se requiere alimentación y tiempo para crecer y madurar. También tiene sus huellas dactilares inconfundibles para toda la vida. A esta edad de ocho semanas de vida, también están en fase de desarrollo los huesos que integran el esqueleto humano y los músculos. Su sistema nervioso empieza a responder mucho mejor que hace dos semanas.

Un feto de 10 semanas de vida tiene una longitud aproximada de la cabeza hasta las nalgas de 55 milímetros y un peso superior a los 40 gramos. Mirando una ecografía, continuaríamos viendo la imagen de un diminuto ser, muy parecido a los humanos y que un profano en la materia no dudaría en describirlo como a un niño pequeñito. Los dedos de las manos y de los pies ya tienen las uñas, el cuerpo tiene toda su forma, mueve la cabeza, da saltos y comienza a chupar el pulgar. Con el estetoscopio y el monitor adecuado, también se puede detectar el sonido del latido de su corazón.

Cualquier persona que observe una ecografía de un feto de 12 semanas se sentirá impresionada del niño tan chiquitín que está viendo, porque, a pesar de que a esa edad solo mide 80 milímetros y pesa unos 60 gramos, su esqueleto, articulaciones y músculos le permiten el movimiento completo de su cuerpo. Ya tiene párpados y la nariz empieza a tomar su configuración normal, porque se ha empezado a desarrollar su estructura ósea. Con esta edad, todos los órganos trabajan; por consiguiente, el feto respira, traga de forma normal, digiere, orina y se inicia la formación de sangre en la médula espinal. En su cabeza aparecen los primeros pelos, percibe el ruido, empieza a aprender y duerme al mismo tiempo que lo hace su madre.

Un feto que mide unos 130 milímetros y pesa alrededor de 115 gramos, ya tiene 14 semanas de vida y, si observamos cualquier imagen que lo represente, fácilmente será confundible con un bebé —a pesar de que generalmente le llamen feto—, porque su figura se corresponde a la de un niño recién nacido. A esta edad, sus piernas y sus brazos se han desarrollado mucho y, sus movimientos son muy armónicos y coordinados. Ya mantiene la cabeza erecta, le ha empezado a crecer el cabello y la piel es muy transparente, puesto que se le aprecian fácilmente muchas venas frontales.

Si examinamos atentamente una ecografía de un feto de 16 semanas de vida, que ya alcanza una longitud de unos 140 milímetros y tiene un peso aproximado de 225 gramos, veremos que su piel continúa siendo transparente, aunque algo rosada; también observaremos el normal desarrollo de todas sus características corporales y faciales, y, además, comprobaremos que el pelo y las uñas le han seguido creciendo. Aparte de todo lo reseñado, se ha de indicar que el feto de 16 semanas de vida ya tiene los ojos y los oídos en su posición definitiva, su circulación sanguínea es correcta, puede parpadear, dar patadas, mover la cabeza, la boca, las piernas, los brazos y aferrarse con fuerza. En resumen, oficialmente estamos frente a un feto, aunque cualquier persona, por muy fanática que sea en reconocer la realidad, siempre verá a un pequeño y bello bebé.

Hace 18 semanas que empezó la vida de un ser de anatomía humana que resulta inconfundible con un bebé, aunque la ciencia le continúe llamando feto. Mide aproximadamente 165 milímetros, pesa unos 350 gramos y continúa con su fase normal de crecimiento, porque ya tiene formados todos sus órganos y estructura corporal. Este bebé *nasciturus* que vive plácidamente en el útero materno, a pesar de que produce movimientos respiratorios, sus pulmones todavía no están totalmente desarrollados, por lo que su supervivencia fuera del útero o matriz no sería posible.

Un feto de 20 semanas ya puede escuchar la respiración de su madre, mide unos 195 milímetros, pesa alrededor de 460 gramos, tiene bastante cabellera y vello corporal; su corazón y los riñones le funcionan bien y, el resto del organismo se desarrolla con normalidad. A partir de esta edad, buscará su posición preferida para dormir, al mismo tiempo que establecerá un ritmo para estar despierto o dormido. Empieza una fase de desarrollo cerebral muy rápido, que continuará hasta la edad de cinco años. Si este bebé nasciturus llegara a nacer, todavía tendría muy pocas posibilidades de poder sobrevivir.

El bebé *nasciturus* de 22 semanas de vida ya mide unos 220 milímetros, tiene un peso aproximado de 600 gramos y se le empiezan a endurecer los huesos de los oídos, permitiéndole la conducción del sonido; por lo que el niño *nasciturus* empieza a escuchar los sonidos de la madre, tales como la respiración, el latido del corazón y también su voz. A esta edad se produce un cambio en el desarrollo de los pulmones, de tal forma que, si naciera, podría sobrevivir con servicios de terapia intensivos.

Si observamos la ecografía de un bebé *nasciturus* de 24 semanas, veremos la imagen de un bonito niño que irradia inocencia y alegría, metido en esa bolsa con forma de pera invertida que es el útero materno, donde vive y permanece prisionero hace 6 meses, es decir, desde su concepción hasta la fecha. Este niño *nasciturus* ya mide unos 240 milímetros desde la cabeza hasta las nalgas, pesa más o menos 950 gramos, responde a los sonidos provenientes del interior o del exterior del útero, los movimientos de sus extremidades inferiores y superiores son más potentes, los pulmones experimentan un buen desarrollo para que pueda empezar a respirar y, la piel se le ha vuelto roja y arrugada, cubierta de un vello muy fino. Este bebé *nasciturus* duerme y se despierta de acuerdo con un determinado ritmo y, si naciera, tendría muchas posibilidades de sobrevivir con servicios de terapias intensivas.

Desde las 24 semanas de vida del bebé nasciturus hasta su nacimiento, que ocurrirá a partir de la semana 38 después del inicio de su vida biológica como embrión humano, resultante de la concepción producida por la fecundación de un óvulo que quedó implantado en el útero de la embarazada, el *nasciturus* continuará con su complejo desarrollo fisiológico hasta que esté listo para su nacimiento.

El aborto es la interrupción dolosa del proceso fisiológico del embarazo, causando la muerte del embrión, feto o *nasciturus* dentro o fuera del claustro materno. Esto puede ocurrir por causas naturales y también por acciones destructivas o violentas.

La muerte y posterior pérdida de un embrión o feto humano ocurrida por causas naturales, es decir, que se produzca por sí solo, sin agentes externos que lo provoquen intencionadamente, originará un aborto natural. Pero si, de forma inducida y empleando diferentes métodos y asistencias, se provoca la muerte y eliminación del embrión, del feto o del *nasciturus*, se estará causando una muerte violenta en el útero materno o un aborto fulminante, con el objetivo de lograr una pérdida definitiva de la vida de un ser vivo perteneciente a la raza humana.

El denominado aborto inducido, llamado también interrupción voluntaria del embarazo, tiene un concepto muy generalizado porque se puede producir una interrupción de embarazo por diversas causas, sin que ello signifique la muerte del *nasciturus*, como sería el caso de un nacimiento o parto prematuro antes de completarse la gestación normal. En este caso, la diferencia entre un nacimiento prematuro y un aborto fue establecida por la Organización Mundial de la Salud, en la que fijó 22 semanas completas de vida o 500 gramos de peso del feto para ser considerado nacimiento prematuro.

Las prácticas abortivas siempre han estado presentes en la historia de la humanidad de forma más o menos clandestinas, penadas u oficializadas por medio de normas o leyes condicionadas casi siempre por intereses o sentimientos ideológicos, sociales, morales, religiosos y culturales.

De forma muy sintetizada, veamos las consideraciones que hacen las religiones monoteístas del aborto como práctica reguladora de la capacidad reproductora de los seres humanos a lo largo de la Historia.

En el mundo cristiano, la Iglesia católica se opone al aborto desde los primeros siglos del Cristianismo hasta nuestros días. Aunque es cierto que no siempre su magisterio ha condenado el aborto como homicidio o asesinato.

En la encíclica Humanae vitae del papa Pablo VI se afirma que el ser humano vive desde el mismo momento de la concepción.

El judaísmo no permite la solicitud voluntaria del aborto, ya que la tradición judía es propensa hacia la santidad del feto. Sin embargo, consiente el aborto bajo determinadas circunstancias, porque no considera al feto como persona autónoma. Por ejemplo, permite el aborto si la continuidad del embarazo pudiera poner en peligro la vida de la gestante.

El Islam solo permite el aborto en tres casos muy concretos: el peligro de malformaciones en el embrión, el peligro para la vida de la madre si permanece embarazada y en casos de violación. El Islam concede al embrión el derecho a la vida, incluida su protección biológica y jurídica desde el mismo momento de su concepción.

En Japón, Tailandia o Camboya, donde la religión budista es mayoritaria, se aplican leyes de plazos y supuestos que permiten el aborto. Pero, concretamente, los japoneses son los que conceden mayor tolerancia y despenalización a las prácticas abortivas, limitadas en muchas ocasiones por la gravedad moral que supone un acto de suprimir una vida humana, como es el caso del aborto.

Leunam y su amigo Darío, que hace rato se encuentran paseando por el extraordinario paseo marítimo de una bonita y gran ciudad de la costa mediterránea, han decidido sentarse en un banco situado bajo la sombra transparente de una de las innumerables palmeras washingtonianas que embellecen aún más el emblemático paseo, no solo para descansar, sino para observar más detenidamente a las personas que pasean por el mismo, especialmente a las muchas mujeres embarazadas que se dirigen a hacer sus revisiones periódicas al acristalado hospital que tienen muy cerca y que, desde muchos de sus pasillos distribuidores y pequeñas salas de espera, ofrece a los visitantes y a los pacientes que su estado físico se lo permite unas vistas muy bellas e inolvidables del gran paseo o balcón marítimo y de la amplia y magnífica playa que lo separa de las cristalinas y azules aguas del mar Mediterráneo.

Que los dos amigos hayan aprovechado el descanso para observar mujeres con sus vientres más o menos abultados o embarazadas, no indica que padezcan una determinada patología; simplemente, han querido estar más cerca de muchas madres y bebés nasciturus para concienciarse mejor sobre los contenidos referentes al aborto, de los que últimamente se han documentado lo mejor que han podido.

El aborto inducido, con sus diferentes variantes, es un tema muy de actualidad en todos los medios de comunicación y en la opinión pública en general, por ser un hecho de consecuencias gravísimas, salvo en casos muy específicos, ya que su objetivo final es la eliminación física de un ser vivo por métodos diversos. A pesar de ser un tema de actualidad en muchas comunidades de religiones monoteístas, hay que denunciar que el aborto o la acción de matar a un ser vivo perteneciente a la raza humana se ha realizado a lo largo de la historia en todas las civilizaciones.

Leunam y Darío, después de transcurrido un cierto tiempo, han abandonado su banco de estilo modernista y se han buscado otro lugar más tranquilo, pero sin dejar la orilla del mar, donde han decidido coger unos asientos más rústicos y menos cómodos, para iniciar una larga conversación sobre el aborto y la actitud de una sociedad hipócrita y enferma.

—Darío, a veces dudo de vivir rodeado de seres racionales con un mínimo de intelecto, porque, ¿cómo se puede decir que el inicio de la vida humana no se produce en el mismo momento de la concepción?, sabiendo que, a medida que pasa el tiempo, la evolución biológica del nuevo organismo intrauterino lo transforma en un ser de indudable procedencia humana, convirtiéndolo en un niño que no tardará mucho en nacer.

—Leunam, estoy de acuerdo contigo, porque solo las gentes ignorantes, fanatizadas al servicio de intereses detestables, pueden decir que el origen de nuestra vida no está en la concepción, siendo ese el sublime instante en el que empieza a gestarse un hijo en el útero de la madre, constituyendo la primera fase de la vida del ser humano.

—Para mí —dijo Leunam— está muy claro que quitar la vida de forma intencionada al ser concebido, llámese embrión, feto o *nasciturus*, es un asesinato de un ser vivo, que, según la legislación vigente en la comunidad donde se cometa, puede ser delito o estar permitido de forma más o menos permisiva. Pero cualquier ser humano y, en especial la embarazada, deberá tener muy en cuenta que la opción de permitir cualquier tipo de acción que provoque la muerte del ser que tiene en su vientre, alegando un derecho jurídico concedido por una sociedad enferma y amoral, no la salva de la culpabilidad moral y familiar que se deriva del aniquilamiento y eliminación de un ser vivo de su misma naturaleza y que, además, no le pertenece en exclusiva.

—Cualquier mujer —dijo Darío— debería aprender desde muy joven las grandes responsabilidades y obligaciones que puede llegar a contraer si queda embarazada. Porque, aunque sea una persona libre con plena capacidad de decisión, debería tener en cuenta que en la vida, y amparándose en las leyes que avalan esos valiosos derechos, hay millones de seres humanos completamente desahuciados, bien sea de forma psíquica o socialmente. La libertad nos juega muy malas pasadas a lo largo de nuestra vida y, no porque no sea buena; al contrario, es el regalo más valioso que puede tener un ser humano. Pero, desgraciadamente, para beneficiarnos de ese don, debemos estar preparados, porque, si nos ciega o envuelve la ignorancia generalizada, las consecuencias de su puesta en práctica pueden ser impredecibles.

—Es cierto —contestó Leunam—, hay cantidad de seres humanos que, haciendo uso de su intrínseca libertad y poseídos por una gran ignorancia o incultura, han cometido actos que los han arrastrado directamente a los patíbulos, a las cárceles, a los psiquiátricos, a los suburbios, a la mendicidad, a la prostitución y, por supuesto, a continuar engrosando el explotado y dócil ejército de siervos y esclavos repartidos en múltiples actividades de explotación de la sociedad capitalista. Pensando mucho en estas consecuencias, me causa terror cuando la legislación jurídica de una sociedad le concede en exclusiva a las mujeres el derecho de abortar, porque en base a su mayoría de edad ya tienen la libertad de poder optar a ser madres o a permitir la acción mortal que ocasiona la práctica de un aborto.

—Yo creo —contestó Darío— que cualquier mujer que aborte queda psíquicamente marcada para toda su vida, porque, por muy ignorante e indolente que sea, se dará cuenta de que el ser vivo que hasta ese día fatídico la acompañaba día y noche manifestándose de mil maneras, ya no lo siente en su vientre. Y quizás, entonces despierte y se dé cuenta del horrendo crimen que ha permitido y, por muy insensible que sea, ya nunca, jamás, será la que era y, hasta es muy posible que termine odiando a muerte a las gentes que la aconsejaron e incitaron a cometer tan vil asesinato de un ser indefenso que se sentía seguro en su claustro materno.

—Yo comprendo —dijo Leunam— que algunas mujeres, por el hecho de serlo, no necesariamente tengan que ser madres, pero en la actualidad tienen muchos medios y ayudas a su alcance para evitar que su relación sexual con un hombre, sea consentida o no, genere un nuevo organismo que constituya el inicio de una vida humana. Y, si pudiéndolo evitar no lo hacen, pensando en que la inmoral y corrupta sociedad les facilitará la eliminación del nuevo ser cuando ellas lo consideren oportuno, entonces nos encontramos frente a unos seres humanos que no merecen ser tratados como tales, por su irresponsabilidad o deterioro mental.

—Lo que no comprendo —contestó Darío— es que algunas legislaciones de los diferentes países progresistas o desarrollados otorguen a la embarazada la decisión en exclusiva de poder abortar, sin que al hombre, autor conjunto de la concepción, no se le conceda ningún derecho para poder oponerse a la práctica de un aborto o acción letal que tiene por objetivo la muerte de su hijo. La discriminación legal en estos casos contra el hombre es evidente, porque ponerla en duda alegando que la mujer es dueña de su cuerpo y puede hacer lo que quiera, es una insensatez que fácilmente puede provocar en el que defiende la vida de su hijo una reacción violenta con resultados no deseados.

—La discriminación del hombre —contestó Leunam— contiene una maldad intencionada e injustificada, especialmente por ideologías llamadas progresistas, que en muchos casos es el origen de la creciente violencia entre hombres y mujeres en el seno de la institución familiar que mutuamente han formado o están en fase constituyente. No se puede decir, si no se pretende provocar y humillar, que en el embarazo o aborto la mujer es la única protagonista y merecedora de una autonomía reproductiva, porque, además, constituye una inmensa falacia.

—Yo creo —contestó Darío— que esas ideologías feministas y progresistas conceden un absurdo derecho a un solo ser de los dos que provocan el origen de la vida humana, por infravalorarlo con respecto al otro, puesto que muy pocos hombres no afeminados consentirían la aniquilación por succión, envenenamiento o descuartizamiento de un hijo que tuvieran bajo su estricta protección. Sigo pensando que la mujer no es consciente de lo que consiente que hagan en su vientre y, por esta razón, en países que se consideran civilizados, se da muerte cada año a más de 100 000 embriones, fetos o bebés que han de nacer, por culpa de muchas mujeres vulnerables, irresponsables o simplemente detestables.

—A mí lo que me llama la atención —dijo Leunam— es la falta de una protesta activa y de una contundente puesta en práctica de las doctrinas de las religiones monoteístas, en especial por parte de la iglesia católica. Es cierto que la iglesia católica, apostólica y romana defiende al ser que ha de nacer desde su misma concepción y denuncia públicamente a los Estados y organismos internacionales que promueven la contracepción, el aborto y las prácticas sexuales sin escrúpulos; pero no basta con dictar normas de obligado cumplimiento para toda la comunidad católica. Es necesario que, en primer lugar, la cumplan todos sus miembros que de una forma voluntaria la integran, porque, en caso contrario, resulta poco ejemplarizante ver comulgando a casi todas las personas que han participado en la ejecución de un aborto, incluida la gestante.

—Es cierto —contestó Darío—. Si la Iglesia católica aplicara la excomunión a todos los que se postulan como cristianos y católicos, pero incumplen de forma reiterada sus mandatos, sería señal de que se quiere empezar a sanear, porque sus actuaciones poco tienen que ver con la iglesia que fundó Jesucristo. O acaso, ¿los palacios, las inmensas riquezas, los ornamentos, los suntuosos ropajes empleados en la práctica de los diferentes ritos y en los actos oficiales pertenecen a la primitiva iglesia cristiana? Y ¿qué decir de la interesada connivencia con los poderes de los Estados para mantener su venerado y poderoso *status*, aunque estos atenten contra los derechos fundamentales de los seres humanos?

—Cuando a los predicadores —contestó Leunam— o sacerdotes de cualquier religión se les recrimina su confabulación con el poder civil, siempre se defienden diciendo que se consigue un mejor apostolado desde el interior de las instituciones que desde fuera. Yo estaría de acuerdo con esa teoría, siempre que no se adhirieran al poder corrompido, sino que lo combatieran; pero desgraciadamente muy pocas veces ocurre eso.

—Si la mayoría —dijo Darío— de los predicadores y sacerdotes católicos, incluido el sumo Vicario de la iglesia cristiana y católica, no fueran tan fariseos, miedosos y vividores, deberían pensar que solo 100 000 cadáveres de fetos o bebés intrauterinos pueden llenar catedrales o iglesias hasta las claves de sus arcos o de sus bóvedas. Por este motivo, hasta que no cese el asesinato de seres inocentes, todas las iglesias, catedrales y, en general, todos los centros de culto a Dios, incluidas las mezquitas, deberían protestar pacíficamente contra esta sociedad enferma, revistiendo sus paredes con crespones en señal de luto y de recuerdo a tantas muertes de seres indefensos e inocentes.

—Totalmente de acuerdo —contestó Leunam—. Además, yo añadiría una participación más activa de los fieles que acuden a misa o a los diferentes actos de culto colectivo, como sería la entrega a cada participante o asistente de una pequeña pancarta o pegatina con fotografías de bebés descuartizados de forma cruel y violenta por mediación del aborto, para que la misa o cualquier acto religioso monoteísta se convirtiera en un ceremonial de recuerdo y veneración hacia esos muchos millones de bebés intrauterinos que creían estar muy protegidos en el vientre de su madre y, en cambio, fueron traicionados y eliminados de forma vil y cruel por decisión y consentimiento de quien debería protegerlos, incluso, arriesgando su vida.

—¿Y por qué, hasta que no cese en esta progresista y putrefacta sociedad el asesinato de seres inocentes, la Iglesia católica, apostólica y romana, y todos los fieles que tanto invocan a Dios y se consideran honrados, honestos y valientes no protestan o se manifiestan públicamente con sus pancartas y pegatinas en las calles y plazas contiguas a los templos o lugares de culto, y también en sus numerosas procesiones, pero con sus clérigos, predicadores, sacerdotes, obispos, arzobispos y cardenales en la cabecera, incluido el sumo Vicario? Y si todos ellos empiezan a despojarse de sus anacrónicos y estrafalarios ornamentos, será mucho mejor, porque ya está bien de intentar impresionar a una gran mayoría de la masa de fariseos, incultos y gregarios que les siguen como corderos.

—Todos los que creen en Dios —contestó Leunam— deberían luchar y defender con honradez y valentía hasta las últimas consecuencias a esos miles de seres indefensos que a diario son asesinados, y también a otros muchos esclavizados o maltratados por gentes sin escrúpulos, y de esta forma intentar empezar a imitar y seguir un poco la vida y sacrificio del que tanto se están aprovechando, o sea, de Jesucristo.

—Es cierto —contestó Darío— que la manipulación y explotación que ha hecho y hace la iglesia católica de la vida de Jesús de Nazaret es algo muy difícil de superar, aunque sería más o menos admisible si no se alejara tanto de la realidad terrenal haciéndola más inverosímil, cuanto más se inclina por lo sobrenatural. En realidad tendría que ser todo lo contrario, porque ampararse casi en exclusiva en el poder infinito de un Dios que todo lo ve y todo lo sabe, y que nada ocurre en la Tierra ni en el cielo sin su consentimiento, es algo muy difícil de admitir, a no ser que anulemos por completo nuestra capacidad de razonar y nos sumerjamos en las tinieblas del inmenso mundo de la fe, que solo nos conduce a mitigar espiritualmente nuestras desgracias y abrir unas imaginarias vías de esperanza sobre la consecución de unos bienes prometidos por Dios Padre.

—Lo cierto —contestó Leunam— es que las religiones monoteístas han elaborado su doctrina en torno a su profeta o enviado de Dios, aunque con el paso del tiempo el lugar de interpretación y la explotación, según la conveniencia del poder imperante, han propiciado y bendecido auténticos genocidios o crímenes de la humanidad, dejando en evidencia los atributos sobrenaturales de su Dios omnipotente.

—Aunque mi fe sea nula —dijo Darío—, creo que la razón me asiste y, por consiguiente, si existiera un Ser sobrenatural con poder absoluto sobre todas las cosas, infinitamente bueno, presente en todas partes y capaz de saber todo lo que ha sucedido, lo que está ocurriendo y lo que pasará en cualquier parte del mundo, jamás permitiría que acontecieran hechos tan crueles, sanguinarios e inhumanos como el aborto, la esclavitud, el genocidio, la tortura, el holocausto y los gulags o campos de trabajos forzados y de exterminio de seres humanos por no admitir la ideología comunista. Sé que me puedes decir que padezco una gran crisis de fe, pero no estoy dispuesto a fingir o disimular mis verdaderos pensamientos y sentimientos, convirtiéndome en un farsante hipócrita y cobarde para ser bien acogido en una sociedad mayoritariamente envilecida y nauseabunda.

—Darío, si una persona con fe es la que cree en los catorce artículos de la Fe que nos enseña la doctrina de la iglesia cristiana y católica, puedo decirte que de los siete primeros, que hacen referencia a la Divinidad, no creo en ninguno. Y de los otros siete, dedicados a la Santa Humanidad, tampoco. Por consiguiente, según quienes tienen fe, yo podría ser un materialista o un hedonista que busca un sucedáneo de mi fe perdida por culpa de una gran mentira administrada como doctrina. Sin embargo, no es cierto. Ni soy materialista ni me siento atrapado por los placeres en general, porque solo creo en la felicidad y en el beneficio que emana del trabajo mental y físico realizado honradamente por el ser humano para su propio bien y el de la humanidad. Además, diariamente procuro examinar y estructurar mi conciencia sobre las consecuencias de hacer el bien o el mal, de manera que sienta una satisfactoria paz espiritual que evite un vacío de pensamientos y sentimientos.

—Sinceramente —dijo Darío—, solo un ser carente de escrúpulos y cubierto con la piel de cordero, como la mayoría de los predicadores de la fe, clérigos, sacerdotes, popes, imanes y rabinos de las diferentes religiones monoteístas, puede ser capaz de disimular y engañar con verdadera maestría a unas gentes cómodas, ignorantes y bobas que les gusta ser parte de la manada para evitar el esfuerzo de pensar. No puede existir un Dios Todopoderoso, padre, hijo, espíritu santo, creador, salvador y glorificador, mientras cada día se continúan asesinando, con su beneplácito, a millones de seres inocentes. Colmaré mi espíritu con el poder de los astros y de las muchas cosas buenas que me ofrece la madre Naturaleza, incluida la acción de muchos hombres, pero me niego en rotundo a ocupar mi mente o mi espíritu con una fe basada en teorías sobrenaturales, acompañadas de un imaginario Juez Supremo dispuesto a arrojarme a sus infiernos por haber hecho lo que Él ha consentido. Puesto que nada he podido hacer a lo largo de mi vida sin su consentimiento, según nos enseñan sus doctrinas y dogmas, transmitidos por etapas a sus diferentes profetas o gentes iluminadas de todas las religiones.

—Estoy de acuerdo contigo —contestó Leunam—, pero me cuesta tanto creer que, aprovechándose de la candidez humana, de la ignorancia y de la necesidad de alimentar a conciencias o espíritus incapaces de buscar su alimento, se hayan creado monstruosas religiones capaces de llevar a los hombres a devorarse entre sí, si sus dirigentes, que son individuos inteligentes, ambiciosos y carentes de escrúpulos, así lo deciden. Pero es así; la realidad contradice de forma inequívoca todos los contenidos dogmáticos de las diferentes religiones, porque resulta evidente que no puede existir un Padre Todopoderoso que ignore o permita las crueldades y asesinatos individuales o colectivos que se dan en la convivencia de sus seres más queridos.

—Amigo Leunam, cada día que pasa estoy más convencido de que Dios no existe, porque son tantos los hechos terrenales que lo evidencian, que resultan imposibles de eliminar del espíritu y de la conciencia de una persona honrada y honesta. Yo no creo en la vida eterna ni en el infierno y, menos aún, cuando quienes dicen creer en Dios, en sus Mandamientos, en sus Artículos de la Fe y en muchos dogmas, tienen un comportamiento totalmente contrario a lo que especifican las doctrinas de las religiones que públicamente aparentan y fingen profesar. No es posible que un ser humano de un elevado nivel cultural que se dedica a predicar la doctrina de una religión conviva y bendiga a individuos o sociedades detestables, a no ser que sea más execrable, vividor y farsante que aquellos a quienes debería denunciar y combatir.

—Tengo que confesarte —contestó Leunam— que yo también me rindo ante los hechos inhumanos ocurridos a lo largo de la historia de la humanidad, sin que Dios haya dado señales de su omnipotencia, de su omnipresencia, de su omnisciencia y, mucho menos, de su bondad. Por consiguiente, agradezco infinitamente la buena fe de mi abuela y de mi familia en hacerme creer desde muy niño que existía Dios, sus querubines, ángeles y arcángeles, dispuestos a actuar ante cualquier peligro que me pudiera tender Lucifer. Pero desgraciadamente, la esencia del espíritu de mi abuela y de otros seres queridos que a diario me acompañan, por esa simbiosis natural y espiritual que se estableció durante el tiempo que estuvimos juntos, hoy se sentirán muy tristes al saber que no tengo razones para seguir creyendo en la existencia de Dios.

—Para finalizar —dijo Darío— esta larga y severa conversación, solo quiero decirte que la actitud conformista de la iglesia católica, apostólica y romana frente a las prácticas abortivas, junto con las bendiciones y visitas estériles del Papa a países donde no se respetan los derechos humanos e incluso se encarcelan a los católicos practicantes, son razones más que aumentan mi paz de espíritu y de conciencia al negar la existencia de Dios. Solo espero que, si continúas en su búsqueda, tengas la suerte que yo, de momento, no he tenido.

—Estoy de acuerdo contigo —contestó Leunam—. El Papa jamás debería dignificar con su presencia y bendiciones a los Estados de aquellos países donde no se respetan los derechos humanos y, en especial, el derecho a nacer. Y, por último, quiero decirte que, en honor a mis familiares que murieron creyendo en la existencia de Dios y por respeto a quienes siguen creyendo en Él, deseo continuar examinando otros acontecimientos de la Historia Universal para valorar el comportamiento de los creyentes e intentar ver a través de ellos la posible intervención de Dios. Porque, aunque haya perdido por completo mi fe en todo lo referente a lo divino y sobrenatural, mi conciencia no me permite todavía negar de forma rotunda la existencia de Dios.

Leunam y Darío dieron por terminada su larga charla, aunque quedaron muy preocupados por la acción de tantos dirigentes desalmados que, de forma intencionada, hábil y astuta, conducen a la mayoría adocenada de la humanidad hacia un enorme precipicio donde sucumbirá. Esos detestables gobernantes se hacen jalear por asociaciones de carácter político, social y religioso a cambio de prebendas inconfesables, haciendo que sus miembros tengan actitudes y comportamientos hipócritas, cobardes, camaleónicos y deplorables. Y, en especial, la mayoría de los predicadores, imanes, clérigos, sacerdotes, popes y vicarios de las religiones más influyentes que, frente a la inmensa matanza de seres humanos indefensos y prisioneros en úteros despreciables convertidos en mazmorras intrauterinas, solo se atreven a realizar excelsas, hipócritas y pomposas declaraciones de condena. Sin olvidarnos de las incansables bendiciones que imparten la mayoría de esos fariseos religiosos a los gobernantes o a los responsables políticos de tales acciones eliminatorias de seres vivos pertenecientes al género humano, condenados a la pena capital por decisión legal de su madre y de algún indeseable más. Y tampoco podemos dejar de pensar en los recibimientos en los palacios, catedrales o iglesias que esos clérigos, sacerdotes o vicarios le dispensan, con mucha sumisión, boato y reverencia, a los responsables máximos de los abominables métodos abortivos.

Leunam quiere tratar de conocer mejor cómo era la forma de vida de la sociedad rusa en el siglo XIX, sin dejar de enlazar con todo el conjunto de lo que se conoce a través de la historia de la Rusia Imperial. El gran Imperio ruso, en esa época, estaba muy atrasado culturalmente e integrado por millones de almas muy religiosas, repartidas en una inmensa extensión de terreno perteneciente al norte de Europa, de Asia y de América, limitado por el mar Báltico y los océanos glacial Ártico y Pacífico, e integrado por un conjunto de pueblos de culturas y religiones diferentes que acabaron sometiéndose a la impuesta por el poder del estado imperial. Y que, en este caso, con alguna excepción, oficialmente coincidía con la predicada en el siglo I por el apóstol Andrés. Por supuesto, con el contenido básico del catecismo de la Doctrina Cristiana del padre Jerónimo Ripalda, S.J. del año 1616, con el que estudió Leunam y que fue el causante o el abono principal de las profundas raíces cristianas y católicas que enraizaron en el cerebro, el espíritu y la razón del empecinado buscador de la existencia de Dios.

Imperio de siervos

La Rusia Imperial se puede considerar que nace a finales del siglo XIV, cuando los príncipes de Moscú lograron expulsar a los tártaros o mongoles de casi todos sus territorios. Sin embargo, tuvo que transcurrir casi un siglo más para que Iván III de Moscú consagrara la independencia rusa. A partir de ese momento, el pueblo ruso asumió la idea de que los príncipes de Moscú estaban destinados a unificar todos sus territorios y a defender la independencia de Rusia. Así, mediante diversas acciones de conquista, herencias y negociaciones, los príncipes moscovitas formaron un poderoso núcleo territorial que sus herederos ampliaron y consolidaron, fundando al final un gran imperio heredero de Roma y de Bizancio, con la religión cristiana ortodoxa como su mayor aliado, constituyendo un extraordinario vínculo de unión.

Durante los casi trescientos años de dominación tártara o mongola, los rusos vivieron de espaldas a Europa. Sin embargo, en el siglo XV, Moscovia —así denominada por Occidente— apareció como un nuevo Estado en la política europea, deseando establecer contactos con los países más desarrollados e influyentes, especialmente con el Imperio Español y con Inglaterra. Se lograron relaciones internacionales muy fructíferas y excepcionales durante el reinado de Iván IV el Terrible, quien fue el primer rey que ostentó el título imperial ruso de zar. Tomó del imperio bizantino el águila de dos cabezas como símbolo de su dinastía y ejerció un poder omnímodo sobre sus súbditos, a los cuales consideraba siervos, creyendo que era rey por la gracia de Dios.

Este zar de religiosidad exacerbada y de todas las Rusias, como oficialmente se hizo llamar, fijó a los campesinos a la gleba y definió el origen de la servidumbre en 1581, constituyó su propio cuerpo armado y reorganizó y modernizó el ejército ruso.

Solo dos obstáculos se interponían en las nuevas puertas europeas que se habían abierto para el pueblo ruso: su cultura y, especialmente, su tradición religiosa.

Los soberanos rusos creyeron que, tras la caída de Constantinopla a mediados del siglo XV y sus contundentes victorias sobre los pueblos tártaros, les correspondía a Moscú ser la tercera Roma, ya que la caída del imperio bizantino los hacía herederos del destino imperial de Bizancio y, por consiguiente, los únicos herederos y protectores de la tradición del cristianismo ortodoxo.

La iglesia ortodoxa rusa, desde sus inicios, dependía del Patriarcado ecuménico de Constantinopla, y todos los obispos eran griegos y consagrados por el Patriarca. La ciudad de Kiev, que fue la primera capital de Rusia, tuvo que esperar hasta mediados del siglo XI para tener su primer obispo ruso y, algún tiempo más para tener arzobispo de la misma nacionalidad. En la primera mitad del siglo XIV, cuando los mongoles destruyeron la ciudad de Kiev y la capital de Rusia se trasladó a Moscú, el arzobispo utilizó el título de Arzobispo de Kiev y de Moscú. A mediados del siglo XV, se convirtió en el jefe supremo de la iglesia rusa con el título de Metropolita de Moscú y de todas las Rusias.

Durante el siglo XVIII, y como consecuencia de las múltiples conquistas emprendidas por los cuatro zares y las cuatro zarinas que reinaron a lo largo de ese tiempo, el territorio del imperio experimentó una inmensa expansión, dando origen a la proclamación del Gran Imperio ruso, siendo uno de sus grandes artífices el zar Pedro I el Grande.

Durante el reinado de Pedro I el Grande, la capital de la Rusia imperial fue nuevamente trasladada, pero en esta ocasión a San Petersburgo, una ciudad recién construida que sería la capital del imperio ruso durante más de doscientos años, es decir, desde 1712 hasta 1918, cuando Moscú volvió a ser otra vez la capital después de la Revolución rusa.

La ciudad de San Pedro, o la «ventana a Europa», como también se conocía a San Petersburgo, fue construida en las marismas de la desembocadura del río Nevá por decisión del zar Pedro I, que deseaba una salida hacia Europa. Dado que no podía hacerlo hacia el mar Negro, por el impedimento del Imperio otomano, optó por hacerlo por el norte, aunque esta decisión le costó una guerra con los suecos.

Después de casi tres años de guerra del Norte con los suecos por el control de la zona donde se quería construir la nueva ciudad, Pedro I el Grande colocó la primera piedra de la futura capital imperial en mayo de 1703, iniciándose en primer lugar la construcción de un fuerte militar denominado de San Pedro y San Pablo.

El ambicioso proyecto de la nueva, espléndida y armoniosa ciudad, así como la dirección de la ejecución de las obras, estuvo a cargo de prestigiosos ingenieros y arquitectos alemanes, franceses, italianos y rusos. Sin embargo, la mano de obra fue rusa y trabajó en condiciones de extrema esclavitud. Pedro I el Grande, un zar autócrata al igual que todos los zares rusos, hizo uso de su prerrogativa forzando a siervos trabajadores de todo el país a desplazarse a la zona de construcción de la nueva urbe, donde, además de las adversas condiciones climáticas, les esperaban unas crueles condiciones de trabajo, que, unidas a la falta de condiciones higiénicas y a las diversas enfermedades contraídas, provocaron una gran mortandad.

Durante los nueve años que duró la construcción de la parte fundamental de la nueva ciudad, cada año se reclutaban en todo el territorio ruso unos 45 000 siervos equipados con sus herramientas, quienes recorrían en formación militar cientos de kilómetros a pie y eran escoltados por guardias militarizados que no dudaban en usar la violencia física para evitar los intentos de fuga. De estos trabajadores esclavizados que llegaban cada año a la ciudad de San Petersburgo en fase de construcción —futura capital de la Rusia imperial—, perecían aproximadamente el 50 % por las causas ya descritas.

En el año 1801 accedió al trono imperial el zar Alejandro I, sucediendo a su padre, el zar Pablo I, quien fue asesinado por una conspiración en la que posiblemente también participó su hijo. El nuevo zar fue educado en los principios del despotismo ilustrado y, asesorado por un comité confidencial —cuyos miembros eran grandes admiradores del modelo político británico—, abolió los tribunales secretos, la tortura y la censura. Creó un consejo de Estado y un parlamento o Duma, y permitió la posibilidad de liberar a los siervos.

También inició la creación de la Santa Alianza con la mayoría de los países europeos para preservar y defender los principios de la religión cristiana, asegurándose además la influencia de Rusia en Europa. Venció a Napoleón y, al frente de sus tropas, entró en París el año 1814, promovió un trato moderado a los vencidos, restauró en el trono a los Borbones y firmó un tratado de paz con el nuevo rey Luis XVIII. Un año más tarde, en el Congreso de Viena, consiguió ser investido rey de Polonia al quedar ese reino anexionado a Rusia.

Se puede afirmar que, durante el reinado autocrático de Alejandro I, Rusia alcanzó su mayor elevación como potencia europea. Sin embargo, Alejandro I nunca superó el gran remordimiento y culpabilidad del asesinato de su padre y predecesor, a pesar de no haber intervenido directamente en el mismo y de haber sido engañado por los conspiradores, quienes le prometieron que no se trataba de matar al zar, sino de forzarlo a abdicar. Posiblemente, a pesar de un reinado muy brillante, ese sentimiento de culpa o dolor espiritual lo acompañó durante su vida. Según la leyenda, su fallecimiento ocurrió oficialmente el 1 de diciembre de 1825, cuando contaba con 47 años; sin embargo, se dice que su muerte fue fingida, ya que decidió abandonar la vida pública e iniciar una actividad de ermitaño o monacal.

Nicolás I de Rusia fue el zar y rey de Polonia desde 1825 hasta su muerte en 1855. Era hijo del zar Pablo I y hermano menor de Alejandro I. Durante el reinado autocrático de este soberano, con mano de hierro, Rusia alcanzó su mayor expansión imperialista, acompañada de una gran represión interior que tenía como objetivo fundamental impedir la difusión de las ideas de la Revolución Francesa. Para ello, restableció la policía secreta y creó campos militares de deportación en Siberia.

La política económica de esa época fue un fracaso debido a las graves deficiencias de la organización social, originadas por la gran corrupción existente en la administración pública. Esto provocó levantamientos campesinos que estallaban de forma espontánea cada año, a causa de la miseria y el hambre que padecían. En muchas ocasiones, esas sublevaciones rurales fueron cruelmente reprimidas por órdenes directas del zar, que no dudaba en ordenar abrir fuego de artillería sobre la población civil.

A nivel político, el zar Nicolás I ordenó al ejército imperial ruso aplastar de forma contundente la proclamación de independencia de Polonia por parte de la aristocracia polaca y la pequeña nobleza campesina. Esto dio lugar a una cruel represión, con cientos de fusilados y miles de exiliados, además de la anulación de la Constitución y el Parlamento polaco.

El zar también inició una nueva acción de guerra en Crimea contra el Imperio otomano a causa de un conflicto originado por unos monjes ortodoxos en Palestina. Nicolás I, zar absolutista de Rusia y rey de Polonia, consideró esa guerra como una cruzada contra las ideas liberales de Occidente y en defensa de la religión cristiana y de Rusia.

Al final, Rusia perdió la guerra de Crimea, ya que también participaron en su contra los ingleses y los franceses. Aunque el zar murió antes de que la lucha terminara y, por consiguiente, no sufrió la derrota ni sus consecuencias, tras la pérdida de esa cruzada, Rusia se convirtió en una potencia de segundo orden, evidenciando su gran retraso técnico y económico.

El zar Alejandro II sucedió a su padre Nicolás I y reinó desde 1855 hasta marzo de 1881, cuando falleció a la edad de 62 años. Un año después de su coronación, terminó la guerra de Crimea con la firma del Tratado de París e inmediatamente adoptó una política de reformas radicales alentadas por la opinión pública, pero llevadas a cabo por su poder autocrático y la ayuda de las clases más cultas de la sociedad rusa.

En el año 1861 promulgó la ley de emancipación de la servidumbre en toda Rusia, por lo que se le conoce como el

«Lincoln ruso». Inició la reforma judicial, prohibió el castigo corporal, implantó el servicio militar universal para todos los varones mayores de edad, modificó el sistema de enseñanza y estableció gobiernos autonómicos en los estados generales. Terminó con éxito las operaciones militares del ejército ruso en Asia Central y la guerra con Turquía, aunque la sociedad imperial tuviera que lamentar que durante su mandato las posesiones rusas en Alaska se vendieran a Estados Unidos.

Alejandro II fue asesinado el 13 de marzo de 1881 a causa de una bomba arrojada al interior de su carruaje por un miembro de la organización terrorista conocida como la Voluntad del Pueblo. Este acto cerró el camino a la vía evolucionista que había emprendido el zar con sus amplias y radicales reformas de la administración del Imperio ruso.

Alejandro III, el segundo hijo de Alejandro II, se convirtió en heredero tras la muerte de su hermano mayor en 1865 y reinó hasta su fallecimiento por causas naturales en 1894. Fue un zar profundamente religioso y autoritario, al igual que sus antecesores, y asumió el trono afirmando que obedecía un mandato divino. Gobernó rodeado de consejeros autoritaristas, dominado por el pánico hacia las acciones terroristas, lo que llevó a su aislamiento del pueblo ruso y a una extrema vigilancia militar constante en el castillo donde vivía de manera permanente, saliendo en contadas y justificadas ocasiones.

Su reinado se caracterizó por una gran defensa de los nobles, el abandono de las reformas políticas y sociales iniciadas por su predecesor, el aislamiento de las influencias europeas y un firme impulso hacia la unificación cultural, lingüística y religiosa de los pueblos conquistados, especialmente en Polonia, Finlandia y los territorios bálticos. Báltico.

Alejandro III colonizó Turkestán y aprobó el inicio de las obras del ferrocarril Transiberiano. Precisamente, a causa de la negación por parte de Alemania de los créditos que necesitaba Rusia para acometer grandes obras y transformar su industria, pactó un convenio con Francia que le garantizaba los medios económicos que necesitaba, dando origen a la rotura de la alianza con Alemania.

Su política represiva fue severa con los revolucionarios políticos. A pesar de que estos vivían en la clandestinidad, muchos de los que no huyeron al extranjero fueron detenidos, juzgados y enviados a centros penitenciarios en Siberia. Tampoco se salvó de la represión la comunidad judía, que en 1882 fue obligada a trasladarse a la zona occidental de Rusia.

Alejandro III murió inesperadamente a los 49 años en noviembre de 1894 a causa de una nefritis. Era conocido como el segundo gendarme de Europa, tras su abuelo Nicolás I. Su repentina muerte imposibilitó que su hijo y heredero, Nicolás II, recibiera la formación adecuada y consolidara su estilo en el arte de gobernar una Rusia donde los problemas sociales continuaban sin resolverse, dando origen a un aumento de la conflictividad que conduciría a la sublevación de 1905 y, más tarde, la Revolución rusa de 1917. Este último acontecimiento puso fin a la dinastía Romanov, que había reinado en Rusia desde 1613, cuando la asamblea nobiliaria eligió zar a Miguel III, posteriormente confirmado por la Iglesia ortodoxa rusa y las ciudades que componían los Estados generales.

Nicolás II tenía 26 años cuando fue nombrado zar en noviembre de 1894, tras la muerte de su padre, Alejandro III. En privado, confesó que no se sentía preparado para gobernar el vasto Imperio ruso y que tampoco deseaba ser zar.

Nicolás II fue educado en los rígidos preceptos de la corte rusa y, en un notorio aislamiento de la alterada y convulsionada situación interna del imperio. Aprendió mucho de las convicciones autocráticas de su padre y, sobre la doctrina del origen divino del poder real. Aparte de la formación propia de un zar, Nicolás II recibió una esmerada educación aristocrática, enriquecida por numerosos, perfeccionada con los muchos viajes que realizó, especialmente a Inglaterra, la India y Japón. También hablaba con soltura inglés, francés y alemán.

El joven zar era trabajador, pacífico, responsable, meticuloso en extremo, idealista, honrado, tímido, romántico, inteligente, muy creyente, le gustaba la disciplina y la vida militar. Aunque todavía era un inmaduro gobernante muy manipulable por sus familiares y consejeros más íntimos. Como padre, fue un modelo excepcional para sus cinco hijos y un esposo enamorado de la emperatriz Alejandra.

Nicolás II continuó con la política autocrática de su padre, pero debido a su inmadurez o debilidad cayó bajo la influencia de la zarina Alejandra y de su influyente y poderoso consejero Rasputín, un monje campesino de vida licenciosa, autor de famosas y conocidas orgías palaciegas y de supuestos poderes curativos, también era conocido en Rusia como el Monje loco.

El zar, mal aconsejado y aislado del pueblo, permitió con su inmovilismo que los grandes problemas que afectaban al régimen empeoraran. Estos incluían la pobreza del campesinado, el deseo ferviente de tierras, las tensiones sociales y la agitación revolucionaria, impulsada por las aspiraciones de libertad y democracia de los intelectuales reformistas.

Durante el reinado de Nicolás II, Rusia experimentó un rápido proceso de industrialización, haciendo surgir en las principales capitales grandes grupos de obreros urbanos que aumentarían más el descontento social y político.

A nivel internacional, en 1905, Nicolás II llevó a Rusia a la guerra contra Japón, en la que el ejército ruso fue derrotado, lo que desató una revolución seguida de una brutal represión militar. En 1914, Rusia se involucró en la Primera Guerra Mundial, para la que no estaba preparada ni a nivel militar ni económico. También a petición de sus consejeros y de las nefastas manipulaciones de su primo el emperador alemán Guillermo II, para bien de Alemania y desgracia del pueblo ruso el Zar se esforzó por extender su influencia en Asia y en Europa oriental rivalizando con las demás potencias imperialistas de la época. Finalmente, las sucesivas derrotas en los diferentes frentes, incluido el alemán, acabaron por desmoralizar a la comunidad rusa y desarticular la estructura del Estado imperial, facilitando la Revolución de Febrero de 1917.

La citada Revolución derrocó al zar Nicolás II que abdicó sus derechos y los de su hijo el 20 de marzo de 1917, poniendo fin a la dinastía Romanov e iniciando la era de los Soviets. Se dejó arrestar sin oponer resistencia al gobierno provisional liderado por Kerenski, un revolucionario de estilo moderado y, que pese a las grandes dificultades del momento incluso intentó conseguir la salida del Zar y de su familia al extranjero.

Sin embargo, el nuevo gobierno de los Soviets en Petrogrado prohibió su exilio, aparte de que Inglaterra, Alemania y su aliada Francia ignoraron sus peticiones de asilo. El rey de España Alfonso XIII fue el único monarca de aquel tiempo que intercedió por medio de otros países ante el gobierno bolchevique para que el zar y su familia se desplazaran a vivir a España e incluso trató de salvarles la vida, hasta después de haber sido cruelmente asesinados, ya que el gobierno comunista ocultó durante un tiempo los viles asesinatos.

Después de la detención de la familia Romanov y de su corta estancia en un palacio de las afueras de San Petersburgo, el gobierno provisional de Kerenski exilió a Siberia a toda la familia real por motivos de seguridad, concretamente a la ciudad de Tobolsk, donde permanecieron prisioneros en la mansión del gobernador desde agosto de 1917 hasta abril de 1918. En ese mes, fueron trasladados a Yekaterimburgo, en los Urales, donde, durante la noche del 17 al 18 de julio de 1918, toda la familia imperial y sus sirvientes más cercanos fueron brutalmente asesinados.

Casi un año después del triunfo de la Revolución rusa del mes de octubre del año 1917, que llevó al poder a los bolcheviques liderados por Lenin, dando lugar a una dictadura comunista, el zar Nicolás II, con 50 años recién cumplidos, fue ejecutado con toda su familia por decisión del Soviet de los Urales, aunque en verdad fue decidido previamente por el Soviets Central de Rusia.

En 1981, el zar Nicolás II y su familia fueron canonizados por su resignación y docilidad frente al martirio por la Iglesia ortodoxa rusa en el exilio. Siendo refrendada esa decisión en agosto del año 2000 por el sínodo de la Iglesia ortodoxa rusa. Sus restos reposan desde 1998 en la catedral de San Pedro y San Pablo de San Petersburgo.

Durante el siglo XIX, el Imperio ruso se termina de expandir y consolidar como la Rusia Imperial, abarcando grandes extensiones de los continentes europeos, asiático y norteamericano. Tenía una extensión de más de 22 millones de km^2. A finales de ese siglo, el imperio contaba con más de 125 millones de habitantes, de los cuales casi 100 millones rvivían en el continente europeo. Esta población estaba formada por más de 100 etnias, siendo la mayoritaria la rusa que equivalía aproximadamente al 45 % del total.

Sus habitantes estaban aglutinados en clases sociales, comprendiendo la nobleza, el clero, los comerciantes, los cosacos y los campesinos. Los nativos de Siberia y de Asia central fueron registrados oficialmente como la «clase extranjera».

Políticamente, el Imperio ruso era un régimen autocrático o absolutista, en el que el zar concentraba el poder ejecutivo, legislativo y judicial. Además, era el comandante en jefe del ejército, controlaba la policía secreta y era la cabeza suprema de la Iglesia ortodoxa rusa, a pesar de que nombraba a un patriarcao máximo dirigente religioso para aparentar una cierta independencia de la religión. La Iglesia se encargaba de influir en el pueblo, haciéndoles creer que el zar estaba cercano a Dios y, por lo tanto, se le debía un respeto casi divino.

Por consiguiente, el Zar gobernaba de una forma autocrática a pesar de ser contestado en algunas ocasiones por distintos grupos políticos y organizaciones terroristas, que llegaron a asesinar a dos de los últimos zares. Las persecuciones de la oposición zarista surgida por la ausencia de libertades, no evitan que los intelectuales rusos, la gente que viaja, los emigrados políticos y muchos más, estén al corriente de lo que está sucediendo en occidente hace más de un siglo.

La poderosa nobleza rusa conservaba todos sus linajes con el máximo de poder y esplendor. Los más antiguos ostentaban el título de príncipe, y los menos veteranos recibían como recompensa por los servicios prestados al Zar o por méritos militares, los títulos de conde o barón. Las familias aristocráticas destacadas tenían palacios en San Petersburgo, cuyos lujos se correspondían con la grandeza y el esplendor de las solemnidades zaristas.

Moscú continúo conservando huellas de su pasada grandeza, porque las familias nobiliarias continuaban siendo dueñas de grandes propiedades de los alrededores y de sus palacios en la ciudad, donde pasaban largas temporadas. Aunque la mayoría de estos palacios fueron vendidos a mediados del siglo XIX a una insignificante burguesía compuesta por ricos comerciantes, algunos profesionales liberales e incipientes industriales.

Los oficiales del ejército imperial y los funcionarios estatales pertenecían a la nobleza y solo ellos tuvieron el monopolio de la propiedad de la tierra, hasta la segunda mitad del siglo XIX, dependiendo también de su mecenazgo la actividad cultural, literaria y artística. La nobleza hasta el año 1861 no solo poseía la tierra, sino también siervos, hasta el punto de que a veces su fortuna se medía por el mayor o menor número de estos.

Los campesinos de Rusia, desde que en el siglo XIV empezaron las violentas invasiones de los pueblos tártaros o mongoles, siempre se vieron obligados a abandonar sus tierras y buscar otras en territorios alejados de las zonas más conflictivas. Pero el Principado de Moscú, a finales del siglo XV, autorizó que los terratenientes forzaran a los campesinos a permanecer en sus haciendas haciendo uso de la fuerza si era necesario.

Aunque fue a finales de la primera mitad del siglo XVII, reinando el zar Alexis I de Rusia, cuando las leyes zaristas establecieron la servidumbre en casi todo el territorio del imperio, especialmente en las zonas de tierras más fértiles. De esa forma, los campesinos rusos y sus descendientes quedaban obligados a permanecer en perpetuidad en las fincas de los terratenientes; por consiguiente, legalmente los propietarios de las fincas mantenían el derecho de poder vender las tierras conjuntamente con los campesinos que vivían en las mismas.

Los siervos rusos no solo eran la mayoría de la población rural o campesinos, sino también pequeños comerciantes y artesanos que vivían dentro de la aldea sometida a la autoridad del terrateniente. Esto daba lugar a que existieran varias categorías de siervos, como eran los domésticos, los artesanos, los campesinos y algunos más, superando ampliamente el 80 % de la población rusa.

Los siervos, aparte de estar sometidos a una precaria situación económica, sufrían el drama de la indignidad de su estado de esclavo, aparte de una ignorancia general y un abatimiento espiritual y físico. La inmensa mayoría no sabía leer, porque sus amos consideraban que saber leer o escribir no tenía ninguna utilidad para los campesinos y solo deseaban que transmitieran a sus hijos las reglas de la buena moral de la cultura imperial.

A mediados del siglo xix, la guerra de Crimea supuso una gran crisis del último período de la autocracia rusa, demostrando graves carencias de esa forma de gobierno y avivando un gran descontento social que hizo pensar a los dirigentes zaristas que si no se derogaba la servidumbre, podrían producirse graves desórdenes o acciones revolucionarias.

Muchos dirigentes gubernamentales eran conscientes de la necesidad de cambios, pero a la hora de las reformas aparecían dos grupos muy diferenciados: los eslavófilos, partidarios de encontrar en la historia del pueblo ruso las soluciones necesarias; y, por otro lado, los eurófilos, es decir, los que conocían bien la actualidad de los distintos países occidentales y creían encontrar en ellos las soluciones adecuadas a los problemas que planteaban las reformas que Rusia necesitaba.

La Iglesia ortodoxa, por su simbiosis con el poder imperial, hizo muy poco para forzar un cambio político y social de la injusta situación de explotación esclavista a la que estaba sometido casi un 90 % de la población rusa, aunque es cierto que nunca careció de una minoría de sacerdotes que consideraban la obra misionera como vocación irrenunciable, a pesar del estricto y opresivo control estatal del Imperio zarista. No obstante, el impulso de extender el mensaje de la salvación era tan resistente que una destacable expansión de actividades misioneras tuvo lugar en la Rusia Imperial a mediados del siglo XIX.

Una de las reformas más importantes acometidas en la Rusia de los zares se hizo en el año 1861, con la aprobación de la Ley de emancipación de los siervos, que pasaron a convertirse oficialmente en hombres libres tal como se entendía para los habitantes de la Europa occidental.

La ley fijaba que los campesinos liberados se quedaban con la mitad de la tierra a la que habían pertenecido por su *status* de siervos y la otra mitad la seguían conservando los dueños o terratenientes tradicionales. Pero esa mitad de las explotaciones agrícolas que se les entregaba a los nuevos propietarios no era gratis ni tampoco se la concedían a nivel individual, sino que debían pagarla a los antiguos propietarios a través de un préstamo avalado por el Estado y explotarla de forma colectiva a través de comunas, siendo la comunidad o la aldea el sujeto jurídico.

El alcance de esa reforma agraria fue muy limitado, porque no satisfizo por completo el anhelo de los campesinos de poseer tierra en propiedad, sino que, en muchos casos y debido al alto precio fijado, les hipotecó su futuro para toda la vida. También se dieron casos de individuos más inteligentes que se aprovecharon de la debilidad de otros para afrontar la nueva situación y se apropiaron de su parte agrícola, quedando al final como simples jornaleros de los antiguos y de los nuevos dueños.

El Imperio ruso, en los primeros años del siglo xx, era uno de los países más atrasados de Europa, puesto que el 90 % de su población se dedicaba a la agricultura empleando medios arcaicos y una ineficaz organización de explotación colectiva por parte de una comunidad campesina que vivía en condiciones muy precarias y explosivas, agudizándose mucho más con el importante crecimiento demográfico que originó el nuevo *status* de libertad.

A finales del siglo xix, en la Rusia imperial se inició un lento despegue industrial, siendo el ferrocarril el gran protagonista que actuó como dinamizador. El Estado zarista aumentó la presión fiscal y se endeudó con otros países para poder promocionar la industrialización mediante la construcción de carreteras y estratégicas líneas de ferrocarril, beneficiando a la industria textil, la metalúrgica, la siderurgia, las minas de carbón y otras pequeñas industrias de actividades diversas. Para la realización de las grandes líneas de ferrocarril fue necesario importar de Europa casi todos los materiales, porque la industria rusa no estaba preparada para corresponder a la gran demanda. Finalmente, el descubrimiento de petróleo tuvo una vital importancia para acelerar el proceso de industrialización en el Imperio ruso.

Se puede decir que Rusia, a principios del siglo xx, estaba constituida por una singular sociedad feudal, con un zar o monarca absoluto que tenía un rango religioso que lo consideraba el padre de todas las Rusias, al mismo tiempo que le otorgaba un respeto muy venerable por parte de sus súbditos.

Leunam y Boris son amigos desde hace mucho tiempo y, aparte de las distintas aficiones que comparten, casi siempre terminan hablando de las guerras, de los esclavos, de las religiones y, por supuesto, de Dios. Ellos, a pesar de su edad, que contabiliza algunas décadas, no pueden olvidar el contenido de muchas oraciones y pasajes bíblicos aprendidos de memoria en la clase de Religión, impartida a veces por un veterano y simpático fraile franciscano y, otras, por un anciano sacerdote que tuvo la suerte de librarse de una muerte segura durante la guerra civil de su país, en la que empezaron impartiendo su justicia unas hordas rencorosas, crueles y sanguinarias que se hacían llamar comunistas.

Leunam y Boris, desde que han iniciado su paseo a primeras horas del día por un gran parque donde abundan los pinos y las ardillas, han recordado el contenido de las oraciones del Padrenuestro, del Ave María, del Credo, de la Salve y de los Mandamientos de la Ley de Dios, pero no encuentran la justificación del comportamiento hipócrita y cobarde de muchas gentes que aparentan ser cristianas y católicas practicantes; o, por lo menos, así lo demuestran públicamente al simular cumplir con los preceptos y los Sacramentos de la Santa Madre Iglesia.

Igualmente, se puede decir de otras religiones monoteístas cuyos miembros o practicantes dedican muchas horas a rezar a Dios, sin ser capaces de eliminar de sus almas el rechazo y el odio que sienten hacia los que no piensan ni practican la religión de ellos, olvidándose de que los infieles o los no creyentes también deben ser tratados como hermanos, porque en caso contrario se convertirán en unos hipócritas sectarios, demostrando con su actitud que tampoco creen en Dios.

Y, al final, los dos amigos terminan buscando la justificación del comportamiento del Juez Supremo frente a la transgresión de los derechos humanos entre hermanos e hijos de Dios. Leunam y Boris creen que serán incapaces de entender y comprender la permisión divina, aunque se pasen todo un día de rodillas sobre una áspera estera de esparto rezando la Confesión general y el acto de Contrición.

¿Quién puede creer en la bondad y humanidad de un padre que, teniendo poder para evitar la lucha a muerte entre dos o tres de sus hijos, no hace nada para evitarla? Y, además, se acomoda en su sillón patriarcal y celestial para observar mejor cómo se despedazan. ¿Acaso no es esto lo que ha ocurrido desde los inicios de la humanidad hasta nuestros días, cuando los pueblos entran en guerra con el beneplácito del Todopoderoso? ¿O es falso lo que dice el catecismo de la Doctrina Cristiana del padre Ripalda cuando afirma que Dios es un ser infinitamente bueno, sabio, poderoso, carece de memoria porque todo lo tiene presente y es principio y fin de todas las cosas?

Leunam y Boris, teniendo en cuenta todo lo que han refrescado de su recuerdo sobre la historia del pueblo ruso y, sin dejar de tener presente su formación religiosa, aunque sumamente mermada de creencias y de fe en lo divino y en lo humano, inician una conversación para intentar localizar algún hecho que les haga comprender y creer en la omnipotencia y demás atributos de Dios.

—Boris, aunque la guerra es tan antigua como la humanidad, me cuesta creer que ese enfrentamiento organizado de grupos humanos armados que actúan de forma bárbara y cruel, con el objetivo fundamental de conseguir recursos naturales y humanos, incluyendo la destrucción o muerte del enemigo, esté aprobado y bendecido por Dios.

—Leunam, si fuéramos unos creyentes cristianos ortodoxos no podríamos ni ponerlo en duda, porque has de recordar que la religión católica nos dice que nada ocurre en el cielo ni en la Tierra sin el consentimiento de Dios. Aunque resulta tan difícil de comprender por parte de cualquier persona que esté en su sano juicio que la guerra y sus terribles consecuencias de muerte, de sufrimiento, de miseria y de esclavitud humana sean permitidas por Dios, al que le llamamos Padre Todopoderoso en nuestras oraciones.

—Estoy de acuerdo contigo —contestó Leunam—. Creo que, con algo de suerte, venimos a este mundo con la única protección de nuestros padres, familiares y posibles instituciones integrantes de la sociedad más o menos justa que hayan sido capaces de crear. Porque si tenemos que confiar en la protección de un ser Todopoderoso, padre y redentor nuestro, podemos sufrir una inmensa decepción, como me imagino que la sufrieron los millones y millones de seres inocentes que, a lo largo de la historia de la humanidad, se vieron atrapados en un humillante estado de esclavitud, como consecuencia de las guerras o de los mandatos divinos al servicio de reyes, emperadores y vicarios.

—Es cierto —contestó Boris—. Pensando solo en las graves consecuencias humanas que originaron las guerras de conquista y expansión del principado de Moscú hasta convertirse en el gran Imperio ruso, es algo que te deja sin respiración para poder continuar pensando en esa enorme masa de gentes inocentes que, por la ley del más fuerte o del vencedor, quedaron reducidas en un primer tiempo a la esclavitud y, cuando convino al Estado o al dueño por motivos económicos y de control, pasaron a convertirse en siervos, dejando de ser considerados, a nivel jurídico, un poco menos animales que lo eran antes.

—Es verdad —dijo Leunam—, porque la transformación que sufrió el principado de Moscú hasta convertirse en la Rusia Imperial fue a base de guerras de conquista durante varios siglos, que, aparte de adueñarse de grandes territorios en Europa, Asia y América con inmensos recursos naturales, masacraron a una gran parte de la población indígena y esclavizaron al resto, incluidos sus descendientes. Por esta razón, en el siglo XIX el Imperio ruso no solo contaba con una extensión de más de 20 millones de kilómetros cuadrados, sino que además tenía casi 100 millones de siervos o de gentes que vivían en la esclavitud, dependiendo de la voluntad del dueño de la tierra en la que trabajaban.

—La esclavitud —dijo Boris— que existía en Rusia, como la que había en otros continentes del mundo, especialmente el americano, constituía la explotación más cruel y sanguinaria del hombre por el hombre, donde las religiones en general y, en particular, la católica, apostólica y romana, junto con los soberanos o emperadores reinantes y la aristocracia dominante, la favorecieron y protegieron en vez de combatirla. ¿O acaso la religión cristiana impartida por la Iglesia ortodoxa rusa opuso resistencia o combatió la inhumana situación de sus millones de creyentes esclavizados?

—Es cierto —dijo Leunam— que a mediados del siglo XIX, en el Imperio ruso, se decretó la emancipación de los siervos, pudiéndose trasladar estos de un sitio a otro libremente, disfrutar de su casa y de una parcela de tierra, aunque lo que predominó fue la pertenencia a cooperativas o comunidades de explotación agrícola, que eran las responsables de la devolución de los préstamos que habían recibido. Y, en este hecho, hay que reconocer que el cristianismo o la Iglesia ortodoxa rusa influyó muy poco o nada para que los siervos o gentes esclavizadas pudieran gozar de la libertad, que según los preceptos de la religión cristiana les correspondían como seres humanos e hijos de Dios.

—No comprendo —contestó Boris— cómo muchas instituciones eclesiásticas y algunos vicarios o responsables religiosos pueden favorecer, con su manipulación o colaboración doctrinal, la implantación de tiranías opresoras que exprimen durante siglos las fuerzas de seres humanos cruelmente esclavizados. A veces pienso que la mayoría de las religiones, especialmente las monoteístas, lo único que hacen es favorecer y dar ánimos al tirano o al explotador, predicando y pidiendo a los esclavizados respeto y amor hacia los verdugos que los encadenan, los torturan o les provocan la muerte cuando no trabajan lo suficiente.

—Estoy de acuerdo contigo —contestó Leunam—. Si leemos escritos y cartas de santos que ocupan muchos altares de los templos de la Iglesia católica, quedaremos sorprendidos por sus incansables peticiones a la resignación ante las múltiples formas en que unos hombres esclavizan a otros. En realidad, esta debió ser mayoritariamente la actitud de la Iglesia ortodoxa rusa para poder lograr durante varios siglos tanta sumisión y resignación de muchos millones de seres humanos subyugados.

Boris, creo que no hay sorpresa posible, aunque solo tengamos en cuenta el contenido de nuestro inolvidable catecismo de la Doctrina Cristiana del padre J. Ripalda, deduciremos que, por lo general, los tiranos, los esclavistas, los traidores, los farsantes y muchos vividores más siempre están más protegidos por las religiones que sus víctimas. Si no estás convencido de lo que te digo, repasa solamente la oración de las Bienaventuranzas y podrás deducir fácilmente que, si los predicadores de cualquier religión consiguen imprimir en los cerebros de sus seguidores creencias iguales o similares a las relacionadas en esa oración, los tiranos y demás correligionarios pueden dormir tranquilos si consiguen tener al clero a su lado.

—Bueno —contestó Boris—, esto es lo que ocurrió durante más de cuatro siglos en la Rusia Imperial, ya que la Iglesia cristiana ortodoxa no solo se puso al lado de los explotadores y de los que regían el Estado de acuerdo con su única voluntad y fuerza, sino que domesticaba y calmaba el espíritu de los esclavizados, pidiendo en sus sermones obediencia, respeto y amor a los dueños; aparte de elevar a los zares casi a los altares para que la sumisión de la mayoría de sus súbditos se resignara y se convenciera de que, siendo obedientes y respetuosos, tendrían asegurado el reino de los cielos, donde verían a Dios y disfrutarían del paraíso, como la legión de querubines, ángeles y arcángeles que acompañan al Juez Supremo.

—Aunque —contestó Leunam— los zares autocráticos, la aristocracia, el ejército y otros poderes fácticos fueran los máximos responsables de la miseria, del hambre y de la esclavitud que sufría la gran mayoría del pueblo ruso en el tiempo que nos ocupa, hay que reconocer que la Iglesia cristiana ortodoxa rusa, dirigida por el Espíritu Santo y asistida por sus dones de sabiduría, de entendimiento, de buen consejo, de fortaleza, de ciencia, de piedad y de temor a Dios, desempeñó un apostolado camaleónico, cobarde y poco ejemplarizante. A veces, cuando reflexiono sobre las distintas religiones monoteístas, pienso que solo los siervos más primitivos, ignorantes e incultos son los únicos que de verdad creen en la existencia de Dios.

—Estoy de acuerdo contigo —contestó Boris—, porque si muchos de los grandes profetas, patriarcas, predicadores de la fe, emperadores, reyes, zares, aristócratas, papas, inquisidores y demás tiranos que tanto daño han causado a la humanidad hubieran creído de verdad en la existencia de Dios, nuestro mundo no sería un valle de lágrimas, sino un paraíso terrenal. Aunque comprendo que los tiranos y los negreros no teman a Dios, ya que están convencidos de que no existe un ser omnipotente como lo define nuestro inolvidable catecismo, porque si de verdad existiera, habrían sido pulverizados en caso de haber nacido.

—Alguien —contestó Leunam— puede pensar que esta interpretación es falsa, porque el castigo lo reserva Dios para el día del Juicio Final, donde unos seremos merecedores del cielo y otros del infierno. Y, además, hay que pensar que Dios creó al ser humano libre y, por consiguiente, así lo deja actuar, puesto que, en caso contrario, contradeciría su benevolencia, según afirma la religión cristiana. Pero lo que resulta intolerable es que, precisamente, la mayoría de los escogidos por Dios para que cuiden y protejan su rebaño sean los que más atentan contra la magna obra de su creación, mientras que él, con su poder infinito, lo consiente. ¿Acaso no hay una mayor contradicción de sus atributos en esta eterna permisión?

—Sinceramente —contestó Boris—, yo no creo que toda la Iglesia cristiana ortodoxa de Rusia estuviera de acuerdo con la esclavitud a la que estaba sometida la inmensa mayoría del pueblo ruso, pero sí se puede afirmar que, a nivel oficial, así era, puesto que el máximo poder lo ostentaba el zar. Lo que resulta insólito es que nadie, por fidelidad a unos valores cristianos, decidiera sacrificarse por el bien de una sociedad que estaba convirtiéndose en una inmensa olla de presión a punto de explotar y capaz de producir unas sangrientas consecuencias políticas y sociales, generadas por la eterna humillación y explotación que sufrían millones de seres humanos, injustamente desahuciados por una minoría que se movía en la tiranía.

—Resulta desconcertante —dijo Leunam— que, entre toda una legión de sacerdotes o predicadores de la fe pertenecientes a la Iglesia cristiana ortodoxa rusa, nadie quisiera ver la gran crueldad e injusticia que se estaba cometiendo contra millones de seres humanos que eran sus hermanos e hijos de Dios. Y, sobre todo, que no advirtieran que los hermanos más inteligentes o mejor preparados intelectualmente estaban dejando de aceptar sus predicaciones y de confiar en ellos, porque se daban cuenta de que también eran culpables de su estado de esclavitud, a pesar de sus hipócritas sermones evangélicos. Pero lo más trascendente de todo cuanto se le avecinaba a la explosiva y atrasada sociedad rusa de principios del siglo xx era sabido por Dios e iba a ser consentido y visto en toda su magnitud por el ser Supremo que todo lo ve y todo lo puede, y, en cambio, ni envió al Espíritu Santo para prevenir e iluminar a los patriarcas eclesiásticos ni tampoco hizo nada para impedir la inevitable explosión política, militar y social que se produjo unos años más tarde.

—Leunam, antes de terminar nuestra conversación sobre este tema, quiero rendir un merecido recuerdo y admiración a todos los seres humanos que han dado su vida por defender unos valores que ensalzan y benefician moral y físicamente a todos los integrantes de la humanidad, y también manifestar mi gran admiración a todos los que han sufrido martirio y muerte por no renegar de su fe en Dios y en la salvación eterna. Me consta que han sido millones, pero, desgraciadamente, su buena fe, su valentía, honradez y honestidad quedan muy ensombrecidas por la actitud y el comportamiento de los felones, colaboracionistas y vividores a costa de un Dios en el que no creen, porque posiblemente les sobren razones, aunque no por esto dejan de ser cobardes y traidores al no defender y decir lo que verdaderamente sienten.

—Boris, totalmente de acuerdo contigo, yo tampoco puedo dejar de acordarme de algunos hombres y mujeres que sufrieron martirio y muerte de forma inhumana y, además, mantuvieron intacta su inquebrantable fe en el Dios Supremo. Lo que últimamente dudo es en qué preciso instante, antes de que les sobreviniera la muerte, se dieron cuenta —si su estado mental no sufría alguna sugestión o cualquier otra alteración incontrolable o mental— de que Dios Padre Todopoderoso no existía, puesto que resulta imposible de admitir el sacrificio y la muerte por parte de cualquier ser humano que ha sobrepasado incondicionalmente el cumplimiento de todos los divinos mandatos, y todo ello sabiendo que ocurre en presencia del Dios Padre al que tanto ama.

—Dicen —contestó Boris— que los hombres y las mujeres que, por defender su fe, han sufrido sacrificio y muerte, están hechos de otra clase de madera que el resto de los mortales; yo no lo voy a poner en duda, pero lo que no admito es que, si de verdad existiera Dios como nuestros mayores nos enseñaron y las principales religiones nos recuerdan cada día, no se habrían producido asesinatos entre hermanos, por ejemplo, el de Caín y Abel; tampoco habrían existido escarnios, torturas y muertes horrendas de profetas, fieles discípulos, apóstoles y seguidores de las enseñanzas divinas, y, por supuesto, no sabríamos lo que es una guerra. Por consiguiente y, sin más ánimos para continuar tratando de buscar lo que no existe, te he de confesar con mucha tristeza que mi convicción sobre la existencia de Dios ha muerto.

—Boris, si te dijera que yo no estoy de acuerdo contigo, te mentiría, porque detesto la hipocresía y la cobardía de los seres humanos, capaces en su mayoría de traicionar o incluso de matar a su propia familia; pero me niego a darme por vencido por los que considero fariseos, cobardes, camaleónicos y vividores. Ellos dicen que mi espíritu o mi alma no alcanza a ver la verdadera luz divina, pero yo no admito ese razonamiento, porque no es posible que mi mente no esté lo suficientemente preparada para poder tener fe en la existencia de Dios; lo que ocurre es que la evidencia de los acontecimientos solo me ha demostrado lo contrario. Por esto, sin fe en mis alforjas, pero con una férrea voluntad por conocer mejor el porqué de la aparente creencia en Dios por parte de tantos vicarios, patriarcas, clérigos, predicadores de la fe y fieles, seguiré buscando por los caminos de la historia de la humanidad para ver si por lo menos encuentro algunos creyentes capaces de sufrir martirio y muerte, como aquellos que lo padecieron por defender a sus hermanos de los crueles explotadores.

Leunam y Boris dieron por terminada su conversación, sin dejar de pensar en las consecuencias de la tiranía y el endiosamiento de unos pocos hombres, junto con la cobardía de otros, que dieron origen a que una sociedad integrada por millones de seres humanos viviera esclavizada en las postrimerías del siglo XIX, sin que ninguno de los que decían creer firmemente en Dios diera un paso al frente para intentar poner fin a tanta humillación y explotación humana como existía, no solo en el gran imperio ruso, sino en todo el mundo.

Aparte de la evolución política, social y cultural de las diferentes civilizaciones o sociedades en general, quizás fue el fraude teológico y el condicionado colaboracionismo de las religiones monoteístas con los tiranos en diferentes épocas lo que influyó poderosamente en la conciencia de algunos intelectuales idealistas, humanistas o materialistas para crear teorías y doctrinas ideológicas, con la pretensión de sustituir o anular a las poderosas e influyentes religiones que favorecían y justificaban a los imperios y a los poderes que las habían creado, mimado o protegido para justificar en nombre de Dios muchas de sus bárbaras o crueles acciones a lo largo de la historia de la humanidad, entre las que se encontraban las guerras y sus mortales y dramáticas consecuencias, especialmente para los muertos y los vencidos.

Leunam quiere conocer mejor la vida y la obra de Karl Marx, por creer que, aparte de ser un revolucionario creador del socialismo científico o comunismo, con la colaboración inestimable de su amigo Friedrich Engels, fue también un intelectual muy conocedor de las tres principales corrientes ideológicas del siglo XIX, desarrolladas en los países más avanzados de la época, como eran Alemania, Inglaterra y Francia; y, además, se creyó un ser iluminado o un profeta sin Dios del siglo XX capaz de elaborar una teoría ideológica cuya doctrina social y política sirviera como solución para redimir a los muchos millones de seres humanos que eran sometidos a una explotación esclavista por un sistema capitalista creado y sustentado por gentes inhumanas, ambiciosas y tiranas, y, por supuesto, con la bendición, el beneplácito y la colaboración de las religiones monoteístas, especialmente la Iglesia cristiana, católica y apostólica, que tanto colaboraba en la consolidación de Estados y sistemas de producción que no merecían ninguna clase de bendición del Espíritu Santo, sino su destrucción con las espadas de los poderosos comandantes Miguel, Gabriel y Rafael, arcángeles del divino ejército de Dios.

Karl Marx y Friedrich Engels

En los primeros días del mes de mayo del año 1818, en la ciudad prusiana de Tréveris y en el seno de una familia judía de clase media alta, culta y nada revolucionaria, nació Karl Marx.

Hasta el inicio de sus estudios superiores en la Universidad de Bonn, Marx pasó los primeros años de su vida jugando y divirtiéndose en la histórica y monumental villa que lo vio nacer, la cual está considerada como la ciudad más antigua de Alemania, ya que oficialmente fue fundada por los romanos antes del inicio de la Era Cristiana, aunque, según la leyenda, fue creada mucho antes de que existiera Roma.

Marx inició los estudios de la licenciatura de Derecho en la Universidad de Bonn, pero antes de terminar se cambió a la Universidad de Berlín, y allí estudió también Historia y Filosofía. Se doctoró en Historia de la Filosofía por la Universidad de Jena en el año 1841, cuando contaba solo 23 años de edad. Más tarde, completó los estudios de Sociología y Economía Política.

En esos años de coronación de los estudios universitarios del joven doctor Marx, su pensamiento y dialéctica coincidían con el idealismo del gran filósofo alemán Georg W. F. Hegel, de ahí que se adhiriera a los debates que organizaba el club de los hegelianos de izquierda, en cuyas discusiones intentaban extraer de la filosofía idealista de Hegel conclusiones ateas y revolucionarias. En ese círculo idealista hegeliano, Marx conoció a Bruno Bauer y a otros pensadores y filósofos hegelianos de izquierda, que serían los responsables directos de que en Alemania progresara de forma rápida el ideario idealista hegeliano y la crítica contundente de la teología por parte del filósofo hegeliano de izquierda Ludwig Feuerbach.

Marx se preparó para ser profesor universitario, porque una de sus grandes pasiones era poder comunicar conocimientos, ideas o experiencias a los demás. Pero su anhelo no pudo ser cumplido a causa de la política reaccionaria del gobierno alemán de la época. Al tener que renunciar a la actividad académica, se dedicó al periodismo en la ciudad de Colonia, donde escribió durante un tiempo como colaborador en el periódico radical *La Gaceta del Rin*, siendo nombrado poco después redactor jefe, teniendo la oportunidad de acentuar la tendencia democrática revolucionaria y los conceptos hegelianos de la dialéctica para influir en sus ideas sobre el socialismo. El periódico fue sometido por el gobierno a una desmesurada censura, que ni siquiera el abandono de Marx como redactor jefe impidió el cierre definitivo a principios del año 1843. Entre los escritos publicados por Marx en el referido periódico, siempre se recordará por su sinceridad y extrema crudeza el que hacía referencia a la inhumana situación de los campesinos viticultores del valle del Mosela.

A partir del cierre de *La Gaceta del Rin* y a causa de sus ideas políticas, Marx decidió abandonar Alemania en el otoño de 1843 e instalarse en París; aunque antes decidió casarse con Jenny, que era su amiga desde la infancia y, más tarde, su prometida.

La baronesa Johanna Bertha Julie von Westphalen, o simplemente Jenny, como Marx la llamaba, pertenecía a la poderosa e influyente aristocracia del reino de Prusia; de hecho, su hermano mayor fue ministro de Gobernación desde el año 1850 hasta el 1858, coincidiendo con una de las épocas más reaccionarias del sistema imperante en Alemania. El padre de Jenny excitó en Marx el interés por las doctrinas racionalistas de la Revolución Francesa y por los primeros pensadores socialistas.

En París, Marx y Arnold Ruge, como colaborador hegeliano de izquierda, pusieron en marcha la edición de una revista de tipo radical titulada *Anales franco-alemanes*, pero el proyecto fracasó por las grandes dificultades que tenía su difusión clandestina en Alemania y, fundamentalmente, por las discrepancias de criterio entre Marx y Ruge.

En los artículos publicados en la citada revista de los Anales se observa claramente que Marx se aleja del idealismo hegeliano al criticar públicamente a los primeros socialistas o socialismo utópico, por no estar de acuerdo con la forma de llevar a la práctica las teorías hegelianas que pretendían una reforma social como respuesta a los graves problemas originados por la industrialización y el liberalismo triunfante en Europa. Esa reforma política y social debería ser implantada, según los socialistas utópicos, no por medios coercitivos, sino por el convencimiento general de la sociedad, teniendo como ejemplo pequeñas sociedades perfectas o modélicas. Esa futura sociedad perfecta creada por el idealismo y los amantes de la paz era defendida por los grandes pensadores hegelianos que se habían dedicado a idealizar la sociedad perfecta del futuro, entre los cuales podemos recordar también a Charles Fourier y a Henri de Saint-Simon en Francia y a Robert Owen en Inglaterra.

A finales del verano del año 1844, Karl Marx conoció en París a Friedrich Engels, como consecuencia de una corta visita que realizó el controvertido empresario y revolucionario alemán; iniciando ambos una gran actividad en la vida febril de los grupos revolucionarios de París y una estrecha colaboración intelectual y económica, aparte de una fraternal amistad que duraría hasta la muerte de Marx en el año 1883.

Friedrich Engels, igual que Marx, también nació en la provincia renana de Prusia, concretamente en el año 1820 en la ciudad de Barmen y en el seno de una familia muy religiosa judía de la alta burguesía, propietaria de fábricas textiles e importantes instalaciones vitivinícolas.

Engels, en su corta estancia en la Universidad de Berlín, aprovechando las horas libres mientras realizaba su servicio militar, estudió Filosofía al mismo tiempo que se interesó mucho por los movimientos revolucionarios de la época, especialmente se relacionó con los hegelianos de izquierda y con el grupo libre de escritores de la Joven Alemania. Aunque esta relación se vio truncada, ya que por requerimiento de su padre se trasladó a Inglaterra, concretamente a la ciudad de Mánchester, para profesionalizarse en las actividades comerciales desarrolladas por la empresa Ermen and Engels, de la que su padre era copropietario.

Engels, cuando llegó a Inglaterra, contaba solo con veintitrés años de edad y, además de cumplir con las diversas responsabilidades encomendadas, dedicaba su tiempo libre a interesarse en profundidad por las inhumanas condiciones de vida de los trabajadores de la primera potencia industrial del mundo, quedando tan impresionado que no pudo adormecer su conciencia hasta que todas sus observaciones se vieron plasmadas en un libro que escribió en el año 1845, titulado *La situación de la clase obrera en Inglaterra*.

Friedrich Engels rompió con las tradiciones y creencias religiosas de su familia por estar convencido de que la Biblia tiene contradicciones insolubles y que, además, le resultaba imposible armonizar la ciencia y la religión. Después de muchas reflexiones sobre la filosofía de Kant, de Hegel y de la teología en general, Engels emprendió un camino sin retorno hacia el ateísmo, por estar convencido de que las religiones no solo están plagadas de contradicciones, sino que son incompatibles con la razón y la ciencia.

En el año 1845, y a instancias del gobierno prusiano, Marx fue expulsado de París por ser considerado un revolucionario peligroso. Se refugió en Bruselas, como la gran mayoría de pensadores o intelectuales revolucionarios europeos de izquierda.

Marx y Engels no solo estaban en desacuerdo con el socialismo utópico, sino que mantenían una enérgica lucha contra las diversas corrientes del socialismo aburguesado, puesto que pretendían establecer un socialismo científico, denominado así para diferenciarlo del resto de teorías socialistas. El socialismo científico de Marx y Engels se basaba fundamentalmente en una teoría materialista y en una táctica que tenía como objetivo la crítica sistemática y destructiva de todo el orden establecido en la sociedad burguesa, provocando las correspondientes acciones del proletariado revolucionario —teoría marxista o comunista— que eliminarían la civilización burguesa. O sea, sería la implantación por la fuerza del marxismo o comunismo revolucionario y no la implantación por el convencimiento pacífico de las reformas graduales, como pretendía el socialismo utópico.

Marx y Engels, en la primavera del año 1847, se afiliaron a la Liga de los Comunistas, que era una organización clandestina de propaganda revolucionaria y cuya mayoría de integrantes la formaban emigrantes alemanes. Esta sociedad celebró su segundo congreso en Londres a finales del mismo año y, debido a la activa y destacada participación de Marx y de Engels, ambos recibieron el encargo de redactar un manifiesto revolucionario que sirviera también de base y de guía a las demás revoluciones europeas del año 1848.

Marx y Engels emplearon una retórica incendiaria en la redacción del famoso Manifiesto del Partido Comunista, publicado en el mes de febrero del año 1848. El manifiesto contenía los principios políticos del nuevo movimiento comunista, donde se hacía una descripción muy clara y brillante de la nueva concepción del mundo y del materialismo consecuente aplicado a la dialéctica y al campo de la vida social, como doctrina fundamental de la teoría de la lucha de clases y de la actividad revolucionaria del proletariado, creadora de la nueva sociedad comunista.

Aunque pertenece a Karl Marx la superioridad en el liderazgo del socialismo científico o marxismo, Friedrich Engels ejerció una gran influencia sobre él. Le acercó al conocimiento del movimiento obrero inglés e hizo que fijara su atención hacia la crítica de la doctrina económica clásica; también fue Engels, gracias a la buena posición económica de la que disfrutaba como empresario, quien proporcionó a Marx la ayuda económica necesaria para vivir, aunque con mucha austeridad.

Es cierto que para esa fecha ambos pensadores y revolucionarios ya habían publicado juntos varios libros, aparte de muchos artículos en los medios afines, pero esos trabajos no proporcionaban a Marx todo el dinero que necesitaba para mantener dignamente a su familia.

Marx, después de haber sido expulsado de Bélgica en el año 1848 y haber realizado desplazamientos a París y a Colonia, volvió a tener problemas con los tribunales de justicia de su país, siendo finalmente expulsado de Alemania. Se dirigió nuevamente a París donde, después de haber participado en una manifestación revolucionaria el 13 de junio del año 1849, fue expulsado de Francia, tomando la determinación de establecerse en Londres en el mes de agosto de ese mismo año, donde vivió hasta su muerte, a excepción de cortos desplazamientos.

Los diversos problemas políticos y judiciales con las autoridades alemanas, francesas y belgas provocaron en Marx y en su entorno familiar unas condiciones de vida de extrema austeridad y dureza que asfixiaban a toda la familia. Gracias a la perseverante y abnegada ayuda económica de Engels, la familia no sucumbió en la miseria; y, además, Marx pudo escribir *La crítica a la economía política* y terminar su monumental obra de *El capital*, donde dio forma a su propia doctrina económica, después de profundizar en el estudio de la economía política clásica y apoyarse en el modelo del economista inglés de origen judío David Ricardo.

De los tres tomos que componen la grandiosa obra de *El Capital*, solo se publicó el primero en el año 1867, mientras que los dos restantes serían ordenados y preparados para su edición después de la muerte de Marx, por su amigo y colaborador Engels.

Marx, en su magna obra, desarrolló su teoría del materialismo y denunció al sistema económico capitalista, porque su esencia fundamental era injusta e ilegítima al realizar una explotación del trabajo humano que generaba al explotador una plusvalía, es decir, el valor de la parte del trabajo no pagada al obrero y apropiada por el capitalista. Este poder de apropiación indebida era visto por Marx como la raíz de la dominación de clase que practicaba la burguesía.

Marx afirmaba que el capitalismo tenía naturaleza histórica como cualquier otro sistema político o social, pero no respondía a un orden natural inalterable como pretendían los intelectuales y los economistas clásicos. Consideraba que, de la misma forma que había surgido de un conjunto de eventos históricos por los que sustituyó al sistema feudal, el capitalismo también estaba expuesto a desplomarse por sus propias contradicciones internas, dejando vía libre a la implantación del socialismo científico, después de que la sociedad burguesa se derrumbara a causa de graves crisis económicas y quedara fragmentada en dos clases contrapuestas por intereses irreconciliables, de tal forma que las masas proletarias, conscientes de su explotación, acabarían protagonizando la Revolución que daría paso al nuevo sistema comunista o marxista.

Marx continuó completando los razonamientos expuestos con otras obras en las que reflexionaba sobre la naturaleza histórica y política de la lucha de clases, que en su opinión se encuentra más o menos oculta en toda la historia de la humanidad y es la que provoca que esta progrese a base de explosiones dialécticas, dando como resultado el choque revolucionario entre explotadores y explotados.

Karl Marx consideraba que la alienación que sufrían los trabajadores era provocada por la propiedad privada de los medios de producción, por consiguiente, si la Revolución socialista la abolía, se conseguiría la emancipación definitiva y universal del hombre, al verse complementada con la emancipación jurídica y política conseguida en la Revolución francesa, consiguiéndose al final un futuro socialista basado en la realización plena de las ideas de libertad, igualdad y fraternidad, que sería el fruto de una auténtica democracia.

Para Karl Marx, la dictadura del proletariado tendría un carácter instrumental y transitorio, porque su objetivo fundamental era la desaparición de las clases sociales, como corresponde a un sistema comunista, y no el reforzamiento del poder estatal con la nacionalización de los medios de producción, puesto que el poder coercitivo del Estado no sería necesario en la fase de desarrollo comunista.

En el año 1864, sindicalistas ingleses, franceses, italianos republicanos y anarquistas, todos ellos representantes de los obreros fabriles de sus respectivos países, fundaron en Londres la Asociación Internacional de Trabajadores, con el objetivo de unir a las organizaciones socialistas y comunistas de todo el mundo e intentar acabar con el sistema capitalista imperante. A este congreso de debates entre varias agrupaciones o asociaciones sindicales y políticas se le denominó la Primera Internacional. Karl Marx fue elegido miembro del Consejo General provisional de la Internacional, redactó sus estatutos y tuvo la oportunidad de impregnar al movimiento obrero mundial de sus ideas socialistas. Marx mantuvo intensos debates contra el moderado sindicalismo de los obreros británicos y contra las tendencias anarquistas continentales. Finalmente, consiguió imponer su doctrina marxista como guía oficial de la Internacional, de forma que la Segunda Internacional, con vigencia desde el año 1889 hasta el estallido de la Primera Guerra Mundial, ya había adoptado una clara orientación socialista marxista, después de haber expulsado en el año 1893 a los anarquistas.

Karl Marx, después de los análisis de la primera experiencia histórica de un gobierno revolucionario y proletario, como el de la Comuna de París, ocurrido entre los meses de marzo y mayo del año 1871, su intenso trabajo en la Internacional y sus profundos estudios teóricos, vio muy quebrantada su salud y se retiró de la política activa, pero sin dejar de ejercer su influencia por mediación de sus mejores discípulos alemanes, tales como August Bebel y Wilhelm Liebknecht. Ellos fueron los fundadores en el año 1875 del Partido Socialdemócrata de Alemania, donde llegaron a ser grandes dirigentes e hicieron que su asociación fuera el grupo dominante de la Segunda Internacional.

Karl Marx y su esposa Jenny tuvieron una vida con muchas penurias económicas debido a los continuos cambios de domicilio y a la irregular entrada de ingresos en la institución familiar, como consecuencia de las persecuciones políticas que ejercían las autoridades correspondientes contra Marx y su actividad profesional.

El matrimonio tuvo seis hijos, pero solo tres hijas, Jenny Julia Eleonora, Jenny Carolina y Jenny Laura, sobrevivieron, ya que los otros murieron siendo niños a causa de convulsiones, bronquitis y tuberculosis, enfermedades muy asociadas a estados de mendicidad o de pobreza extrema y coincidentes con la época en que la familia Marx atravesaba grandes dificultades económicas.

Por referencias de personas pertenecientes al círculo de amistades íntimas de Marx y por el contenido de algunas cartas dirigidas a su amigo Engels, se sabe que Marx tuvo un hijo ilegítimo con su sirvienta Helene Demuth, aunque nunca lo reconoció como propio e incluso intentó que lo reconociera su amigo Engels para evitar disputas en el matrimonio y una munición letal por parte de los enemigos de Marx.

Al niño le pusieron el nombre de Henry Freddy Demuth, anotando en los respectivos documentos solo el nombre de la madre por carecer de padre conocido; al final, parece ser que fue dado en adopción y, de adulto, llegó a ser un cualificado tornero y un especialista en máquinas herramientas que trabajó en diferentes fábricas inglesas. Fue miembro del sindicato del metal y cofundador del Partido Laborista de Hackney.

Jenny von Westphalen, después de una larga enfermedad, murió el día 2 de diciembre del año 1881. Poco tiempo después, Marx desarrolló una fuerte gripe, seguida de bronquitis y pleuresía, que lo mantuvieron enfermo durante el último año de su vida.

Karl Heinrich Marx, el gran pensador, el filósofo, el intelectual, el escritor, el político, el sociólogo, el economista, el padre del socialismo científico, comunismo o marxismo, y el revolucionario del siglo XIX que marcó de forma indeleble el siglo XX, moría el día 14 de marzo del año 1883 en la capital inglesa, siendo enterrado junto a su mujer en el cementerio de Highgate de Londres.

Después de la muerte de Karl Marx, Friedrich Engels no solo asumió el liderazgo moral como teórico del socialismo a pesar de su doble condición de empresario y revolucionario, sino que continuó participando activamente en el movimiento socialista y comunista. Fue secretario de la Primera Internacional Obrera o Asociación Internacional de los Trabajadores a partir del año 1870, y también participó en la fundación de la Segunda Internacional.

Continuó escribiendo artículos y libros, pero especialmente se dedicó a corregir y preparar para su publicación los manuscritos de Marx correspondientes a los tomos II y III de *El Capital*, teniendo en cuenta que el nombre de Friedrich Engels no figuraría en la autoría de dichos volúmenes, aunque hay que reconocer que el contenido de los mismos lleva mucho de su pensamiento.

El empeño vital de Marx fue la crítica radical del sistema capitalista existente para propiciar su destrucción mediante la revolución del proletariado, impidiendo caer en las ensoñaciones idealistas de las que acusaba a los socialistas utópicos. Pero, en cambio, no clarificó o no desarrolló lo suficiente la manera en que debían organizarse el Estado y la economía socialista marxista después de conquistar el poder, dando lugar a interpretaciones muy diferentes entre sus partidarios.

Finalmente, las distintas concepciones entre los seguidores de Marx sobre la futura organización socialista del Estado y la economía provocaron una bifurcación de dos ramales, dando lugar a dos formas de actuar con tácticas contrapuestas: unos eran los socialdemócratas y otros, los comunistas.

Los socialdemócratas orientaban sus esfuerzos a la lucha parlamentaria y a la obtención de mejoras progresivas, salvaguardando los derechos y libertades naturales de los individuos. Entre los muchos defensores de la socialdemocracia se encontraban el teórico y activista alemán Karl Kautsky, el socialdemócrata alemán Eduard Bernstein y el dirigente obrero y primer presidente de la República Alemana, Friedrich Ebert.

Los comunistas defendían la dictadura del proletariado mediante el partido único, que sería el encargado de implantar por la fuerza, si fuera necesario, el nuevo sistema socialista, cuyo objetivo principal era la creación de una nueva sociedad en la que los principales recursos y medios de producción pertenecieran al Estado como representante de la comunidad y no a los individuos. Esta rama comunista fue la causante de la Revolución bolchevique en Rusia en el año 1917, y también originó el establecimiento de los diferentes Estados socialistas en distintas partes del mundo. Entre los muchos defensores se pueden citar a Vladimir Lenin, a León Trotski, a Iósif Stalin, a Mao Zedong, a Pol Pot, a Fidel Castro, etc.

Friedrich Engels, después de la muerte de Karl Marx, se convirtió en el líder indiscutido de la incipiente socialdemocracia alemana, de la Segunda Internacional y del socialismo mundial, defendiendo las características permanentes o esenciales de la ideología marxista, a la que él mismo había proporcionado aspectos o matices referentes a la eliminación futura del Estado, a la dialéctica marxista y a las complicadas conexiones entre el conjunto de los fenómenos económicos y las superestructuras políticas, jurídicas y culturales.

Engels, en sus escritos, siempre aplicó el materialismo histórico al mismo tiempo que desarrolló el materialismo dialéctico, convirtiéndose en la filosofía oficial del movimiento comunista después de la Revolución rusa del año 1917.

Friedrich Engels murió en Londres el día 5 de agosto del año 1895 a la edad de 74 años como consecuencia de un cáncer. De acuerdo con su voluntad, su funeral fue de carácter muy modesto, a pesar de que acudieron casi cien amigos y seguidores de muchos países para expresar su profundo dolor por su fallecimiento y una sincera gratitud al maestro, al jefe y al guía revolucionario.

El cuerpo de Engels fue incinerado en la ciudad de Woking, situada a unos treinta kilómetros de Londres, siendo llevadas sus cenizas días después a la orilla del mar junto a la ciudad de Eastbourne, en la costa sur de Inglaterra, donde el 27 de agosto del año 1895 se perdieron en la inmensidad del océano.

Leunam y su amigo Ahren, durante un largo paseo de más de cinco kilómetros de recorrido por senderos abiertos en el bosque por cazadores, buscadores de setas y guardas forestales, aparte de detenerse en varias ocasiones para contemplar la belleza de los árboles, arbustos y animales que pueblan esa porción de naturaleza, junto con las magníficas vistas que desde las zonas más altas se divisan con una grandiosidad muy difícil de olvidar, también se han acordado de los millones de seres humanos que han pasado toda su vida sometidos a la esclavitud por los más fuertes para explotarlos en su beneficio, aun sabiendo en la mayoría de los casos que también eran sus hermanos.

Leunam y Ahren, sin olvidar la pérdida de libertad que han padecido tantos hombres, mujeres y niños desde tiempos remotos de la humanidad hasta nuestros días, se han detenido en los últimos cuatro o cinco siglos de nuestra era cristiana para recordar hechos detestables e inhumanos producidos en los diferentes continentes del globo terráqueo. Por esto, han pensado en África, donde más de 25 millones de sus habitantes más jóvenes y fuertes fueron cazados como si se tratara de animales salvajes, para ser transportados, vendidos y valorados en América como esclavos o animales para domar y explotar. A esos millones de seres humanos también hay que añadir otros tantos o más, esclavizados por los musulmanes o iluminados por Alá y guiados por su profeta Mahoma durante sus conquistas de expansión por los continentes africano, europeo y asiático.

En el Nuevo Mundo o en las Américas, uno de los negocios más rentables y florecientes era el comercio de esclavos procedentes del África negra, además de los indígenas salvados del genocidio provocado por las codiciosas conquistas de norte a sur de todo el continente americano emprendidas por las potencias europeas, entre las que se encontraban España, Inglaterra,

Portugal y Francia, todas ellas bendecidas por la Iglesia cristiana, católica y apostólica, regida por el Espíritu Santo, por Cristo y por el Papa, su Vicario.

En el continente europeo, aunque no se producía la caza y venta de seres humanos, millones de ellos, incluidos niños y mujeres, estaban siendo explotados de forma inhumana, cruel y denigrante como consecuencia de los explotadores métodos de producción implantados por la Revolución Industrial; y otros millones de personas, ubicadas más al norte del continente, concretamente en la Rusia europea —igual pasaba en la parte asiática—, habían sido y eran subyugados por un Estado autocrático y un sistema que permitió y favoreció que más del 90 % de su población estuviera sometida totalmente a la autoridad o conveniencia de los privilegiados que ostentaban el poder, es decir, una sociedad de pocos dueños y muchos siervos o esclavos.

En el continente asiático, la situación de esclavitud se extendía de forma similar a la imperante en los estados imperiales y sus colonias, puesto que eran Rusia, Inglaterra, España, Francia y Turquía las que extendían su poder e influencia en los territorios que conquistaban. Sin olvidarnos de que la religión cristiana católica, ortodoxa, anglicana e islámica acompañaron a sus señores de la guerra para evangelizar o adoctrinar a la fuerza —si era necesario— a unas gentes que ya estaban contentas con sus dioses. Aunque en algunas zonas encontraron más resistencia de la acostumbrada y tuvieron que convivir con religiones no teístas, es decir, que no creen en un solo Dios creador, aunque aceptan creencias en un ser sobrenatural, adorado y concebido como divino o sagrado, como serían el budismo y el confucianismo.

Leunam y Ahren, después de haber hecho este rápido repaso sobre la situación del mundo en los últimos siglos, han querido mantener una conversación más puntual sobre Karl Marx, Friedrich Engels y algunos intelectuales y humanistas más, que sentían un respeto y un amor especial hacia unas gentes que estaban siendo explotadas y subyugadas por unos Estados y gobiernos crueles e inhumanos.

Los dos amigos, antes de finalizar su pequeña y singular excursión por el bosque, han aprovechado su último descanso en un lugar tranquilo del final del recorrido para mantener la siguiente conversación.

—Ahren, pensando en el rápido recorrido que hemos hecho por el mundo, no puedo olvidarme de cómo fue posible que durante los cuatro o cinco siglos últimos de nuestra era cristiana —sin recordar los siglos anteriores—, millones de seres humanos repartidos por todos los continentes de la Tierra fueran explotados impunemente por unos poderosos y codiciosos individuos, amparados no solo por las instituciones políticas y civiles, sino por las religiones monoteístas, especialmente por la Iglesia cristiana, católica, apostólica y romana.

—Leunam, yo creo que cuando se unen los poderes de los hombres con los poderes espirituales o sobrenaturales correspondientes a un ser superior sin figura corporal, se crea un monstruo tan poderoso e inhumano que es capaz de devorar a sus propias criaturas cuando no le obedecen o participan de sus tropelías. Piensa en el comportamiento de las gentes armadas o militarizadas acompañadas de algunos frailes portadores de la santa Cruz que conquistaron el Nuevo Mundo; o, por ejemplo, en el detestable comportamiento de la Iglesia cristiana ortodoxa rusa frente a una inmensa población de siervos viviendo en unas condiciones inhumanas. Y tampoco te olvides de las atrocidades islamistas cometidas en sus guerras de conquista en nombre de Alá y de su profeta Mahoma.

—La verdad —contestó Leunam— es que no me olvido de casi nadie y, por supuesto, cuando mi mente visiona la película de las repugnantes conductas de hombres despreciables y de infectas instituciones políticas, civiles y eclesiásticas, recuerdo que todavía en alguna parte recóndita de mi cerebro continúan grabadas algunas creencias de la doctrina cristiana y, por esto, me pregunto: ¿de verdad existe Dios? Ese ser bueno, sabio, poderoso, que todo lo tiene presente, principio y fin de todas las cosas y que además tiene una santa madre, la Iglesia cristiana y católica, regida y gobernada por el Espíritu Santo, que tambén es Dios, igual que el Padre eterno y el hijo, que murió crucificado para redimirnos y librarnos de la muerte eterna, según aprendí en mi inolvidable catecismo.

—Si de verdad existiera Dios —contestó Ahren— tal como lo describen en sus doctrinas las religiones monoteístas, casi nada de lo que tu mente acaba de visionar hubiera ocurrido, porque estoy seguro de que no existe ningún ser humano terrenal que sea tan cobarde y cruel que dejara de proteger o defender a sus hijos frente a una agresión criminal o una peligrosa situación de muerte. Así que, con mucha más rotundidad o fe, en caso de tenerla, se puede afirmar que, si de verdad existe Dios, ese ser sobrenatural que todo lo puede, que está presente en todas partes, que todo lo sabe y, además, es infinitamente bueno y misericordioso, y quiere que lo consideremos nuestro Padre eterno, jamás permitiría que sus hijos se esclavizaran unos a otros, se descuartizaran en su nombre o se mataran en luchas cruentas e interminables, como son las sucesivas guerras.

—Para mí —contestó Leunam— queda claro que las religiones y sus respectivos dioses solo sirven para atraer, adormecer, fanatizar, alimentar, fortalecer y consolidar el cuerpo y la musculatura de esos monstruos terrícolas de los que me habló nuestro amigo Zacary y a los que tú has hecho referencia, de forma que será más poderoso e influyente aquel animal que tenga más ingenio y astucia para conseguir meter en el redil ventral al mayor número de gentes sin escrúpulos, vividoras, supersticiosas, ignorantes, desheredadas, pobres de espíritu y perezosas, que, generalmente, son las que forman la inconsistente y moldeable masa muscular del monstruo. Si por irresponsabilidad, desidia o benevolencia cualquier deidad con su respectiva religión dejara de formar parte del cerebro de alguno de los monstruos terrenales y no fuera sustituida por otra poderosa y atrayente doctrina, irremediablemente el animal sería devorado por el resto de la manada.

—Si la Iglesia cristiana, católica y apostólica —dijo Ahren— está regida y gobernada por el Espíritu Santo, entre cuyos dones están la sabiduría, el entendimiento, la ciencia, el buen consejo, la fortaleza, la piedad y el temor a Dios, no comprendo cómo la religión cristiana y católica influyó tan poco con los dones del Espíritu Santo al constituir, junto con los poderes reales, políticos y civiles, el cerebro de los poderosos Estados o monstruos que durante varios siglos tanto daño han causado a los seres humanos.

—No podemos olvidar —dijo Leunam— que a lo largo de la historia de la humanidad, ha habido multitud de hombres y mujeres que, creyendo firmemente en los valores del ser humano o en la doctrina de su religión, han ayudado a sus semejantes de muchas formas para intentar protegerlos de las garras que han querido devorarlos, siendo su valor y su fe incuestionables, ya que incluso han perdido su vida en el intento. Podíamos añadir a los ya conocidos por la historia de los pueblos, una inmensa lista de personas anónimas que han sufrido sacrificio y muerte por defender a sus semejantes, independientemente de su condición de ateos, agnósticos o creyentes practicantes.

—Comprendo lo que quieres decir —dijo Ahren—, y yo también estoy de acuerdo, porque sería muy injusto criticar a las religiones en general sin reconocer a esos cientos de miles de mártires que cada una acumula desde su creación, por haber sucumbido ante la intolerancia y la crueldad de los verdugos de toda clase de credos. Pero entiendo que jamás nuestra crítica se dirige a esos singulares hombres y mujeres, sino a la representación oficial o máxima institución religiosa, a muchos de sus vicarios y a los millones de predicadores y seguidores que se instalan en el cerebro de los monstruos-Estados para disfrutar del boato y de las reverencias de los traidores, vividores e ingenuos que integran el cuerpo pluricelular de la gran bestia.

—Sinceramente —dijo Leunam—, al hacer ese recorrido por los últimos siglos de la vida de los hombres en nuestro planeta, hemos podido comprobar la gran acumulación de crueldades repugnantes y detestables que es capaz de provocar el ser humano. A mí me hubiera gustado encontrar, por lo menos en nuestro itinerario histórico, alguna institución o algún vicario honrado, valiente, poderoso, influyente y representante máximo de alguna de las religiones monoteístas, que hubiera sido capaz de dar un desgarrado grito de protesta contra la esclavitud, que no solo se hubiera escuchado en los cinco continentes, sino que hubiera tenido la fuerza suficiente para eliminar a los esclavistas. Y en cambio, tuvieron que hacerlo unos jóvenes intelectuales burgueses, convertidos en grandes humanistas o pensadores laicos, cuyas conciencias no podían soportar la inhumana explotación que estaban sufriendo millones de personas esclavizadas o subyugadas por un cruel sistema de producción, denominado capitalista.

—Te olvidas —contestó Ahren— del papa León XIII, con su carta encíclica Rerum Novarum sobre la abolición de la esclavitud por parte de reyes, presidentes y asambleas nacionales, culminando con la Declaración Universal de los Derechos Humanos por las Naciones Unidas y muchas más acciones. Lo que ocurre —y en eso llevas mucha razón— es que tuvieron que hacerse durante mucho tiempo grandes revoluciones y guerras para ir logrando unos derechos inherentes al ser humano que les habían sido arrebatados por unos desalmados, sin que la Iglesia cristiana, católica y apostólica, regida y gobernada por el Espíritu Santo, o sea, por Dios, se pusiera al frente de un movimiento de liberación con el correspondiente poder omnipotente del Creador para conciliar y crear un mundo más humano y fraternal.

—Ahren, tú lo has dicho, tuvieron que morir millones de seres humanos y, además, pasar varios siglos para que un Papa de la Iglesia católica se acordara de la inhumana explotación que estaban sufriendo muchos hombres, mujeres y niños, que trabajaban como esclavos en las minas y en las fábricas repartidas por el mundo, especialmente en las sociedades afectadas por la Revolución Industrial. Y ¿qué me dices de la esclavitud? ¿Quién liberó a los esclavos de su estado tan inhumano y denigrante? ¿Acaso lo hizo Dios o sus vicarios? No me negarás que fueron tratados por sus amos y capataces de forma cruel y sanguinaria durante muchos siglos, y nadie se acordó de ellos. Fue su rebeldía y su valentía, a costa de derramar mucha sangre, la que forzó a las diversas instituciones para que empezaran a tratarlos como a seres humanos.

—Reconozco —dijo Ahren— que, salvo un número muy reducido, puntual y temporal, los dignatarios de las iglesias con doctrinas y religiones monoteístas siempre han preferido favorecer al poder que los fortalece, defiende, ampara y mantiene, a cambio de pastorear bien el rebaño humano conduciéndolo al redil interesado por el amo, sin importarles mucho la habitabilidad del corral y, menos aún, el pienso que le es suministrado, porque, ya se encargarán ellos, los pastores o predicadores eclesiásticos, de aplacar sus ánimos al prometerles que de ellos será el reino de los cielos y, además, verán a Dios y serán considerados sus hijos, si son obedientes, tienen buenos propósitos y no promueven conflictos; o por lo menos, esto es parte de lo que dice la oración de las Bienaventuranzas de la Iglesia cristiana, católica, apostólica y romana.

—Desgraciadamente —dijo Leunam—, la perversión, la hipocresía, el cinismo, la nula honradez y el desprecio más absoluto de los valores fundamentales de los seres humanos por parte de casi todas las religiones, creo que es lo que hizo que pensadores e intelectuales natos como Karl Marx, Friedrich Engels y muchos más, se rebelaran ante la acción de tantos tiranos y explotadores que se habían apoderado de la mente y de la fuerza del trabajo de la inmensa mayoría de los seres humanos que poblaban la Tierra y, por consiguiente, decidieran sacrificar toda su vida a crear y desarrollar una doctrina o religión laica para intentar hacer una sociedad más humana y equitativa, con un mejor reparto de los bienes materiales generados por la fuerza del trabajo de los hombres.

—Tienes razón —contestó Ahren—, porque Karl Marx, como miembro de una familia burguesa, emparentado a través de su matrimonio con la poderosa aristocracia de su país, alumno de prestigiosas universidades alemanas y doctorado cuando aún no había cumplido los veinticinco años, no podemos negar que su porvenir en la burguesía y en las altas esferas del poder de Alemania era altamente prometedor y brillante. En cambio, su conciencia social y su rebeldía hacia la inhumana explotación de unos individuos sobre otros le condujeron a salir de ese sistema de explotadores, donde la hipocresía, el cinismo, la maldad, la crueldad y la religión se habían apoderado del cerebro del poderoso monstruo de los diferentes Estados, para esclavizar y subyugar a la mayoría de sus habitantes.

—Por supuesto —contestó Leunam— que Karl Marx podía haberse convertido en un gran burgués o en un alto dirigente político de su país y haber tenido una vida de lujo y riqueza, rodeado de toda clase de boato y acompañado de reverencias de los altos dignatarios de la iglesia cristiana, católica y apostólica. Estoy seguro de que serían cientos de miles los explotadores y vividores que anhelaban lo que Marx despreciaba, pero lo cierto es que, cuando el ideal del bien y el respeto al ser humano integran tu conciencia, resulta muy difícil conciliar tu honrado quehacer diario, a no ser que tu ambición te convierta en un ser depravado sin escrúpulos.

—Creo que Marx —contestó Ahren— fue una persona y un intelectual honrado al tener la valentía de criticar públicamente al poder político y eclesiástico, por mantener, propiciar y bendecir las injusticias políticas y sociales imperantes en la sociedad que le había tocado vivir, sabiendo que se exponía a unas graves consecuencias que afectarían no solamente a él, sino a su familia y, en definitiva, a toda su vida.

—Marx, en sus primeros años —contestó Leunam— de vida profesional, e igual que ocurrió con otros grandes intelectuales de la época, tuvo su pensamiento asentado en el idealismo del filósofo alemán Hegel, pero no tardó mucho tiempo en sustituirlo por el materialismo, por estar convencido de que solo las fuerzas económicas constituyen la infraestructura que sustentan los fenómenos estructurales correspondientes al orden social, político y cultural. Y, por consiguiente, el sistema capitalista que había sustituido al feudalismo debería desaparecer o cambiar para dar paso a un sistema socialista. Y que la religión, como apéndice del poder imperante, también debería transformarse o perecer.

—No es de extrañar —contestó Ahren— que Marx, con sus revolucionarias ideas, no pudiera seguir ejerciendo de periodista ni mucho menos de profesor universitario en una sociedad tan conservadora y estricta como era Alemania en su época. Viéndose obligado a trasladarse a París con el propósito de publicar sus nuevas teorías revolucionarias para hacer cambiar el sistema de producción capitalista, y donde tuvo la suerte de conocer a Engels, al que sería su fraternal amigo durante toda la vida. Karl Marx y Friedrich Engels formaron una pareja de pensadores e intelectuales tan comprometidos con los mismos objetivos que solo les separó la muerte.

—Es cierto —contestó Leunam—. Se convirtieron en dos colaboradores muy unidos por sus ideas y por la extensa labor literaria que de forma conjunta realizaron, aparte de la individual de cada uno. A mí me causa también una especial admiración el comportamiento y la total colaboración de Engels con su amigo Marx, para crear la nueva doctrina del socialismo científico o comunismo, aunque sin duda alguna, fue Marx quien ostentó la originalidad en las ideas y una mayor capacidad teórica. Pero reconozco que un joven burgués y empresario, como era Engels, que se trasladó a Inglaterra por conveniencias familiares, tuviera la gran valentía y sensibilidad social de preocuparse de la inhumana y trágica situación de los obreros que estaban siendo explotados en Inglaterra por un cruel y despiadado sistema capitalista; y que, además, tuvo la osadía de denunciarlo cuando acababa de cumplir veinticinco años, en su libro titulado *La situación de la clase obrera en Inglaterra*.

—Sinceramente —contestó Ahren—, yo, además, siento un profundo respeto y admiración por Jenny, la esposa de Marx, ya que debía sentir una veneración, un acatamiento y un amor sin límites hacia su marido, para poder cambiar una vida de lujo, riqueza y palacios, por otra errante y lastimosa de un país a otro, habitando cochambrosos y minúsculos apartamentos, donde había de todo, menos orden, higiene y tranquilidad, ya que los niños también tenían que jugar. Aún en esa situación de desorden y pobreza pudo criar a tres hijas de los seis niños que tuvo el matrimonio, ya que tres murieron cuando tenían muy pocos años. Ahí sí tengo que reprocharle a Jenny su irresponsabilidad por traer hijos al mundo para condenarlos a una situación detestable que ningún niño merece padecer.

—Yo también estoy de acuerdo —contestó Leunam— en tu primera valoración, porque solo las mujeres así se deberían unir a un hombre en matrimonio para evitar el daño que pueden causar a los hijos, a sus esposos y a la sociedad en general, como ocurre con todas esas mujeres que consideran que el matrimonio o que la familia se puede romper fácilmente con la abominable excusa de la incompatibilidad de caracteres, insatisfacciones económicas o simplemente apetencias lujuriosas insatisfechas. En cuanto a la asignación de toda la culpa a la esposa de Marx por traer hijos al mundo que no podían criar adecuadamente, es algo injusto, porque hay que reconocer que en lo de procrear Karl Marx no era muy responsable, ya que también tuvo un hijo ilegítimo que nunca reconoció, con su sirvienta Helene.

—Es verdad —contestó Ahren—, porque tener un hijo ilegítimo con una persona que formaba parte de la confianza del matrimonio no era un hecho que se mereciera la enamorada y abnegada esposa de Marx, pero tampoco son merecidas las críticas tan destructivas que le dedican a Marx sus detractores y enemigos políticos, puesto que solo algún afeminado de esos censores actuaría de forma distinta si sus esposas marcharan varios días a otro país por asuntos privados y se quedaran con los niños acompañados de una cariñosa sirvienta con instintos maternales muy desarrollados.

—Bueno —contestó Leunam—, dejando aparte los asuntos familiares de Marx, lo que me deja perplejo es la extraordinaria capacidad de trabajo que tenía, al ser capaz de escribir tantos artículos y libros, aparte de las múltiples conferencias y actividades políticas y revolucionarias. Es cierto que no hay que olvidar la estrecha colaboración intelectual y política de Engels, ya que ambos estudiaron muy a fondo el salvaje sistema capitalista imperante y el socialismo utópico, para proponer una nueva doctrina que solucionara las consecuencias del despiadado sistema de producción y promoviera las ideas del comunismo. También tenemos que tener en cuenta que ni Marx ni Engels crearon el comunismo propiamente dicho, ya que en la historia de la humanidad podemos encontrar varias referencias al mismo, como sería el caso del comunismo platónico descrito en un diálogo de *La República* de Platón, el comunismo cristiano recomendado por el teólogo Quinto Septimio Florente Tertuliano, condenado por San Agustín y Santo Tomás de Aquino, o el comunismo del escritor inglés santo Tomás Moro en su obra *Utopía*, del siglo XVI.

—Lo que es cierto —dijo Ahren— es que Marx y Engels llegaron al convencimiento de que tenían que elaborar una nueva doctrina o socialismo científico que sustituyera al capitalismo, causante de una cruel y desenfrenada economía de mercado libre. La imposición de la nueva doctrina se iniciaría con la crítica destructiva y sistemática del sistema establecido, acompañada de las leyes correspondientes para lograr su implantación definitiva. Aunque admitían que la implantación gradual del socialismo científico por convencimiento pacífico de la sociedad capitalista no sería posible a causa de la insolidaridad, de la avaricia y del egoísmo de muchos seres humanos, era la fuerza de la Revolución proletaria la que estaba destinada a poner fin a la civilización burguesa.

—Marx y Engels —contestó Leunam— no solo conocían muy bien la explotación que sufrían los obreros en los diferentes países inmersos en la Revolución Industrial, sino que estaban al corriente del bárbaro y feroz sistema de producción esclavista que se había ejercido en el Nuevo Mundo durante muchos siglos, del comercio de esclavos procedentes de África y, por supuesto, de la inhumana situación de casi cien millones de campesinos rusos. Por consiguiente, Marx y Engels tenían muy claro que el salvaje monstruo capitalista que había nacido, crecido y fortalecido a costa del trabajo y del esfuerzo bañado en sudor y sangre de millones de seres humanos solo sería vencido con el esfuerzo conjunto de todos los obreros del mundo, pero dirigido de forma inteligente, hábil, astuta y contundente, hasta conseguir su total derrota.

—Yo aplaudo —dijo Ahren— la audacia, el esfuerzo y el sacrificio de Marx, de Engels y de algunos intelectuales más que les siguieron, por haber sido capaces de elaborar, publicar y proyectar con fuerza una nueva doctrina basada en la idea del comunismo, auspiciado por otros grandes pensadores que les precedieron. La nueva ideología fue elaborada para combatir y eliminar la esclavitud de los seres humanos y al salvaje sistema capitalista, pudiendo ser adaptada en el futuro con inteligencia y honradez para seguir defendiendo la libertad y dignidad del individuo frente a los Estados y sociedades explotadoras o esclavistas. Aunque también he de conceder a Karl Marx, en especial, una mención muy singular por haber dejado a los hombres grandes obras literarias, tales como *Crítica de la filosofía del derecho*, *Trabajo asalariado y el Capital*, *La miseria de la filosofía*, *La España revolucionaria*, *Contribución a la crítica de la economía política*, *El capital* y otras más. De las que escribió en colaboración con Engels puedo citar *La Sagrada familia*, *El manifiesto del partido comunista*, *La ideología alemana* y *Las pretendidas escisiones de la Internacional*.

—Hay que reconocer que *El* Capital —contestó Leunam— es un tratado monumental y crítico de la economía política clásica, donde Marx desarrolló de forma minuciosa y científica su propia doctrina económica basada en la teoría del materialismo, al mismo tiempo que denunció al sistema de producción capitalista por la apropiación indebida de la plusvalía, que genera una parte del trabajo no remunerada al obrero. Como sabes, solo uno de los tres tomos que componen la grandiosa obra fue publicado cuando aún vivía Karl Marx, ya que los otros dos fueron ordenados y preparados para la imprenta por Engels. Posiblemente existiría un cuarto tomo, si a su amigo y colaborador le hubiera dado tiempo antes de morir para corregir, ordenar y preparar unos originales dispersados, donde posiblemente Karl Marx hubiera profundizado en la organización del Estado y de la economía socialista después de conseguir el poder, evitando interpretaciones muy diferentes entre los seguidores de la nueva doctrina marxista.

—Creo que Karl Marx —contestó Ahren—, a pesar de su extrema inteligencia y experiencia revolucionaria, pecó de ingenuidad al pensar que la revolución que originaría la implantación de la dictadura del proletariado o el sistema comunista sería dirigida por líderes inteligentes, honrados, honestos, exentos de egoísmo, rencor, venganza y avaricia, y, especialmente, muy respetuosos con los derechos y las libertades de los seres humanos. Pero desgraciadamente se equivocó, porque después de su muerte, sus seguidores enseguida se escindieron en dos ramas muy diferenciadas. Una formada por los llamados socialdemócratas, que eran gentes algo más civilizadas que los comunistas, ya que defendían los métodos parlamentarios y orientaban su lucha salvaguardando las libertades y los derechos individuales. Y en otra rama estaban los comunistas, liderados por intelectuales, revolucionarios, tiranos, esquizofrénicos, psicópatas, farsantes, demagogos, sanguinarios y gentes con unas ansias desmedidas de codicia, de venganza, de poder y de destrucción y eliminación, incluidos todos los seres humanos que no pensaran como ellos.

—No sé —contestó Leunam— si Marx desarrolló ampliamente la teoría sobre la forma en que debía de organizarse el Estado y la economía socialista después de conquistar el poder, aunque creo que no concretó lo suficiente, a la vista de lo que pasó y sigue pasando en los países donde triunfó la llamada dictadura del proletariado, amparada por la doctrina marxista o comunista, ya que su esencia fundamental fue y sigue siendo traicionada, manipulada y desarrollada a conveniencia de unos sistemas de gobierno corrompidos, dirigidos por dictadores totalitarios, tiranos, psicópatas, demagogos, cínicos y codiciosos, acompañados por gentes aduladoras, ambiciosas y vividoras que subyugan a una plebe gregaria, ignorante, domesticada, sectaria y robotizada, carente de libertad y de los mínimos derechos del ser humano. Aunque tampoco estoy muy seguro de que en la nueva sociedad comunista hubiera ocurrido algo diferente, en caso de que Karl Marx hubiera especificado de forma extensa y concreta cómo debería ser la organización estructural del funcionamiento del nuevo Estado y de su sistema de economía productiva, ya que la frágil naturaleza humana se corrompe fácilmente.

—Es cierto —contestó Ahren—, en todas las épocas han existido individuos totalitarios, esquizofrénicos, tiranos y demagogos que han tenido o tienen la astucia y la habilidad de beneficiarse de las doctrinas o ideologías que seducen o hipnotizan a grandes masas de seres humanos, y de cuya fuerza se aprovechan para satisfacer sus anhelos de venganza, de poder y de grandeza, aunque tengan que pervertirlas o ejecutar acciones diabólicas amparadas en las mismas o en su ambiciosa y cruel voluntad. Así actuaron Lenin, Trotski, Stalin, Mao, Hô Chí Minh, Ceaucescu, Pol Pot y muchos más. Igual que en la actualidad lo continúan haciendo Fidel Castro, su hermano Raúl, Kim Jong-Un y algunos secuaces más repartidos por el mundo. En cambio, si hubiera existido una puesta en práctica democrática, honrada, inteligente, humana y justa de esas doctrinas o ideologías, se hubiera ayudado a impartir una justicia más equitativa en nuestro planeta Tierra, logrando una mejor convivencia. A esta consideración también se podrían añadir los nombres de los perversos y sanguinarios ejecutores durante varios siglos de la Santa Inquisición, implantada por la Iglesia cristiana, católica, apostólica y romana, dirigida y administrada por el Espíritu Santo y, también por el Vicario de Jesucristo en la Tierra, o sea, por el papa, que continúa empeñado en seguir viviendo en el inexistente mundo del Dios omnipotente.

—Estoy de acuerdo contigo —contestó Leunam—. A lo largo de la historia, es verdad que han vivido grandes hombres que han perdido su vida o la han dedicado íntegramente a elaborar teorías, doctrinas o religiones que hagan más justa y armónica la convivencia de todos los seres humanos que pueblan la Tierra; pero desgraciadamente los ejecutores de esas enseñanzas no han estado dotados de la inteligencia, generosidad, bondad y excelencia moral para poder plasmar en la práctica la esencia que salió de la mente de esos hombres excepcionales.

—Yo pienso —contestó Ahren— que una vez más tenemos que poner en duda la existencia de Dios y del Espíritu Santo, porque no es posible que un ser infinitamente bueno, poderoso y justo abandone siempre a los hijos que buscan el bien, sufriendo a veces esclavitud, tortura y muerte, y, en cambio, proteja y ayude a triunfar a los tiranos, explotadores, demagogos, belicosos, cínicos y otras especies de difícil catalogación.

A Leunam y Ahren se les había terminado el tiempo que tenían previsto para descansar y conversar un rato, después de haber realizado una saludable y larga excursión a través de los senderos que atravesaban la interesante zona boscosa de la singular montaña que tenían a muy poca distancia del barrio donde vivían, y de cuyas extraordinarias vistas tenían la suerte de disfrutar cada día desde las terrazas de sus casas.

Todavía en el tiempo que habían permanecido juntos recorriendo la distancia que les separaba de sus viviendas, pudieron lamentarse del porqué los hombres son víctimas de la voluntad de otros hombres, incluso de aquellos a los que les unen vínculos de consanguinidad. Porque Leunam y Ahren se consideraban víctimas de ese libre albedrío o determinación, por haber sido marcados sin su consentimiento en lo más profundo de su espíritu o conciencia por una religión, unos preceptos y unas enseñanzas que partieron de hechos humanos terrenales explicables en muy pocas líneas, pero que los iluminados creadores de religiones y de dioses habían magnificado y pervertido, añadiendo seres invisibles de naturaleza incorpórea o de espíritu puro, hechos sobrenaturales, infiernos, glorias y paraísos, con la detestable intención de atrapar durante toda su vida a seres humanos que, por su corta edad o inmadurez, carecen de la capacidad de comprensión y de decisión para convertirse en fieles de una religión o de ninguna.

Aunque tanto Leunam como Ahren perdonaban a sus progenitores y demás parientes que, de buena fe, por creer en Dios —al que no conocían ni nunca conocerían—, y por culpa de su inmensa ignorancia, un día, cuando apenas acababan de llegar a este mundo, fueron llevados a la iglesia parroquial de su pueblo o de su barrio para que el sacerdote o predicador de turno cumpliera con los rituales del bautismo exigidos por la Santa Madre Iglesia católica, cristiana y apostólica, y así poder recibir la gracia de Dios y la consideración de cristianos. Por circunstancias tradicionales y familiares parecidas, esto es lo que también sucede con otras religiones monoteístas que practican rituales diferentes, acompañados de algunos efectos indelebles para toda la vida.

Leunam y Ahren tenían muy claro que habían sido manipulados desde que empezaron a tener uso de razón, para que en sus conciencias o espíritus enraizara de forma profunda la religión católica impartida por la iglesia católica que administra y dirige el Espíritu Santo, que también es Dios.

En su recorrido histórico por el mundo, habían encontrado tantas y tantas veces a faltar la acción o la existencia de Dios, de acuerdo con las enseñanzas recibidas a través de la doctrina y de la religión impartida por la iglesia católica, que sentían una gran tristeza por la inmensidad del engaño del que habían sido víctimas, al poder evidenciar la inexistencia de Dios a lo largo de los siglos y en multitud de circunstancias.

Aunque Leunam acababa de confesar a su amigo Ahren que ya no podía continuar creyendo en un Dios todopoderoso, omnipresente, absolutamente bueno, misericordioso y resplandor y guía de unos iluminados que las religiones llaman profetas, quería tranquilizar su conciencia de los efectos hirientes originados por su definitiva conclusión sobre la existencia de Dios, visualizando sobre la panorámica que le permitía la Historia el destino del pueblo ruso, donde más de cien millones de habitantes vivían en las postrimerías del siglo xix en un aciago estado de indigencia o esclavitud, subyugados por unas minorías protegidas y justificadas durante varios siglos por la iglesia cristiana ortodoxa de Rusia.

Revolución rusa

Los diferentes sucesos revolucionarios que provocaron el derrocamiento del régimen autocrático zarista empezaron con el precedente de la Revolución del año 1905. Años más tarde, se produjeron las revoluciones de los meses de febrero y de octubre del año 1917, dando origen a un nuevo Estado.

Revolución del año 1905

A finales del año 1904, la situación económica y política existente en Rusia se vio agravada a principios del año 1905 tras la derrota rusa ante Japón en la guerra que mantenían ambos países. El alza de los precios en general y la carestía de los productos básicos, en particular, provocaron un alto grado de malestar en la población rusa, que respondió con varias convocatorias de manifestaciones y huelgas en Moscú, San Petersburgo y otras grandes ciudades, creándose un clima prerrevolucionario acompañado de actos terroristas que tensaron aún más la grave situación que se vivía.

A finales del mes de enero de 1905, se convocó una manifestación en San Petersburgo, cuyo final del recorrido era el Palacio de Invierno del zar Nicolás II, para pedir aumentos salariales, mejoras de las condiciones de trabajo y la convocatoria de una Asamblea Constituyente.

Esa manifestación fue duramente reprimida por la guardia real, que estaba integrada por cosacos, los cuales se ensañaron con los manifestantes, provocando más de mil muertos y cinco mil heridos. Ese día es conocido con el nombre de Domingo Rojo o Sangriento.

El sangriento hecho provocó una generalización de protestas y huelgas por todo el país, en las que participaban la burguesía, los obreros y los campesinos, llegando a formarse los Soviets, los primeros órganos de poder independiente de la tutela del Estado.

En esos primeros años del siglo XX, ya existía en Rusia una oposición clandestina al régimen zarista, organizada por diferentes partidos políticos que con el paso del tiempo se irían multiplicando; aunque en el año 1905 cabe destacar los siguientes:

- **Partido Constitucional Demócrata (KADET)**: de ideología liberal, formado por terratenientes, técnicos y miembros de profesiones liberales. Este partido defendía las libertades públicas, un régimen parlamentario, la redacción de una nueva constitución y la concesión de un cierto grado de autonomía a las nacionalidades.
- **Partido Obrero Socialdemócrata Ruso (POSDR)**: de ideología marxista y militancia proletaria. Desde su formación existían dos tendencias irreconciliables que terminaron separándose. Una mayoritaria que estaba constituida por los llamados bolcheviques, liderados por Lenin, y los mencheviques, liderados por Martov y Plejánov. Los bolcheviques querían la revolución sin tregua hasta que el proletariado alcanzara el poder y un reducido partido encargado de dirigirla. Mientras que los mencheviques

consideraban que antes de iniciar una revolución socialista, era necesario un período de gobierno de la burguesía.

- **Partido Social-Revolucionario**: basado en la comunidad campesina y en su fundamental método de acción, que era el terrorismo.

Pasados unos meses y ante la presión popular, el zar hizo algunas concesiones, tales como nombrar a un primer ministro liberal, prometer una mayor libertad de expresión, crear una Duma o Asamblea Legislativa y ampliar el derecho al voto. Sin embargo, una parte de la oposición al régimen, concretamente los bolcheviques, no estaban de acuerdo en participar en las elecciones para un Parlamento o Asamblea Legislativa sin auténtico poder; mientras que los sectores más moderados aceptaban la nueva situación y proponían una democracia a la imagen de algunas de las existentes en Occidente.

A finales del mes de noviembre, y a la vista de que las fuerzas opositoras no se ponían de acuerdo para materializar las nuevas promesas del zar y, además, como sus divergencias originaban más desorden social, el gobierno autócrata inició una fuerte represión en la que también participó el ejército, terminando en la cárcel los principales líderes de las revueltas y regresando el Estado plurinacional a sus métodos autocráticos.

Revolución de Febrero

La Revolución de Febrero tiene su origen en las sucesivas derrotas rusas que se estaban sufriendo en la Primera Guerra

Mundial, a causa de la mala alimentación de las tropas reclutadas contra su voluntad, deficientemente equipadas y dirigidas por unos oficiales incompetentes que eran los responsables máximos de los millones de soldados muertos y heridos en el frente de guerra. Los alimentos escaseaban, las fábricas no producían todo el material bélico necesario y la red ferroviaria tampoco podía responder a las exigencias de la guerra.

La guerra provocó una grave carencia alimentaria o hambruna en la población rusa, que respondió esta con revueltas de protesta, a las que también se unieron los regimientos de la guarnición de Petrogrado, culminando con la abdicación del zar Nicolás II el 2 de marzo de 1917 y con la constitución de un gobierno provisional presidido por el príncipe liberal progresista Giorgi Lvov y el menchevique Kerenski como ministro de guerra y justicia, que más adelante se convirtió en el segundo primer ministro del referido gobierno.

También se produjeron las primeras elecciones para la constitución de los soviets o consejos de los obreros, campesinos, soldados y marineros, originándose una gran politización de todos los ciudadanos, ya que en pocos días estos consejos se extendieron por todo el país.

El primer episodio de la gran Revolución Rusa que puso fin al zarismo fue recibido por la población con mucha alegría y entusiasmo, provocando una gran exaltación de las gentes que integraban todos los estratos sociales y unos grandes deseos de hablar y exponer sus propias ideas, al sentirse liberados de un régimen opresor cuya caída fue rápida e inesperada y con apenas un centenar de pérdidas de vidas humanas, correspondientes casi en su totalidad a los manifestantes.

Los soviets surgidos de la voluntad popular manifestaban, en los primeros meses de su formación, una cierta timidez en su actuación, ya que no se atrevieron a exigir cambios inmediatos al gobierno provisional, a pesar de que este continuaba sin realizar reformas y seguía comprometido con la guerra iniciada en 1914, o sea, la llamada Gran Guerra.

El nuevo gobierno provisional presidido por el príncipe Lvov se había marcado como objetivo fundamental hacer de Rusia un país democrático al estilo occidental. Estaba compuesto por liberales burgueses y socialistas moderados o mencheviques que representaban a un sector de la clase obrera que controlaba el soviet de Petrogrado o San Petersburgo.

Al final, este gobierno fracasó porque decidió continuar participando en la guerra, no realizó las reformas necesarias por cobardía al quedar desbordado por los sectores más radicales y, fundamentalmente, por la fuerte presión de los soviets, que querían una clase de sociedad diferente a la burguesa.

Los soviets eran asociaciones convertidas en órganos de gobierno donde los trabajadores, en general, se reunían para deliberar y tomar decisiones sobre hechos o situaciones concretas de la sociedad, pretendiendo ejercer un poder autónomo frente a una posible contrarrevolución ejercida por el gobierno provisional. Los soviets constituidos en todas las ciudades y pueblos rusos tomaron como primera decisión la destitución de todas las autoridades que representaban al gobierno zarista abolido.

Los acuerdos tomados por el soviet de Petrogrado disponían firmar la paz de manera inmediata en la Gran Guerra, otorgar la propiedad de la tierra a los campesinos, establecer una jornada laboral de ocho horas y proclamar una república democrática.

Referente al ejército, el acuerdo del soviet fue prohibir el trato humillante que los oficiales daban a los soldados y establecer los derechos de reunión, petición y prensa.

Ninguno de estos acuerdos era asumido por el gobierno liberal, ya que ni había firmado la paz ni revisado la propiedad de la tierra, ni modificado las ordenanzas militares, ni tampoco había cambiado la jornada laboral. En cambio, había proclamado la libertad de prensa y de reunión, abolido la pena de muerte, ordenado la excarcelación de la mayoría de los reclusos que poblaban las prisiones, erradicado el antisemitismo de Estado y permitido el retorno de todos los exiliados por cualquier motivo, incluido Lenin, que se encontraba exiliado en Viena.

El gobierno provisional también otorgó independencia a la iglesia ortodoxa rusa, que había permanecido tutelada desde los tiempos del zar Pedro I el Grande, pudiendo restablecer a mediados de 1917 el Patriarcado de Moscú.

El gobierno provisional, una mayoría de los dirigentes de los soviets y también de los partidos políticos, acordaron que correspondía a la futura Asamblea Constituyente, elegida por sufragio universal, decidir sobre la propiedad de la tierra y sobre los componentes de la estructura del sistema estatal y social.

Como el gobierno continuaba con la guerra, los más de catorce millones de ciudadanos rusos militarizados o combatientes tenían grandes dificultades para poder participar en las votaciones y, por consiguiente, la celebración de las elecciones se aplazó sin fijar un plazo determinado. Además, el gobierno no realizaba ninguna de las reformas que les exigían los soviets y los partidos políticos, ni proclamaba oficialmente la república.

A pesar de todo, los soviets continuaron prestando un apoyo moderado al gobierno provisional y dejaron de exigir las reformas más radicales a cambio de que la presidencia la ejerciera Aleksandr Kerenski, un socialista revolucionario moderado, vicepresidente del soviet de Petrogrado y ministro de justicia y de la guerra del gobierno que presidía Giorgi Lvov.

Pero este cambio no calmó a las masas proletarias que ansiaban hechos reales que colmaran sus aspiraciones revolucionarias, viéndose obligados muchos soviets y los partidos más extremistas a ocupar el liderazgo de los diversos grupos revolucionarios, o en caso contrario, incurrir en la misma pérdida de popularidad o descrédito que el gobierno provisional.

Uno de los lemas más repetidos en las múltiples pancartas que portaban los manifestantes y huelguistas proletarios en sus protestas o manifestaciones era: «Paz, pan y tierra».

El gobierno provisional presidido por Aleksandr Kerenski tampoco fue capaz de solucionar ninguno de los graves problemas que tenía el país, al ser sometido a una presión constante y a un permanente acoso por parte de los partidos de la derecha, de la mayoría de los soviets y de los partidos de la izquierda más radical, dominada mayoritariamente por los bolcheviques.

El 3 de abril de 1917 llegó Lenin a Petrogrado procedente de Viena, donde se encontraba exiliado desde hacía varios años, y publicó sus célebres Tesis de Abril, en las cuales rechazaba al gobierno provisional y a la decisión de continuar en la Gran Guerra. Demandaba todo el poder para los soviets, la confiscación de la tierra y su posterior redistribución entre los campesinos, el control obrero de las fábricas y la transición inmediata a una república de los soviets. Este hecho fue, al principio, rechazado por parte de la dirección bolchevique más moderada, e incluso se intentó difuminar a través del periódico Pravda, dirigido por Stalin y Molotov; aunque al final se impuso la tesis de Lenin, que terminó fortaleciendo la posición de los bolcheviques y radicalizando la escena política.

La radicalización de toda la sociedad rusa originó una grave situación política, social y militar, que el presidente Kerenski intentó solucionar nombrando al general Lavr Kornilov comandante-jefe del ejército ruso para que restableciera en la milicia la disciplina y la organización que habían sido modificadas con el inicio de la revolución; aunque no ostentó el cargo mucho tiempo, ya que fue destituido al perder la confianza de Kerenski.

El general Lavr Kornilov, después de ser destituido, organizó a finales de agosto de 1917 un golpe de Estado, marchando con sus tropas hacia Petrogrado con el objetivo de aplastar los soviets y todas las organizaciones obreras; pero miles de obreros y ferroviarios, dirigidos por los bolcheviques, hicieron fracasar el levantamiento militar, siendo detenido y encarcelado el jefe militar. Sin embargo, no tuvo que pasar mucho tiempo para que el prestigioso general de origen cosaco escapara de la prisión y se refugiara en Ucrania. En la guerra civil rusa volvería a reaparecer frente al ejército blanco, donde moriría en una de las batallas.

El intento del golpe de Estado acentuó más la transformación radical y belicista que estaba sufriendo el pueblo ruso, ya que las masas obreras se armaron, los bolcheviques se rearmaron y salieron de su estado semiclandestino, y los presos políticos de los últimos acontecimientos, incluido Trotski, salieron de las prisiones.

Revolución de Octubre

Lenin y Trotski, en octubre de 1917, decidieron que había llegado el momento de terminar con la caótica situación que se vivía en Rusia. Consideraban que era el momento oportuno y adecuado para actuar, ya que los bolcheviques y las masas revolucionarias estaban cansados de esperar los frutos prometidos por la Revolución. Además, el gran desprestigio y la soledad del gobierno provisional lo reducían a la más absoluta incapacidad.

El 10 de octubre, después de intensos debates en el Comité Central del partido bolchevique, se decidió prepararse para la insurrección armada. Unos días después, el soviet de Petrogrado creó un Comité Militar Revolucionario presidido por León Trotski, que era el presidente del soviet. Este comité estaba integrado por obreros armados, soldados y marineros, teniendo como misión fundamental anular o apoyar la acción de la guarnición militar de la ciudad, según fuera su comportamiento frente a la revolución. Además, debía organizar de forma metódica la toma de los centros de poder y los puntos estratégicos diseminados por toda la urbe. Estos preparativos eran conocidos por todos los componentes del gobierno provisional, ya que se publicaron en los periódicos afines a las fuerzas revolucionarias que los estaban organizando, pero la impotencia del gobierno o el deseo de que el enfrentamiento terminara con la caótica situación hicieron que el presidente Kerenski permaneciera pasivo frente a los graves acontecimientos que apoderaban al pueblo ruso.

En las primeras horas del 25 de octubre, los bolcheviques pasaron a la acción, ocupando los puntos estratégicos de Petrogrado sin apenas resistencia, por lo que estos primeros sucesos no causaron ni una decena de muertos y muy pocos heridos. La guardia roja bolchevique se hizo con el control de los puentes, de las estaciones, de la central de comunicaciones, del banco central y del Palacio de Invierno del zar.

De todas las tropas militares acuarteladas en Petrogrado, solo algunos batallones de cadetes ofrecieron resistencia, ya que la inmensa mayoría de las guarniciones estaban a favor de la revolución o se declararon neutrales.

Los servicios públicos continuaron funcionando con normalidad, los diferentes comercios abrieron sus puertas y los centros de ocio mantuvieron sus actividades diarias. En definitiva, la puesta en marcha de la revolución más importante del siglo XX, que transformaría por completo a la sociedad rusa, se había iniciado sin ser muy considerada por una mayoría de la población, que empezaba a sentirse hastiada por la inoperancia del gobierno y de los dirigentes políticos.

En la apertura del congreso de los soviets, o asambleas de obreros, campesinos y soldados, León Trotski anunció oficialmente la disolución del gobierno provisional que presidía Kerenski. De los 562 delegados que acudieron a dicho congreso, 382 eran bolcheviques, 70 pertenecían a los mencheviques, al partido socialista revolucionario y el resto a otras formaciones políticas. Medio centenar de delegados, entre los que se encontraban mencheviques y socialistas revolucionarios, abandonaron el congreso por considerar que Lenin y los bolcheviques habían tomado el poder de forma ilegal. Estos delegados y algunos compañeros más fueron expulsados en el segundo congreso por ser considerados contrarrevolucionarios.

Como base de un nuevo gobierno, hasta la celebración de una Asamblea Constituyente, los soviets aprobaron la formación de un Consejo de Comisarios del Pueblo, integrado únicamente por bolcheviques, justificado por Lenin, que acababa de volver del exilio a Petrogrado, al decir que habían invitado a todo el mundo a participar en el nuevo Consejo, pero que los demás revolucionarios se habían autoexcluido voluntariamente.

Tanto Lenin como Trotski aspiraban a que la victoria de la Revolución rusa sirviera de guía y ejemplo a todas las revoluciones obreras del mundo, especialmente las que debían producirse en los países industrializados de Europa.

Vladimir Ilich Uliánov, o simplemente Lenin, fue elegido presidente del Consejo de Comisarios del Pueblo y, a partir de ese momento, comenzó a actuar con funciones similares a las de un primer ministro de gobierno, dando respuesta a las reivindicaciones de la mayoría del pueblo ruso, especialmente a los campesinos explotados, a los obreros con sueldos de miseria y a los miles de soldados sin trabajo.

Esta respuesta se materializó mediante varios decretos a las pocas horas de haber sido elegido presidente y sentaba las bases del nuevo régimen socialista que acababa de nacer. Entre los contenidos más importantes de algunos decretos, se pueden relacionar los siguientes:

- Las grandes propiedades territoriales de los terratenientes quedaron abolidas de forma inmediata y sin ninguna indemnización. Se concedió a los soviets de campesinos la libertad de socializar la tierra o repartirla entre los campesinos pobres.
- La producción de las fábricas sería organizada y controlada por los obreros, aunque los dueños de estas continuarían manteniendo su propiedad.

- El nuevo gobierno estaría integrado por obreros y campesinos. Además, se crearía una milicia obrera encargada de salvaguardar el orden y los logros de la Revolución.
- A pesar de que Lenin consideraba que la vigencia de la pena de muerte debía mantenerse, finalmente el nuevo gobierno aprobó su abolición.
- Se nacionalizaron los bancos, las grandes empresas, los ferrocarriles y los transportes marítimos.
- Se puso fin a las acciones bélicas en la Primera Guerra Mundial con el objetivo de lograr una paz justa y democrática inmediata, sin anexiones y sin indemnizaciones.
- Se estableció un control de imprenta y de todos los medios de comunicación.

Aparte de estas reformas, que la mayoría de la sociedad rusa ansiaba hacía mucho tiempo, se podrían enumerar todavía una veintena más, y todas ellas fueron decretadas en las primeras horas de actuación del nuevo gobierno, mientras que el Gobierno Provisional fue incapaz de realizar una sola en sus ocho meses de mandato.

La Revolución de Rusia asombró y asustó a los países capitalistas occidentales y, por estas razones, Francia e Inglaterra se apresuraron a apoyar al ejército blanco, comandado por ilustres generales zaristas, para que se rebelaran contra el nuevo régimen y así evitar la expansión del socialismo que pudiera poner en peligro a los regímenes capitalistas de Occidente. Los grandes perjudicados del nuevo régimen, es decir, la burguesía industrial y los terratenientes, también apoyaban al ejército blanco, que más adelante intervendría en la guerra civil frente al ejército rojo, compuesto por más de tres millones de soldados.

A medida que pasaba el tiempo, se multiplicaron los detractores del nuevo régimen, que consideraban que la Revolución de Octubre había sido un golpe impuesto por la violencia en una sociedad pasiva, resultado de una hábil conspiración tramada por un reducido grupo de fanáticos disciplinados y cínicos. Aquellos que opinaban así eran considerados por los bolcheviques, gestores del nuevo régimen, unos saboteadores o contrarrevolucionarios, apuntando directamente a los militantes de los partidos liberales, a los social-revolucionarios de derechas, a muchos periodistas, a los huelguistas, etc.

Con el objetivo de contrarrestar o eliminar a los contrarrevolucionarios en general, el 20 de diciembre de 1917, el nuevo gobierno revolucionario presidido por Lenin y Trotski, como vicepresidente, creó la Comisión Extraordinaria de la Lucha contra el Sabotaje y la Contrarrevolución, conocida popularmente como Checa. Esta fue concebida como un instrumento provisional de represión e independiente de la justicia, pues sus acciones carecían de base legal y judicial, ya que el decreto fundacional no fue publicado oficialmente hasta después de la muerte de Lenin.

La Checa fue dirigida por un comité de cinco miembros, de los cuales tres eran bolcheviques y dos socialistas revolucionarios de la comunidad campesina. Esta terrorífica organización, que actuaba fuera de la ley pero estaba protegida por todos los dirigentes e instituciones del nuevo gobierno, no dejó de hacer llamados a través de los diferentes medios de comunicación para que se crearan Checas en todas las poblaciones, al mismo tiempo que exhortaba a los ciudadanos revolucionarios a delatar a todos aquellos que actuarán contra la Revolución o simplemente se mostraran indiferentes a la situación que estaban viviendo.

El total de policías o elementos al servicio de las ilegales Checas, o siniestras organizaciones de tortura y muerte, llegó a superar en sus primeros meses de funcionamiento a la totalidad de la policía política del régimen zarista. En realidad, el régimen bolchevique avaló, con la creación de las Checas y sus procedimientos secretos, el inicio de un exterminio social que más adelante intensificarían con total impunidad.

También en diciembre de 1917 fue elegida la Asamblea Constituyente, que ya era reclamada por todos los partidos revolucionarios desde el siglo XIX.

Los resultados no fueron muy favorables para los bolcheviques, ya que solo obtuvieron un 25 % del total de los votos, aunque tenían una fuerte implantación en las ciudades más importantes. Sin embargo, a pesar de esto, seguían siendo un partido político minoritario con solo 175 de los 707 diputados que integraban la Asamblea Constituyente.

El resultado de esas elecciones dejaba claro que la población rusa, de forma mayoritaria, no quería un gobierno afín a la Revolución de Febrero ni tampoco con los bolcheviques, promotores y autores de la Revolución de Octubre.

Para presidir la Asamblea Constituyente se presentaron Viktor Chernov, que era el líder del partido socialista-revolucionario representante del campesinado, y María Spiridónova, icono revolucionario y símbolo del partido social-revolucionario de izquierda, que además contaba con el apoyo de los bolcheviques. Resultó elegido presidente Viktor Chernov, con un total de 246 votos frente a los 151 obtenidos por María Spiridónova.

La Asamblea Constituyente fue disuelta el 19 de enero de 1918 por la Guardia Roja, justo después de celebrar su primera reunión. La mayoría de la población rusa permaneció indiferente ante la brutal acción de fuerza del gobierno bolchevique contra la soberana y máxima institución, integrada por los representantes del pueblo elegidos democráticamente. Solo unas veinte personas se atrevieron a manifestarse en contra de la disolución de la Asamblea Constituyente, pero todas ellas fueron abatidas a tiros por la Guardia Roja de Lenin y de Trotski.

Al disolver la Asamblea Constituyente, los bolcheviques despreciaron una vez más la democracia, creando a su alrededor una horrible soledad que originaría una terrible guerra civil y un futuro abominable. León Trotski, vicepresidente del gobierno bolchevique, creó a finales de febrero de 1918 el Ejército Rojo, que estaba integrado por más de tres millones de soldados voluntarios o reclutados fundamentalmente entre las masas campesinas, ya que restableció el servicio militar e impuso una férrea disciplina. Tampoco vaciló en reeducar a más de quince mil antiguos oficiales zaristas que aceptaron servir al nuevo régimen, aunque sus familias respondían de su lealtad en virtud de la ley de rehenes, además de que estaban vigilados constantemente por comisarios políticos.

El 9 de julio de 1918, el V Congreso de los Soviets proclamó la constitución de la República Soviética de Rusia. A partir de 1922, pasaría a denominarse Unión de Repúblicas Socialistas Soviéticas (URSS). Lenin y un reducido grupo de dirigentes del Politburó, órgano directivo y de gobierno del partido bolchevique, decidieron en secreto la ejecución sumaria de la familia imperial al completo, en contra de Trotski, quien deseaba un juicio público. Esta ejecución del zar Nicolás II, de su familia y de su reducido séquito se perpetró la noche del 17 al 18 de julio de

1918 en la ciudad de Ekaterimburgo, en los Urales, considerada la puerta de Asia y la capital de la mafia.

La Checa y el aparato policial bolchevique, en general, que estaban dotados de grandes poderes arbitrarios, experimentaron un desmedido aumento en toda clase de medios económicos, físicos y humanos. Estos grandes desvelos por parte del régimen se correspondían con los integrantes de los siniestros organismos, que llevaron a cabo millares de detenciones, fusilamientos en masa, redadas e internamientos en campos de reclusión, prácticas que se convirtieron en comunes y fueron aumentadas durante la guerra civil, además de ser precursoras del futuro e inmenso gulag estalinista.

La guerra civil

En los primeros días de septiembre de 1918, a consecuencia de los atentados que acabaron con la vida del jefe de la Checa de Petrogrado e hirieron gravemente a Lenin en Moscú, la Checa puso en marcha el denominado «terror rojo», donde miles de presos y sospechosos fueron asesinados en todos los rincones de Rusia donde imperaba el poder de los bolcheviques. Con estas criminales acciones se inició la Guerra Civil entre los bolcheviques y el resto de fuerzas políticas, militares y sociales de la sociedad rusa.

En la guerra civil rusa se enfrentaron fundamentalmente tres ejércitos: el Ejército Rojo, el Ejército Blanco y el Ejército Verde. El recién creado Ejército Rojo no solo se enfrentó contra los ejércitos blancos, integrados por los zaristas o monárquicos, apoyados por los ejércitos extranjeros, sino que también luchó contra el llamado Ejército Verde, compuesto por campesinos que luchaban contra los dos ejércitos, por estar en contra del reclutamiento forzoso que practicaban las dos fuerzas militares, aparte de rechazar las requisas forzadas y la restitución de la tierra a los antiguos propietarios que querían los ejércitos blancos.

También tuvieron una participación muy heterogénea según las circunstancias del desarrollo de la guerra civil, las respectivas fuerzas militares y guerrilleras correspondientes a las distintas nacionalidades que integraban el Estado plurinacional ruso, que, desde finales de 1917 y animadas por el decreto de las nacionalidades, se habían separado de Rusia.

A finales de 1920, los ejércitos blancos fueron derrotados por el Ejército Rojo, y a mediados del siguiente año le tocó la derrota total al Ejército Verde. Posteriormente, se aplastaron literalmente las diferentes rebeliones campesinas, dando por terminada la guerra civil, después de tres años de detestables delaciones, crueles ajustes de cuentas y sangrientas batallas entre los ciudadanos rusos.

La Iglesia ortodoxa rusa estuvo desde un principio en oposición camaleónica a la Revolución, ejerciendo en muchas ocasiones de policía espiritual, ya que hubo popes o sacerdotes muy influyentes que actuaron de delatores, siendo responsables de muchas ejecuciones sumarias. Finalmente, tanto los acusadores como el resto de la comunidad religiosa sufrieron miles de detenciones, ejecuciones, robos y demoliciones de iglesias, con el objetivo de arrancar de raíz el inmenso poder de la Iglesia ortodoxa y, además, intentar eliminar las creencias religiosas del pueblo ruso.

El régimen comunista

Al finalizar la guerra civil en 1921, la situación general de la República Soviética de Rusia era caótica, y en particular la económica, a causa del comunismo de guerra que se había aplicado durante los tres años que duró la contienda. Lenin decidió volver de forma vigilada y provisional al capitalismo de mercado, decretando unas leyes que denominó la Nueva Política Económica (NEP), consiguiendo así mejorar la economía del país. Entre estas leyes transitorias y provisionales, cabe destacar algunos conceptos principales:

- Se suspendió la confiscación de granos, es decir, la obligación que tenían los campesinos de entregar al Estado todo el excedente de su producción agrícola.
- Se permitió a los campesinos la venta de todos los excedentes de su producción.
- Se permitió a todos los ciudadanos que quisieran la creación de pequeñas empresas, ya que las grandes continuaron dirigidas y administradas por el Estado.
- Se impuso un nuevo impuesto proporcional a la riqueza de cada campesino.

Esta liberalización económica permitió una rápida recuperación de la economía en general. Algunos campesinos, como los kulaks, que eran propietarios de grandes extensiones de tierra, empezaron a enriquecerse con tanta rapidez que algunos dirigentes comunistas, como Trotski, no estaban de acuerdo con la nueva política económica por asociarla al sistema capitalista, lo que originó una ralentización de la implantación del nuevo régimen comunista.

La guerra civil, en la que murieron más de siete millones de personas, provocó una profunda descomposición del Estado y de la sociedad rusa, que quedó arruinada y sumamente debilitada. Los bolcheviques, ganadores de la sangrienta contienda que deliberadamente habían provocado, procedieron a la reconstrucción del nuevo Estado bajo la autoridad del partido único, el bolchevique, que fue rebautizado con el nombre de Partido Comunista. Además, se prohibió la disidencia interna en el nuevo partido. A partir del final de la guerra civil, los comunistas disfrutaron de un poder absoluto, porque no tenían rivales ni enemigos que les disputaran cualquier parcela del mismo, ya que todos habían sido eliminados o estaban encarcelados.

En la práctica, se concibió un nuevo Estado policial en torno a la Checa, todo ello en detrimento de los sueños de las revoluciones de febrero y de octubre, que habían censurado toda autoridad y visto reafirmarse la autonomía de una sociedad civil que, en el tiempo venidero, iba a ser duramente maltratada, humillada y nuevamente sometida a un poder férreo y absoluto.

Lenin se vio obligado a abandonar el poder en 1922 a causa de un ataque de apoplejía o hemorragia cerebral que lo dejó en grave estado hasta el día de su muerte, que ocurrió el 21 de enero de 1924. Aún en grave estado, tuvo la fuerza de dictar varios escritos, entre ellos su llamado testamento político, en el que expresaba su preferencia por Trotski y su preocupación ante la lucha por el poder que mantenían fundamentalmente Trotski y Stalin en el seno del partido, ya que consideraba a Stalin un hombre de carácter intolerante, cruel y violento, y creía que el partido necesitaba a un dirigente leal, afable y atento.

A partir de la muerte de Lenin, se inició abiertamente una fuerte lucha por el máximo poder entre Trotski, Stalin y Zinoviev, quienes formaban el triunvirato que sustituyó a Lenin cuando abandonó el poder hasta la elección del nuevo presidente. Finalmente, Stalin se impuso a Trotski, porque se alió con Zinoviev y Kamenev, gracias a la información y el control que tenía del aparato del partido; fue elegido Secretario General del Comité Central del Partido Comunista de la Unión Soviética desde 1922 hasta su muerte en 1953.

Después de la muerte de Lenin, lo esencial para Stalin era satisfacer su ilimitada ambición de poder. Primero, eliminó a Trotski enviándolo al exilio en 1929 y, unos años más tarde, concretamente en 1940, mandó asesinarlo cuando se encontraba exiliado en México. En 1936, mandó ejecutar a Zinoviev y Kamenev, que eran los máximos dirigentes del ala izquierda del Partido Comunista, e hizo lo mismo en 1938 con Bujarin y Rikov, que representaban la facción derecha.

Stalin implantó en la Unión Soviética un régimen dictatorial, personal, tiránico y cruel desde los años treinta hasta su muerte en 1953. Aunque hay que atribuirle el desarrollo del proyecto socioeconómico comunista, la propagación del modelo a otros países y la transformación de la Unión de Repúblicas Socialistas Soviéticas (URSS) en una gran potencia.

La Nueva Política Económica (NEP) aprobada por Lenin después de la guerra civil fue reemplazada por Stalin en 1928 por una economía planificada muy centralizada y estratificada en planes quinquenales, que originaron una acelerada industrialización del país y una inmensa colectivización económica agrícola, provocando un cambio extraordinario en la sociedad rusa, que pasó de ser mayoritariamente agrícola a convertirse en una gran potencia industrial, situando su economía como la segunda del mundo tras la Segunda Guerra Mundial.

Como consecuencia de la tiranía y crueldad del nuevo régimen estalinista, millones de personas fueron detenidas, juzgadas y ejecutadas o encerradas en los campos de trabajos forzados en el gulag de Siberia. Otros muchos millones de seres humanos fueron deportados a zonas despobladas y remotas del inhóspito norte de la Unión Soviética, aumentando los campos de reclusión del citado gulag, donde una inmensa mayoría trabajó forzada y vigilada por unos violentos y sangrientos guardianes, hasta su extenuación extrema o muerte. A partir de 1935, se calcula que el número de personas condenadas a trabajos forzados en los múltiples campos del gulag repartidos en todo el norte de la Unión Soviética era aproximadamente de diez millones.

La cruel y brutal represión del régimen comunista originó grandes revueltas campesinas que provocaron una drástica reducción de la producción de alimentos, lo que contribuyó a la catastrófica y mortífera hambruna que padeció la población rusa durante los años 1932 y 1933.

Stalin, en 1937, emprendió una tiránica e infame campaña contra supuestos enemigos de su gobierno, que terminó en una etapa conocida como la Gran Purga, donde el grado de represión fue tan brutal y sangriento que millones de personas fueron ejecutadas y otras tantas enviadas a los mortíferos campos siberianos de trabajos forzados. En esa detestable acción de represión comunista fueron condenados y ejecutados muchos líderes del Ejército Rojo, bajo la hipotética acusación de participar en conspiraciones para derrocar al gobierno estalinista.

Los ministros de Asuntos Exteriores de la Unión Soviética y de la Alemania nazi firmaron el 23 de agosto de 1939 en Moscú un tratado de no agresión entre el Tercer Reich y la Unión de Repúblicas Socialistas Soviéticas (URSS). El referido tratado contenía un protocolo adicional secreto donde se especificaba la división de Europa oriental y central en dos zonas: una de influencia soviética y otra alemana. Además, se fijaban las directrices para el reparto de Polonia entre ambos Estados y, por último, el citado tratado también concedía a Stalin vía libre para poder intervenir militarmente en Finlandia y en los países bálticos.

El 1 de septiembre de 1939 se iniciaba la Segunda Guerra Mundial con la invasión alemana de Polonia, convirtiéndose en la mayor contienda bélica y mortífera de la historia, ya que se movilizaron en todo el mundo más de cien millones de militares y superó los sesenta millones de víctimas, siendo la mayoría civiles.

La invasión alemana de Polonia provocó la inmediata declaración de guerra al Tercer Reich por parte de Gran Bretaña, Francia, Australia, Nueva Zelanda, y, días más tarde, también lo hicieron Canadá, Terranova, Nepal, Sudáfrica y Tonga. Completándose la relación de contendientes a finales de 1941, cuando los Estados Unidos de América se unieron a los Aliados tras el ataque a Pearl Harbor perpetrado por la marina imperial japonesa.

La parte de Polonia que le había correspondido a la Unión de Repúblicas Socialistas Soviéticas, de acuerdo con el pacto germano-soviético, fue ocupada por la URSS a mediados de septiembre. A continuación, fue atacada Finlandia y, al año siguiente, procedió a la anexión de Estonia, Letonia y Lituania, es decir, los países bálticos, completando el referido pacto con grandes extensiones de Rumania.

El tratado de no agresión germano-soviético quedó invalidado el 22 de junio de 1941, cuando los ejércitos alemanes invadieron la Unión de Repúblicas Socialistas Soviéticas.

La guerra en Europa terminó el 8 de mayo de 1945, cuando las tropas soviéticas conquistaron Berlín, provocando la rendición incondicional de Alemania.

El final de la guerra en Asia se produjo unos meses más tarde que en Europa, concretamente el 15 de agosto, cuando el imperio de Japón aceptó la rendición incondicional tras el bombardeo atómico sobre Hiroshima y Nagasaki, ordenado por Harry Truman, presidente de los Estados Unidos de América.

Al finalizar la Segunda Guerra Mundial, Stalin fue considerado el gran líder que había conducido al pueblo soviético a la victoria en su lucha contra la Alemania nacionalsocialista de Adolf Hitler. Este liderazgo le permitió negociar con los Estados aliados —Estados Unidos y Gran Bretaña— el orden internacional de la posguerra en las conferencias de Yalta y Potsdam celebradas en el año 1945, obteniendo el reconocimiento de la Unión de Repúblicas Socialistas Soviéticas (URSS) como gran potencia; además de conseguir el derecho a veto en la Organización de Naciones Unidas (ONU). Los aliados tuvieron que aceptar la influencia soviética en Europa central y occidental, donde Stalin estableció un conjunto periférico de repúblicas populares que eran satélites de la URSS.

Stalin mantuvo la inercia de la guerra, resistiéndose a licenciar a los militares que integraban el ejército soviético hasta que la URSS dispusiera de armas atómicas, hecho que no ocurrió hasta el año 1953.

No tardó mucho tiempo en surgir un enfrentamiento ideológico entre los bloques occidental-capitalista, liderado por los Estados Unidos, y el oriental-comunista, liderado por la Unión de Repúblicas Socialistas Soviéticas, a causa de los impulsos que empezó a proporcionar Stalin para extender el comunismo en aquellos países en los que existieran movimientos revolucionarios autóctonos, como Turquía, España, Francia, Grecia, China, Corea, Camboya, etc.

El desacuerdo y resistencia de los Estados Unidos de América a los objetivos de Stalin dio lugar a la llamada Guerra fría, que propició unas tensas relaciones bipolares a escala mundial desde el final de la Segunda Guerra Mundial hasta el fin de la URSS, ocasionado por los sucesos de la caída del muro de Berlín en el año 1989 y el golpe de Estado del año 1991.

En el año 1950, cuando Stalin contaba con 70 años, su médico personal, Vladimir Vinogradov, le diagnosticó una hipertensión aguda y le propuso un tratamiento a base de pastillas e inyecciones, al mismo tiempo que le recomendó una reducción de sus actividades de gobierno para poder recuperar su desmejorada salud y vitalidad, pero Stalin se negó a todo lo propuesto por su médico y, además, lo despidió.

Aunque existen dos o más versiones sobre la muerte de Iósif Vissariónovich Stalin, lo cierto es que el día 5 de marzo de 1953, y después de dos días de una lenta y terrible agonía provocada posiblemente por el veneno que le suministró el genial y diabólico Laurenti Paulovich Beria, moría oficialmente a causa de una apoplejía o ataque cerebral causado por su hipertensión o alta presión sanguínea.

Leunam y su amigo Yuri se encuentran en un apartado y tranquilo mirador del parque natural que rodea la ciudad donde tienen la suerte de vivir, para conversar sobre las terribles consecuencias de la doctrina marxista llevada a la práctica por unos líderes políticos psicópatas, esquizofrénicos, cínicos, crueles y sanguinarios, que no tuvieron ningún escrúpulo en alterarla y ajustarla a su libre albedrío, llevando a cabo métodos inhumanos que ni Marx, ni Engels, ni otros intelectuales y pensadores honrados y honestos hubieran imaginado que algún día pudieran existir líderes políticos capaces de emplear una crueldad desmedida en sus prácticas de gobierno, basadas en una pretendida ideología marxista violada; y mucho menos, el establecimiento de un Estado de terror y exterminio de los disidentes como método de implantación de una traicionada ideología socialista que crearon unos grandes pensadores para dar solución a la injusta y abominable explotación esclavista a la que estaba siendo sometida la población rusa desde hacía más de ocho siglos y, también a la esclavitud generada por la Revolución Industrial que afectaba a una inmensa mayoría de la población infantil y adulta de los países inmersos en la misma, y, por supuesto, a las demás prácticas esclavistas ejercidas en todo el mundo.

Leunam y Yuri, al reflexionar sobre los trágicos acontecimientos acaecidos durante el siglo XX, se han preguntado cómo podrán justificar los que creen en la existencia de Dios acciones tan crueles y violentas, donde perdieron la vida más de cien millones de seres humanos en contiendas sangrientas provocadas por la soberbia o esquizofrenia de unos pocos hombres considerados hijos de Dios, por la iglesia cristiana, católica y apostólica, ya que desde su tierna infancia estuvieron protegidos y asistidos por la gracia espiritual concedida por medio del Espíritu Santo a través del sacramento cristiano y católico del Bautismo.

Después de estas reflexiones y algunas más, los dos amigos se han acomodado en el extraordinario mirador, donde piensan permanecer disfrutando del espléndido paisaje que tienen a su alcance, mientras mantienen una larga conversación sobre algunos aspectos del comunismo y de los esquizofrénicos y crueles directores de la trágica y larga obra vivida durante el siglo xx, con ramificaciones esperpénticas adentradas en el siglo xxi, tan crueles y sanguinarias como las originales.

Finalmente, Leunam, que hacía bastante tiempo que no mantenía una tranquila y larga conversación con su amigo Yuri, ha iniciado la de hoy con una pregunta muy directa y que muchas veces no se aborda entre amigos o amistades más o menos sinceras por considerarlas cuestiones muy personales. No es el caso entre Leunam y Yuri, ya que consideran que las personas inteligentes se han de nutrir de la sabiduría y de los responsables razonamientos de los demás, para ser menos ignorantes y, sobre todo, despojarse de ropajes sectarios, bien sean de carácter religioso, político o social.

—Yuri, hace mucho tiempo que no hablamos de nuestra fe, de nuestras prácticas religiosas, de los curas, de los popes, de los imanes, de los rabinos, de la iglesia católica, de las mezquitas, de las sinagogas y, por supuesto, de Dios. Por eso, hoy me gustaría preguntarte si todavía continúas creyendo en Dios, teniendo en cuenta solo el dantesco siglo xx, donde más de 100 millones de personas perdieron la vida en la guerra, en los gulags, en el holocausto nazi, campos o fábricas de la muerte y otras actividades criminales, todo ello a manos de algo menos de una decena de tiranos esquizofrénicos, pero en definitiva, hijos de Dios.

—Leunam, si siguiera creyendo en Dios tendría que negar la realidad. Para hacer una negación de las grandes tragedias ocurridas en el siglo XX es necesario estar completamente loco, porque, si se conserva alguna de nuestras facultades mentales en buen estado que nos permita razonar, aunque sea un poco, jamás se puede creer en la existencia de una suprema deidad, como el Dios al que adoran y rinden culto las religiones monoteístas y otras creencias religiosas, por ser considerado omnipotente, omnipresente, principio y fin de todas las cosas. Es decir, todo lo que ocurre en el mundo lo tiene presente; nada sucede sin su consentimiento; es un ser misericordioso, protector y salvador de su excelsa obra, o sea, de la creación del Universo.

—Estoy totalmente de acuerdo contigo —contestó Leunam—. Yo creo que los hechiceros de las tribus, los esquizofrénicos embajadores de supuestas deidades en la Tierra, los creadores de doctrinas religiosas y los filósofos de la Teología deberían haber sido menos soberbios, algo más respetuosos con los fieles en potencia y escuchar mejor al Espíritu Santo, si es verdad lo que predican, porque resulta inadmisible para gentes que su mente no haya sufrido alguna alteración o trastorno psíquico originado por la imposición de doctrinas dogmáticas, poder creer en la intervención de un Dios que dicta a sus embajadores unas doctrinas o religiones dogmatizadas, plagadas de amenazas si no se cumplen sus preceptos, que además solo sirven para que los seres supremos de su Creación, o sea, los llamados hijos de Dios, se aniquilen y despedacen en guerras y en otras viles y criminales acciones, como las que causó la Santa Inquisición practicada durante siglos por la Iglesia católica, cristiana, apostólica y romana.

—Es verdad —contestó Yuri—. ¿Qué clase de creyente en su sano juicio puede justificar la existencia, la presencia y la omnipotencia del Juez supremo del Universo en hechos tan execrables como la Gran Guerra que duró cuatro años y en la que murieron más de 20 millones de seres humanos, de los cuales unos 14 millones fueron víctimas civiles? ¿Y cómo justificar la pasividad del Dios Padre todopoderoso frente a los horrores del Holocausto implantado por el partido Nacionalsocialista Obrero Alemán de Adolf Hitler, donde fueron exterminados de forma horrenda e inhumana más de seis millones de judíos y, el resto, hasta algo más de siete millones de personas, lo completaron los gitanos, perseguidos políticos y detractores del régimen del Tercer Reich? ¿Acaso algún padre devoto fuerte, física y espiritualmente, creyente en Dios, puede admitir que permanecería impasible ante una eventual pelea a muerte entre los componentes de su numerosa prole? Yo creo que no, pero en cambio Dios, con toda su omnipotencia, omnipresencia, omnisciencia y omnibenevolencia, permaneció solo atento al desarrollo de la Segunda Guerra Mundial durante cinco años, donde murieron más de sesenta millones de seres humanos de credos diferentes, porque así lo quiso un día el Todopoderoso. Recordemos que, según las religiones que lo adoran y le rinden culto, nada ocurre en la Tierra sin su consentimiento. Y, por último, ¿qué me diría un creyente en Dios sobre los atroces métodos de explotación y exterminio de toda clase de seres humanos permitidos por el supremo creador a los sanguinarios monstruos-Estados instaurados por algunas criaturas de su divina creación, como fueron Lenin, Trotski, Stalin, Adolf Hitler, Mao Zedong, Pol Pot y algunos individuos más de la misma condición y calaña?

—Sinceramente —contestó Leunam—, no puedo estar más de acuerdo con todo el contenido de tu largo y justo razonamiento, porque resulta imposible justificar la existencia de Dios empleando el intelecto y la razón frente a una demoníaca realidad de muerte y destrucción practicada por los hijos de Dios en su presencia, mientras Él continúa en estado contemplativo y poco decisivo. Porque supongo que las bombas atómicas sobre Hiroshima y Nagasaki no fueron una decisión del Dios Padre para acabar con el sangriento, diabólico y criminal juego que estaban practicando sus amados hijos. Aunque un creyente me dirá sin dudarlo que todo es obra de Dios, porque su omnipresencia todo lo abarca y, con su poder absoluto sobre todas las cosas, nada puede ocurrir en el mundo sin que lo decida su infinita y divina sabiduría.

—La extensa e irritante filosofía de la Teología —dijo Yuri— es culpable de la inmensa deserción de personas a las que les fueron impuestas una religión y unas creencias que terminaron admitiendo como buenas. Pero, cuando se dieron cuenta del monumental engaño que encerraba la doctrina que practicaban, corrieron a combatirla o refugiarse en otras ideas más acordes con la razón y la realidad humana. Aunque algunos tuvieron la desgracia de entrar en rediles de doctrinas y creencias religiosas sectarias muy peligrosas si se intentan abandonar. Pero he de reconocer que el vacío espiritual o de conciencia que deja el abandono de una religión que has practicado durante más de medio siglo te puede causar graves problemas familiares, sociales y psíquicos, por lo que has de estar plenamente convencido de tu decisión y, a continuación, buscar una paz para la conciencia, alimentando el intelecto y cultivando la razón. Porque lo espiritual, es decir, lo premiado con el paraíso eterno o castigado con el infierno, solo tiene un valor personal y terrenal que deriva de la conciencia y del intelecto de cada individuo, según la manipulación social a la que haya sido sometido.

—Es natural —contestó Leunam— que la filosofía de la Teología o de las cosas relacionadas con Dios, con Alá o con Jehová se haya convertido en una voluminosa obra literaria alejada cada vez más de la realidad terrenal, sumida en el mundo fantasmal de lo espiritual y plagada de teorías dogmáticas refugiadas en la ignorancia o en la buena fe de los creyentes de las religiones en general; pero sin olvidarse de dejar muy claro que existe el infierno como castigo para los malos e infieles y el paraíso o la gloria como premio para los buenos defensores de Dios. Lo cierto es que, aunque sea literatura de mucha fantasía celestial, algo tienen que producir los que ocupan o viven a costa de los fieles de las respectivas religiones, cuyos rezos y oraciones en los lugares de oración son dirigidos por un verdadero ejército de predicadores y vividores religiosos.

—Pensando —dijo Yuri— en las causas familiares o sociales que podían provocar posibles trastornos o graves enfermedades mentales en hombres inteligentes con extraordinaria capacidad de liderazgo político o religioso, me gustaría encontrar las razones o lo que les pudo ocurrir, por ejemplo, a Lenin, a Trotski y a Stalin, sin olvidarme de otros eminentes criminales, tiranos, esquizofrénicos o psicópatas repartidos por todo el mundo.

—Como sabes —contestó Leunam—, Lenin nació en el seno de una familia culta y bien acomodada. Eran seis hermanos y él ocupaba el cuarto lugar. Su padre era funcionario civil ruso en la rama de la enseñanza y llegó a ser consejero de Estado del zar Nicolás II a pesar de tener ideas demócratas revolucionarias. Poseía una gran biblioteca familiar y enseñaba a sus hijos el gran valor del cumplimiento del deber, del esfuerzo y de la disciplina. Lenin fue bautizado por el rito de la Iglesia ortodoxa rusa, aunque en su familia existía una mezcla variada de tradiciones religiosas, ya que su abuelo materno se había convertido al cristianismo, su abuela materna era luterana de ascendencia judía y por parte de su padre las creencias religiosas se repartían entre las distintas Iglesias cristianas. Lenin, desde que empezó sus estudios básicos, demostró ser un excelente estudiante, muy responsable y con una capacidad intelectual que le hacía destacar con la puntuación máxima en todas las materias.

—Yo creo —dijo Yuri— que Lenin hubiera llegado a ser un honrado y honesto intelectual, y además un gran pensador social que habría hecho mucho bien por la humanidad, pero nunca un tirano revolucionario si su hermano mayor no hubiera sido ahorcado. Recordemos que cuando Lenin tenía dieciséis años, muere su padre, lo que constituyó la primera y gran tragedia de su juventud, la cual le haría reflexionar mucho sobre las enseñanzas de su religión cristiana. Pero a esta gran tragedia familiar se unió, al año siguiente, otra de un efecto demoledor y destructivo en su concepción mental del bien y del mal, que lo marcaría toda su vida. Creo que Lenin nunca perdonó a la Iglesia ortodoxa rusa, al Estado y a la comunidad rusa el ajusticiamiento en la horca de su hermano mayor, Alexander, de ideología nihilista o anarquista, junto con otros jóvenes revolucionarios nihilistas que intentaron acabar con la vida del zar Alejandro III.

—Estoy de acuerdo —contestó Leunam—. Lenin, después de la muerte de su hermano, dirigió todos sus esfuerzos a obtener una buena formación universitaria, dominar y perfeccionar varios idiomas y estudiar en profundidad y directamente en alemán *El Capital* y otras obras de Marx y Engels. Cuando obtuvo la licenciatura en Derecho, empezó a ejercer de abogado entre los artesanos y campesinos pobres. A partir de entonces, comenzó una frenética actividad revolucionaria desde los grupos marxistas que actuaban en la clandestinidad. Más tarde, invitado y apoyado por movimientos revolucionarios extranjeros, visitó varios países europeos, donde, con el tiempo, pasaría varios años de exilio, tras sufrir persecuciones, cárcel y destierros en la Rusia zarista.

—Quizás —contestó Yuri—, la transformación psicópata por el poder que se apoderó de Lenin, aparte del odio y rencor que pudiera guardar hacia las castas dirigentes de su país, fue el anhelo de consumar la venganza que anidaba desde hacía tiempo en su conciencia o espíritu por la muerte de su hermano y por la esclavitud que sufría la mayoría del pueblo ruso. Convencido de que manipulando convenientemente la doctrina marxista obtendría el cebo o el forraje apropiado para ganarse la adhesión y la fuerza de las inmensas masas de campesinos y obreros explotados, incultos y rudos, que solo aspiraban a la venganza, a trabajar como animales, a alimentarse, a fornicar y a reproducirse como plagas de insectos. Lenin no tuvo ninguna duda en transformarse en un cínico tirano, derribando al gobierno existente, disolviendo la Asamblea Constituyente, haciéndose con todo el poder en Rusia e instaurando un régimen comunista cruel y totalitario, en el que el nuevo «zar rojo» le llegó a superar en atrocidades a otro zar muy lejano en el tiempo, conocido como Iván IV el Terrible.

—Es cierto —contestó Leunam— que Vladimir Lenin de demócrata no tenía nada, pero fue el artífice de la Revolución

Rusa. También se puede decir que fue un gran pensador e intelectual que, para completar el marxismo, no tuvo ninguna duda en manipularlo y desarrollar su teoría complementaria sobre una supuesta implantación del socialismo de Marx y Engels, a través de la formación de un Partido Comunista capaz de aglutinar y dirigir a los trabajadores más conscientes sobre la situación del proletariado, encuadrándolos en organizaciones sindicales o sociales bien estructuradas y disciplinadas, capaces de participar de forma rápida, contundente y sin ninguna clase de escrúpulos en la lucha proletaria contra la burguesía, el capitalismo y contra los que no pensaban como ellos. No deberíamos olvidarnos de que individuos como Lenin y sus acólitos más íntimos fueron y son los integrantes cerebrales de los sangrientos y voraces monstruos-Estados capaces de engullir a la mayoría de los bobos o necios que los alimentan y ayudan a crecer y fortalecerse.

—Y lo triste —contestó Yuri— es que cuando el cruel y tiránico monstruo se fortalece, ni los responsables de su existencia son capaces de eliminarlo, porque ha desarrollado tantos tentáculos mortíferos que pocas presas discordantes se escapan de su mortal estrangulamiento. Solo los aspirantes a suceder al diabólico animal y los millones de parásitos que viven a costa de su repugnante cuerpo esperarán pacientemente que le llegue la muerte y, entonces, se despedazarán entre ellos, hasta conseguir criar otro monstruo que supere en astucia y crueldad al que acaba de morir. Desgraciadamente, así funcionan las terribles y tiránicas dictaduras marxistas-comunistas.

—Cuando murió Lenin —dijo Leunam—, recordarás que distintas facciones del Partido Comunista se disputaron de forma poco civilizada el liderazgo del mismo. Al final, quedaron frente a frente Trotski y Stalin, dos grandes revolucionarios convertidos en bestias humanas que se disputaron el poder haciendo uso de sus mejores armas. Resumiendo, podríamos decir que Trotski lo hizo de forma inteligente, como correspondía a su formación de intelectual y gran pensador, mientras que Stalin empleó la astucia, la ambición desmedida de poder y la traición. Al final, Stalin se convirtió en el sanguinario y cruel sucesor de Lenin. En este caso, el cerebro del demoniaco monstruo, que estaba a punto de aparecer en escena, superaría con creces en tiranía, atrocidades y criminalidad a su antecesor.

—En la vida de Lenin —dijo Yuri— encontramos dos tragedias sufridas en su juventud que posiblemente influyeron poderosamente en su alejamiento de la religión, como fue la muerte de su padre y otra de gran trascendencia personal, como fue el ajusticiamiento de su hermano mayor en la horca. Pero, yo no recuerdo ahora lo que pudo afectar o influir en la conciencia y en el comportamiento de Trotski para que se manifestara tan intransigente, represor y cruel cuando ostentaba el cargo de Comisario del Pueblo para la Guerra. Creó el Ejército Rojo e impuso una disciplina de hierro, dando orden de matar a todos los militares desertores e incluso a los que intentaban retroceder en las trincheras del frente. Aplastó la rebelión de los marineros de Kronstadt, exterminando a la mayoría de los amotinados y el resto fueron enviados a campos de trabajos forzados o de exterminio en Siberia. Otros que sufrieron la tiranía de Trotski fueron los anarquistas, que acabaron siendo fusilados o exprimidos hasta la muerte en los terribles campos siberianos.

—Si intentamos —contestó Leunam— hacer un breve y rápido repaso de sus primeros años de vida, nos encontramos que fue el quinto hijo de una pareja de judíos no practicantes, naturales de Ucrania, pertenecientes a la clase media alta de pequeños terratenientes o labradores que hablaban con sus hijos el ucraniano o el ruso, pero no el yidish o judeoalemán, hablado por las comunidades judías del centro de Europa. Estudió matemáticas durante muy poco tiempo, porque se dedicó a estudiar leyes, licenciándose finalmente en Derecho y, seguidamente, se integró de pleno en la ideología ortodoxa marxista. Participó en varios movimientos revolucionarios clandestinos contra el régimen autocrático del zar Nicolás II y organizó la Liga Obrera del sur de Rusia. Después de haber sido detenido varias veces por sus actividades políticas, fue condenado a dos años de destierro en Siberia, donde logró escapar escondido en un carro de transporte de paja. Precisamente usó el apellido de su carcelero, Trotski, por primera vez, para conseguir el pasaporte falso que le facilitó la huida de Rusia. Sería deportado nuevamente a Siberia en el año 1905 cuando fracasó la revolución, aunque al año siguiente se volvió a escapar.

—En este breve recuerdo de la vida de Trotski —contestó Yuri— no se puede reseñar ninguna tragedia similar a las que sufrió Lenin en su juventud, pero no podemos olvidar que solo el hecho de ser condenado a prisión por defender a los esclavizados por el régimen autocrático, sufrir los crueles ambientes carcelarios, el destierro a zonas lejanas de su familia y, además, soportar una situación inhumana propia de la esclavitud, no creo que estos hechos pasen sin marcar una profunda huella en la conciencia y en el comportamiento de cualquier individuo cuando se libera de ellos, máxime, si termina alcanzando un gran poder sobre la estructura estatal que lo ha maltratado.

—Estoy seguro —contestó Leunam— de que las persecuciones, los arrestos, la cárcel y los destierros en Siberia, acrecentaron el odio y el firme propósito de luchar y destruir a todas las instituciones represivas del Estado y a su cabeza ejecutora el Zar. Aunque, no tenemos que olvidar que Trotski cuando aún no había cumplido los diecisiete años, ya se había convertido en un activista revolucionario uniéndose al movimiento denominado populismo agrario, ya que no toleraba la explotación esclavista a la que estaban sometidos casi cien millones de compatriotas campesinos, subyugados por un régimen absolutista anacrónico.

—Es cierto —contestó Yuri— que Trotski era un agitador revolucionario nato, sin dejar de ser un intelectual, un pensador, un gran estratega y organizador que hizo posible junto con Lenin que los bolcheviques tomaran el poder en Rusia. Aparte de discrepar con Lenin, porque no estaba de acuerdo en la concepción autoritaria del partido único, hizo todo lo posible para reconciliar la facción bolchevique capitaneada por Lenin con la facción rival y moderada que dirigía él, o sea, los mencheviques. Finalmente, aparcó su moderación e ideas democratizadoras y sucumbió a la erótica del poder, poniéndose al lado de los bolcheviques o comunistas, donde se mantuvo en la cúspide del cruel régimen comunista hasta la muerte de Lenin.

—La Revolución rusa —contestó Leunam— podría haber traído al humillado y esclavizado pueblo ruso un régimen más humano y democrático, si Trotski se hubiera hecho con el poder después de la muerte de Lenin, porque, posiblemente, hubiera vuelto a sus raíces ideológicas. De hecho, su enfrentamiento político e ideológico con Stalin fue el causante de su exilio y posterior asesinato en México. Como recordarás, el asesinato de Trotski fue cometido por un agente comunista español, pero planeado y dirigido por la policía secreta de la URSS por orden de Stalin.

—Desgraciadamente —dijo Yuri—, el pueblo ruso había nacido para continuar sufriendo las consecuencias de un poder totalitario, tiránico, cruel y sanguinario, que implantó un atroz régimen comunista. Este poder lo ostentó Stalin desde que consiguió hacerse con el mando del inmenso Estado soviético. Es cierto que las revoluciones y, especialmente la Revolución de Octubre que le dio la victoria a los comunistas o bolcheviques, hicieron cambiar de muchas manos los látigos de los esclavistas, pero, al final, millones de campesinos, obreros, intelectuales, políticos, militares, popes, mujeres y niños, que tanto esfuerzo y entusiasmo dedicaron a la Revolución, murieron de hambre, fusilados o consumidos hasta su muerte en los innumerables campos de trabajos forzados y de exterminio que integraron el sistema Gulag de Stalin.

—Estoy muy de acuerdo contigo —contestó Leunam—, porque, aparte de los voluminosos libros que hay escritos sobre las atrocidades, crímenes y genocidios cometidos por el régimen comunista de Stalin, aún se podrían escribir muchos más. Y eso sin contar lo que hicieron sus psicópatas, criminales y enloquecidos seguidores que lograron hacerse con el poder en otros países; y como ocurre siempre, intentaron superar al verdugo y tiránico maestro. Me estoy acordando de Mao Zedong en China, de Ho Chi Minh en Vietnam del norte, Kim Il-Sung de Corea del norte, de Pol Pot de Camboya, de Fidel Castro y su verdugo el «Che» Guevara en Cuba, de Hailé Mariam Mengistu en Etiopía, etc. Han sido tanto los países que han sufrido el zarpazo mortal del monstruo rojo, que la lista se haría interminable. Otros muchos países consiguieron enjaular e intentar domesticar a la bestia. Y otros, como el caso de España, les costó mucho vencerla y aplastarla, puesto que el precio de la lucha a muerte entre un noble pueblo y el monstruo tentacular fue una guerra civil de tres años de duración y un millón de muertos. Al final, pudieron celebrar la victoria con el hachazo mortal que le dieron al criminal tentáculo que el tiránico régimen estalinista había hecho llegar hasta una nación experimentada en la lucha contra los traidores y los invasores.

—Lo desolador de España —contestó Yuri— en la actualidad, es el enorme analfabetismo o ignorancia generalizada de la inmensa mayoría de su población, porque no se comprende una actitud tan benevolente y acomplejada con los partidos políticos de ideologías totalitarias con disfraces democráticos, después de haber mantenido una larga y cruel lucha para erradicarlas. Además, tampoco tienen en cuenta que sus ascendientes tuvieron el coraje, el valor y la suerte de librarse de un régimen estalinista que hubiera condenado a la mitad de los españoles a campos de trabajos forzados y de exterminio, sin olvidarse de los fusilamientos sumarios y demás atrocidades criminales, como las practicadas en la Unión Soviética de Stalin, que, además, era el patrocinador de todas las revoluciones comunistas en los diferentes países de los cinco continentes. Y lo delirante o detestable de la actual juventud española y de una gran mayoría de la inculta y sectaria plebe es que se dejan llevar fácilmente, como si se tratara de un manso rebaño humano de ovejas, por algunos retoños de las ponzoñosas raíces que quedaron ocultas en la sociedad española, pertenecientes a los antiguos admiradores y seguidores del marxismo-comunismo aplicado tiránicamente por Stalin.

—Antes de enumerar —dijo Leunam— alguna detestable acción más del diabólico Stalin, sería bueno que también recordáramos de forma sintetizada sus primeros años de vida, desarrollo y fortalecimiento, para intentar deducir la posible influencia de alguna tragedia o maleficio capaz de transformar un cerebro humano en el de un monstruo criminal capaz de devorar a sus propios congéneres. Así que, si quieres activar mi memoria con algunas cosas de la infancia y juventud de Stalin, puedes empezar cuando quieras.

—Como sabes —contestó Yuri—, Stalin nació en la ciudad de Gori en Georgia y quedó huérfano a temprana edad, ya que su padre, que era un zapatero pobre y alcohólico, murió pronto. Aunque antes de morir, aún tuvo mucho tiempo de golpear brutalmente y de forma muy asidua a su religiosa esposa Yekaterina, que trabajaba de lavandera, y también al niño Iósif, que al nacer ya fue bautizado por temor a que muriera pronto, igual que les ocurrió a sus dos primeros hermanos, ya que presentaba un aspecto muy débil. Parece ser que el desapacible y tosco ambiente familiar en el que se crio Iósif Stalin y las muchas y crueles palizas injustificadas que recibió de su padre cuando aún no había cumplido los ocho años, lo endurecieron e hicieron crecer en él un tremendo odio a todo aquel que ostentaba autoridad. En la escuela, y cuando aún no había cumplido los nueve años, Iósif y un grupo de compañeros georgianos fueron duramente humillados por algunos profesores, porque no sabían hablar bien el ruso, ya que su lengua materna era el georgiano. La burla de los profesores hizo mucho daño en la autoestima y orgullo de Iósif Stalin, porque la hicieron en presencia de todos sus compañeros, que mayoritariamente eran hijos de funcionarios, pequeños burgueses y destacados sacerdotes.

—Creo —dijo Leunam— que su duro carácter y falta de humanidad, así como el tremendo odio hacia todos los individuos que le recordaran a su infame padre, se incrustaron en la conciencia y en el carácter de Stalin cuando aún no había cumplido ni los diez años. Aún en sus primeros años de adolescencia sufriría otras experiencias que le marcarían también para toda la vida, y fue su desprecio y odio a todas las enseñanzas relacionadas con la iglesia. Como sabemos, a la edad de catorce años terminó sus estudios en el colegio, obteniendo el primer puesto de su clase y ganándose una beca-salario en el seminario de la iglesia ortodoxa. A pesar de que su madre quería que fuera pope de la Iglesia ortodoxa rusa, él no tenía vocación religiosa, solo entró en el seminario porque era el único centro educativo de la zona donde podía recibir una educación universitaria. En el seminario aumentó el importe de la beca-salario cantando en el coro de la iglesia.

—Lo cierto —dijo Yuri— es que Stalin llegó hasta las puertas de ser ordenado pope o sacerdote de la iglesia ortodoxa, ya que solo le faltaron realizar los exámenes finales para conseguirlo; pero al final, abandonó o fue expulsado del seminario por sus actividades revolucionarias y políticas, de acuerdo con la formación marxista que había conseguido en su tiempo libre asistiendo a las clases del periodista y político menchevique, el profesor Noé Zhordania. La actividad revolucionaria de Stalin empezó al poco tiempo de entrar en el seminario, logrando al final de su etapa en el mismo, puestos de gran responsabilidad en el sindicato de Georgia y más tarde fue nombrado portavoz del nuevo partido marxista georgiano. Con su frenética actividad de trabajo basado en la propagación de la ideología marxista —que más adelante «fusilaría» o manipularía según le conviniera—, Stalin no tardó mucho tiempo en formar parte del Comité Central bolchevique apadrinado por Lenin.

—Yo creo —contestó Leunam— que nos pasaríamos muchas horas hablando del camaleónico y tirano personaje, solo con enumerar la vida y el trabajo realizado por millones de seres humanos condenados por simples discrepancias con el régimen y exterminados mientras se consumían trabajando en bosques casi cubiertos de hielo y nieve, parajes desérticos con temperaturas glaciares, islas vírgenes y pantanosas, minas de carbón y de minerales, donde el ser humano tenía menos valor que un pico o una pala, fábricas de la muerte, donde los condenados eran tratados como simples escorias, etc. Esos campos, minas o fábricas de trabajos forzados donde la inmensa mayoría de los condenados morían, formaban en la zona norte de la Unión Soviética un inmenso conjunto de islas o archipiélago carcelario de exterminio de seres humanos, conocido como el Gulag estaliniano. Y aunque solo sea en honor a los que tuvieron la inmensa desgracia de convertirse en víctimas de unos enloquecidos caníbales, recordemos lo ocurrido en la isla conocida hoy como «la de los caníbales» y también las consecuencias de la provocada y terrible hambruna, donde en remotas aldeas campesinas se vieron obligados a intercambiar a sus hijos para no ser devorados por sus propios progenitores.

—A mí me gustaría preguntar —contestó Yuri— a los creyentes en Dios cómo me justifican semejante comportamiento del Padre eterno, omnipotente, omnipresente, absolutamente misericordioso, bueno, justo, principio y fin de todas las cosas, frente a tantos millones de seres humanos injustamente masacrados, por o ejércitos de hermanos dirigidos por otros privilegiados, mimados y consentidos hijos de Dios, que gozaban de la gracia y benevolencia del Padre celestial y juez supremo de todo el Universo o, por lo menos, así lo enseñan y lo propagan las religiones monoteístas.

—Es cierto —contestó Leunam— que, a nivel de familias terrenales más o menos prolíficas, el padre o la madre suelen tener preferencia o más condescendencia con alguno de sus hijos, incluso cuando son mayores; las razones son varias, aunque siempre son rasgos característicos o comportamientos coincidentes con su forma de ser los que provocan esas predilecciones. Quién no ha oído decir a un padre o una madre: «¡Este hijo mío es igual que yo!», sintiéndose por ello sumamente orgullosos. Lo que yo no esperaba jamás es que esas debilidades humanas estuvieran presentes en un Padre eterno, todopoderoso, bueno, misericordioso, justo y protector de todos sus hijos. Supongo que ningún creyente en Dios me negará que Stalin, Trotski, Lenin, Hitler, Mao Zedong, Pol Pot y muchísimos criminales más no fueron hijos predilectos de Dios, puesto que todos vivieron muchos años como pequeños dioses, tal como correspondía por ser los mimados del papá Dios; y, además, ostentaron todo el poder que quisieron para distraerse jugando de forma diabólica y macabra con sus hermanos que no habían tenido la suerte de ser los preferidos en la justa y celestial familia del padre espiritual y omnipotente; o acaso, las religiones que hablan de Dios enseñan algo diferente.

—Estoy totalmente de acuerdo contigo —contestó Yuri—. Te puedo decir que he pasado más de cincuenta años de mi vida creyendo en Dios y practicando las enseñanzas de la religión católica, cristiana y apostólica con devoción y respeto, pero hoy me siento indignado, porque nadie, ni siquiera mis padres, tenía derecho, sin mi consentimiento, a convertirme en un miembro más de la religión cristiana, católica, apostólica y romana, que ha manipulado y se sigue aprovechando de unos hechos reales que ocurrieron hace mucho tiempo, como fue la vida y muerte de Jesús de Nazaret; y además, se escuda amilanadamente en la omnipotencia y misericordia de su Dios con un aderezo bien dosificado de las enseñanzas predicadas por el Nazareno, y de esta forma embelesa y entretiene mejor a las masas ignorantes y subyugadas por el poder del Estado, que también se encarga de dignificar y rellenar el pesebre de los predicadores y administradores religiosos, a condición de que le sirvan fielmente, sin preocuparse mucho si el gobierno es justo o tiránico.

—Llevas razón —contestó Leunam—. A mí me ha ocurrido igual, pero no puedo culpar a mis padres de mi entrada en la religión cristiana, católica y apostólica por bautizarme sin mi consentimiento, porque, a la vista de los que les explotaban en el trabajo a cambio de un miserable sueldo, tenían que cumplir con las tradiciones y con todo lo que mandaba la poderosa y resolutiva iglesia cristiana, católica y apostólica, ya que, en caso contrario, se exponían a que les endurecieran más el estado de humillación y esclavitud en el que se encontraban. Pero, después de todo, debemos reconocer que tenemos más suerte y gozamos de mayor libertad, aproximándonos más a la esencia real del ser humano, porque hemos sido capaces de valorar, pensar y decidir nuestro abandono del catolicismo; en cambio, no ocurre lo mismo con muchos millones de seres humanos que, cuando nacieron, fueron metidos por sus padres o familiares en un redil religioso, donde no les dejan pensar, ni discrepar, ni mucho menos abandonar; o acaso, ¿no es esto lo que ocurre con el Islam y con otras religiones?

Leunam y Yuri habían dado por terminada su conversación sobre unos singulares e históricos personajes del siglo xx que provocaron millones de asesinatos de seres humanos y gravísimos hechos en todo el mundo, lamentando la inexistencia del Dios poderoso y misericordioso en el que habían creído durante más de medio siglo, porque estaban seguros de que, si de verdad existía, jamás habría habido monstruos humanos tan tiránicos, crueles, sanguinarios y criminales como los que antes se habían mencionado al recordar sus diabólicas y mortíferas acciones.

Aparte del lógico sentimiento de tristeza por haber abandonado definitivamente el catolicismo, que ha sido una religión incrustada en sus conciencias o espíritus de forma muy hábil e incisiva, igual que se hace con las demás religiones, es normal que a Leunam y a Yuri les haya costado mucho arrancarla de su personalidad, ya que en parte ha sido moldeada por la religión católica durante una larga etapa de sus vidas. Pero, finalmente, han conseguido la fuerza suficiente de la razón y la ciencia para realizar tan severo desgarro, impulsada por los efectos del daño sufrido por la gran transgresión causada por la iglesia católica a su fidelidad y lealtad, practicada respetuosamente durante más de medio siglo de sus vidas.

Al final, los dos amigos han llegado a la conclusión de que tampoco merece la pena preocuparse por el gran engaño sufrido, ya que han sido unas víctimas más del invisible monstruo del analfabetismo o de la incultura que tanto se esfuerza en acompañarnos durante toda nuestra vida. Hoy están convencidos de que las religiones, como los eventos deportivos empresariales y los espectáculos comerciales de masas, son los alimentos necesarios y adecuados para individuos que se mueven más cómodamente y sin esfuerzo por la locura de la pasión que por la inteligencia y la razón.

Antes de despedirse, Leunam le ha comentado a Yuri que muy pronto le enviará una carta, igual que a los demás amigos comunes con los que ha mantenido largas e interesantes conversaciones sobre temas muy diversos, tratando de buscar o justificar la existencia de Dios.

La misiva tiene como objetivo pedirles una aportación literaria para la elaboración de un manifiesto que reúna todos los deseos de cada uno de ellos sobre cómo les gustaría que fuera el nuevo mundo o la sociedad que los acogiera si, hipotéticamente, volvieran a nacer.

La elaboración del referido manifiesto o escrito recopilatorio de los anhelos individuales del grupo de amigos sobre el mundo ideal en el que desearían volver a nacer tiene como objetivo fundamental completar los análisis y deducciones realizadas en sus conversaciones sobre algunos de los importantes hechos religiosos y políticos acaecidos a lo largo de la historia de la humanidad.

Tampoco sería justo para los lectores que han conocido las severas críticas y conclusiones sobre el comportamiento de las diferentes religiones monoteístas, especialmente la católica, y también de las ideologías políticas, clases de gobiernos totalitarios, conductas de muchos papas, sacerdotes, popes, imanes y demás predicadores religiosos y, como colofón, la negación de la existencia de Dios, que no recibieran por parte del grupo de amigos que han dialogado con Leunam cuáles serían sus proposiciones sobre una creíble religión terrenal o fraternal, así como las hipotéticas normas ideológicas o políticas que harían posible una mejor gobernabilidad de los pueblos existentes en nuestro inmenso paraíso, o sea, nuestro planeta Tierra.

Petición de Leunam a sus amigos

Mis queridos amigos:

Jairo, Mateo, Samuel, Zacary, Hugo, Darío, Boris, Ahren y Yuri, últimamente he reflexionado mucho sobre las diversas y amenas conversaciones que hemos mantenido en los últimos meses, rodeados de bellos parajes y acompañados de los melódicos cantos de los pájaros que crean un ambiente de felicidad muy difícil de olvidar. Lo que tampoco puedo olvidar son las consecuencias del gigantesco engaño que he sufrido por parte de mis mayores a través de una perversa y corrupta sociedad que se empeña en no curarse, a pesar de su grave enfermedad.

En las diferentes conversaciones que hemos tenido sobre hechos históricos muy variados acaecidos en el mundo, no hemos podido corroborar la veracidad de la existencia del Dios omnipotente, sino todo lo contrario; puesto que nuestro intelecto o nuestra razón nos impide creer en Dios, porque la evidencia de hechos inhumanos padecidos por muchos millones de seres humanos a lo largo de la historia de la humanidad son incompatibles con los atributos sobrenaturales o divinos que las grandes religiones monoteístas (judaísmo, cristianismo e islamismo), a través de sus textos sagrados, filósofos, teólogos, profetas o predicadores, le atribuyen a su Dios.

Después de más de 50 años de creer en el Dios todopoderoso y en la doctrina de la iglesia cristiana, católica, apostólica y romana, hemos llegado a la firme conclusión de que el Dios que hemos adorado y reverenciado no existe. Por consiguiente, y desde nuestro punto de vista, todas las religiones monoteístas tienen una tremenda y difícil deuda que pagar a toda la humanidad, aunque solo sea por respeto a la inmensa cantidad de seres humanos que han muerto defendiendo unas doctrinas o creencias de carácter dogmático, producto de mentes extraviadas que han creído estar en posesión de la verdad y del bien, imaginando fantásticos viajes o encuentros en el hipotético mundo de las deidades.

Buscando la existencia del Dios Padre Todopoderoso, hemos tenido también un profundo conocimiento de los despiadados gobiernos de los hombres contra los hombres, es decir, la inhumana explotación de los más débiles por los más criminales, feroces y sanguinarios. En nuestras conversaciones hemos repudiado hasta la saciedad a esos tiranos que se hacen con el poder para arrancar la esencia de cada ser esclavizado, creando sociedades acorraladas con semejanza animal. Es decir, que tampoco nos gusta el mundo o la sociedad donde hemos nacido, aunque reconocemos que, aun así, bien sea por azar o casualidad, hemos venido a una parte del planeta azul donde se respeta bastante el tesoro más valioso de cualquier ser humano, o sea, su libertad. No ocurre lo mismo en otras partes del mundo, donde nuestros semejantes sufren de forma simbiótica la tiranía ideológica y religiosa.

Teniendo en cuenta lo que os acabo de compendiar, me gustaría que un día no muy lejano pudiéramos redactar un sintetizado escrito en el que manifestáramos nuestros anhelos sobre cómo nos gustaría que fuera el nuevo mundo o la sociedad universal que nos acogiera, si tuviéramos la posibilidad de poder volver a nacer. No es necesario que nos perdamos en largas disquisiciones o razonamientos, sino expresar de forma sencilla o coloquial, tal como lo hemos comentado muchas veces refiriéndonos a nuestras andanzas por la vida. ¿Quién no ha dicho más de una vez que si volviera a nacer jamás haría lo que ha hecho? Pero, desgraciadamente, ya no tiene remedio.

Es cierto que tampoco podemos volver a nacer, pero ya que la ilusión o el destino de nuestras vidas nos ofrece la posibilidad de poder exponer nuestros anhelos sobre una nueva sociedad universal donde nos gustaría volver a empezar otra vida, ¿por qué contradecir al destino? Si a lo mejor, inconscientemente, colaboramos en crear una comunidad planetaria fascinante.

Yo espero vuestros deseos plasmados en unas cuantas hojas de papel. Y si os parece bien, me encargaré de unificar los coincidentes, ordenarlos y redactar el resumen final, que supongo tendrá una cierta concordancia con lo que más hemos criticado y condenado en nuestras conversaciones, ya que por lógica debe ser lo que menos nos gustaría encontrar en el nuevo mundo, si pudiéramos volver a nacer otra vez.

Espero que acertemos en manifestar fielmente lo que nos gustaría encontrar en nuestro planeta Tierra si volviéramos a nacer, porque a lo mejor ayudamos en algo a conseguir una sociedad universal con una convivencia más repleta de sentimientos de afecto y apego entre todos los seres humanos y la naturaleza.

Y nada más, a medida que me vayáis entregando vuestro trabajo o testimonio lo iremos comentando para terminar elaborando lo que os he propuesto. Después, nos reuniremos todos, os leeré mi redactado final para que cada uno podamos puntualizar o comentar lo que consideremos oportuno y, de esta forma, habremos redactado el contrato abierto y definitivo que nos permitirá regresar o volver a nacer si su cumplimiento es universal en toda la faz de la Tierra.

Un abrazo fraternal.

Leunam

★★★

Mi admirado amigo Jonatan:

Sé que estás algo enfadado conmigo y con el resto de amigos, y te comprendemos, porque nuestro reciente ateísmo, después de más de 50 años de creer en Dios y comportarnos como fieles cristianos y católicos, es algo que sufres con amargura, no solo a nivel espiritual, sino también porque, como sacerdote, predicador o apóstol de Jesucristo, para ti supone un doloroso fracaso profesional.

Porque, después de estar durante tantos años en un seminario diocesano estudiando Teología, Historia Sagrada, Historia Universal, Filosofía, oratoria, latín y otras lenguas y ciencias, tu ego no puede admitir que los fieles se escapen del rebaño, y máxime cuando posees las armas adecuadas y suficientes para convencer y vencer con la palabra. Ya que es cierto que tu vasta formación profesional y cultural, acompañada de una inmensa dosis de fe, que es capaz de unir el cielo con la Tierra, debería vencer fácilmente cualquier revés relacionado con la pérdida de ovejas de la manada.

Pero tienes que comprender que con nosotros algo te ha fallado o, simplemente, que nuestro intelecto y razón han vencido a tu Dios y a tu arte de embaucar a la gente arribista, vividora, analfabeta, sencilla y humilde. Aunque tampoco te debes preocupar mucho, piensa que en las otras religiones monoteístas tienen prácticas similares. A fin de cuentas, casi todos los sacerdotes o predicadores habéis sido hábil y astutamente moldeados o manipulados desde los últimos años de vuestra adolescencia hasta la edad adulta, para que dominéis las ciencias de la comunicación y desarrolléis un fuerte carácter y dominio en la defensa de la fe, de los dogmas religiosos y de toda la filosofía-teológica que genera cualquier religión, especialmente las monoteístas.

Sabemos que volverías a tratar de convencernos con miles de ejemplos sacados de tus repletas alforjas filosóficas y teológicas. Lo que ocurre es que nosotros tenemos la evidencia de muchos millones de seres inocentes vilmente asesinados, sin que el Padre eterno se haya molestado en salvarlos. Pero el motivo de esta carta no es volver a entablar una discusión sobre la existencia de Dios, ya que para nosotros ha quedado muy claro que todo es una entelequia de las diferentes religiones, sino invitarte a que participes en la elaboración de un escrito conjunto que reúna nuestros deseos sobre el mundo que nos gustaría habitar, si tuviéramos la posibilidad de volver a empezar una nueva vida.

Comprobarás en la copia que te adjunto, que también me he dirigido a nuestros amigos más fraternales y asiduos de tantas conversaciones o tertulias, para que me ayuden a confeccionar ese contrato o carta abierta de nuestros deseos, y así intentar completar el porqué de nuestras valoraciones, críticas y condenas a tantas acciones inhumanas cometidas en el mundo por los hombres, que son las que nos hacen negar con rotundidad la existencia de Dios, por estar creados a su imagen y semejanza, según nos enseña la Santa Madre la Iglesia.

Jonatan, me gustaría recibir tu exposición de condiciones, deseos o anhelos para el ideal de ese hipotético mundo en el que te gustaría volver a empezar una nueva vida. Y, más adelante, tu participación para poder determinar con el máximo consenso el redactado definitivo de nuestro supuesto contrato con la futura fuerza revolucionaria que debe curar y transformar a esta corrompida sociedad.

Un abrazo fraternal

Leunam

Un nuevo mundo
para volver a nacer

Hace más de un mes que Leunam recibió los escritos de los compañeros más rezagados para que también los tuviera en cuenta en la elaboración del documento conjunto que recoja de forma coloquial los deseos y condiciones que el grupo de amigos exige a una hipotética sociedad universal, donde no les importaría volver a vivir después de su adiós definitivo a la enferma y corrupta sociedad que no les deja ni respirar.

Al final se han reunido en una bonita casa rural, lejos del mundanal ruido de la estresante sociedad de la que forman parte, para escuchar por parte de Leunam la lectura del escrito que ha realizado y, también, para comentar, corregir o completar algunos contenidos.

Leunam ha empezado su exposición diciendo:

—Diría que ha transcurrido mucho tiempo, quería haberlo redactado antes, pero no ha resultado nada fácil conjugar y exponer los deseos que nos representan a nivel de conciencia, tal como nos dicta nuestra razón e intelecto. Aunque todos coincidimos en lo fundamental, es decir, cómo deseamos que sea el nuevo mundo o la sociedad universal en la que nos gustaría volver a nacer; en cambio, como sabéis, no resultó así de fácil cuando quisimos dirigir la cigüeña a una parte concreta de alguno de los cinco continentes, ya que por razones más o menos obvias, el sentimiento patrio irremediablemente nos llevaba o acercaba a nuestro lugar de nacimiento.

»Al final, la decisión del país donde nuevamente iniciaríamos otra vida, como recordaréis, la tuvimos que decidir por sorteo, a cuyas normas nos sometimos sin ninguna clase de objeción. En primer lugar, le tocó al continente europeo y, en segunda ronda, fue España el país de nuestro próximo e hipotético nacimiento; aunque todos hemos coincidido en que puede ser cualquier rincón del mundo, puesto que nuestras exigencias son universales. El tiempo que debe transcurrir para que suceda el supuesto evento lo calculamos aproximadamente para principios del siglo venidero; así, nos dará tiempo de visitar el paraíso o consumirnos en el infierno, aunque estamos convencidos de que nada de esto ocurrirá y podremos acudir a nuestra cita acompañados de las simpáticas cigüeñas, si la grave enfermedad que padece el mundo en general, y España en particular, ha sido erradicada por eminentes cirujanos con manos de acero, acompañados de excelentes profesionales doctos en diversas ciencias y defensores a ultranza de la universalidad de la libertad inherente a cada ser humano, de la educación, del derecho a la igualdad, de la justicia, del trabajo, de la sanidad, de la familia tradicional, de la nación, del Estado, de la honradez, de la honestidad, de la verdad, de la ética, de la lealtad y de todos los valores que dignifican al ser humano.

»Esta redacción final de nuestro condicional contrato o manifiesto para volver a nacer corresponde a la recopilación de los requerimientos expresados por cada uno de nosotros, como ya he dicho, y se desglosa en diez grandes apartados, cuyos contenidos han de estar recogidos en la Constitución Universal para ser cumplidos por todos los gobiernos de las diferentes naciones o repúblicas integrantes de los Estados Unidos del Mundo, afectando, por consiguiente, a todos los seres humanos que habiten el planeta Tierra, y son los siguientes: libertad, educación, derecho a la igualdad, justicia, trabajo, sanidad, familia, nación y estado, religiones, partidos políticos y gobernantes.

—Iré exponiendo —continuaba Leunam— la redacción de cada apartado, sin pasar al siguiente, mientras no hayamos corregido, puntualizado o realizado el comentario deseado.

La libertad

Todos los seres humanos han de nacer en una sociedad que les ampare desde su concepción hasta que se produzca su muerte, bien sea por accidente o de forma natural, velando y garantizándoles en todo momento el ejercicio de su libertad innata como personas.

Todos los individuos que habiten el planeta Tierra hasta en sus más recónditos lugares han de tener la facultad de vivir, de moverse y de actuar de manera autónoma, según su voluntad y naturaleza, sin estar sometidos a limitaciones u obligaciones que coarten su libertad. Por consiguiente, siempre serán responsables de sus actos.

Precisamente por la responsabilidad que se deriva del libre albedrío de cada persona, la puesta en práctica de su libertad siempre será muy difícil, ya que estará limitada por las normas establecidas por la sociedad en la que desarrolla su vida. Esa sociedad estará encargada de velar y evitar el caos en las relaciones sociales, garantizando de esta forma el derecho de la libertad de cada individuo. Aparte de los límites relacionados con la sociedad, el ser humano ha de aspirar a no limitar su libertad a través de su facultad de pensar, por lo que se ha de esforzar y sacrificar al máximo para ahuyentar de sus pensamientos e intelecto todas aquellas obligaciones, costumbres o tradiciones que considere que le coartan las pretensiones de conseguir su libertad ideal. La pretendida libertad de cada persona casi siempre será inversamente proporcional a su grado de ignorancia generalizada, es decir, cuanto menos inculto sea el individuo, disfrutará de mucha más libertad, tanto en el plano individual, social, político y doctrinal.

Al final de esta exposición, intervino Yuri:

—Creo que nuestra muerte será eterna, porque si ponemos como condición para volver a nacer que todos los individuos que pueblan el planeta Tierra gocen de la libertad que es natural al ser humano y, además, que nazcan en una sociedad universal que ampare su vida desde su concepción hasta su extinción accidental o de forma natural, estamos exigiendo un mundo utópico, diría que imposible de conseguir en un siglo y, mucho menos, por una gran revolución cruenta liderada por un monstruo-Estado poseído de la capacidad necesaria para curar la grave enfermedad de nuestra sociedad actual.

—No se trata —contestó Boris— de conquistar los dones o derechos innatos al ser humano, es decir, la libertad y el derecho a la vida a costa de la muerte de millones de otros individuos, como sería el caso de una nueva guerra mundial, volviendo a repetir lo que se está haciendo desde hace muchos siglos para desgracia de la humanidad. La revolución y la lucha que otorgará a los individuos una sociedad justa en todos los órdenes de la vida será la revolución de la puesta en práctica de la razón, de la solidaridad, del esfuerzo y del sacrificio, donde cada persona entablará una lucha a muerte con el monstruo de la incultura o de la ignorancia generalizada. Si todos los individuos de la Tierra se conciencian de esta verdad y consiguen derrotar al cruel animal que tan fácilmente se instala en los cerebros cuando la voluntad y autoestima de los seres humanos se alimenta de estímulos banales, estoy seguro de que la sociedad se transformará sin recurrir a la guerra.

—Francamente —dijo Mateo—, es una condición muy utópica teniendo en cuenta los ínfimos esfuerzos y sacrificios que realiza en la actualidad la inmensa mayoría de la juventud del mundo. Ya que, en aquellos países afectados por el hambre, la esclavitud y la guerra, el único objetivo de la gran mayoría de la juventud y de la población en general es poder garantizar su subsistencia. En los países desarrollados, solo un reducido porcentaje tiene asumida la lucha a muerte contra el monstruo del analfabetismo; el resto se conforma de forma perezosa y estúpida viendo pasar el tiempo, mientras se distraen rumiando el pienso narcotizante, bien mezclado y dosificado, que les proporcionan diariamente los espectáculos y deportes comerciales o lucrativos de masas, aparte de la cocinada y enlatada alfalfa que les suministran los diferentes medios de comunicación, especialmente, las televisiones y los relacionados con Internet.

—Yo creo —contestó Leunam— que, de la misma forma que un día se rebelaron los esclavos exigiendo ser tratados como personas y no como animales, la inmensa mayoría de la juventud actual, que no conoce el valor del esfuerzo ni tampoco del sacrificio, no pasará mucho tiempo en darse cuenta de que son los modernos esclavos del siglo XXI e intentarán despertar de la profunda somnolencia que les impide ver el inmenso horizonte de la esclavitud que les subyuga, si continúan abrazados al invisible monstruo que se empeña en acompañarlos. Será entonces cuando, posiblemente, se produzca por contagio a nivel universal el inicio de la revolución de la razón, del esfuerzo, de la solidaridad y del sacrificio, que sanará o transformará a la sociedad actual para que todos los seres humanos gocen del don natural de la libertad; si no ocurre esto, desgraciadamente, la historia se repetirá y nosotros habremos desaparecido en la eternidad.

—Yo no creo —intervino Jonatan— que esto pueda ocurrir algún día, porque desde que Dios castigó a nuestros primeros padres, Adán y Eva, a ganarse el sustento con el sudor de su frente, el hombre ha pecado continuamente y, uno de los pecados o actos más execrables ha sido arrebatar la libertad a otros seres semejantes, convirtiéndolos en esclavos o eliminándolos físicamente. Porque el ser humano sin libertad no es persona, ya que quien se la quita lo denigra a un estado inferior o simplemente a la nada; recordad lo que le decía Don Quijote a Sancho Panza: «La libertad, Sancho, es uno de los más preciosos dones que a los hombres dieron los cielos; con ella no pueden igualarse los tesoros que encierra la Tierra, ni el mar encumbre; por la libertad, así como por la honra, se puede y debe aventurar la vida, y por el contrario, el cautiverio es el mayor mal que puede sobrevenir a los hombres».

—Amigo Jonatan —dijo Hugo—, con todos mis respetos y sin ánimo de provocar ninguna clase de polémica, no me negarás que la vida de los hombres en la Tierra se acercaría bastante a la del paraíso que nos describen los textos bíblicos, si tu Dios con su poder omnipotente solo velara por el fiel cumplimiento de la libertad de los hombres.

Después de esta intervención, prosiguió Leunam con su exposición:

La educación

Las naciones, estados o repúblicas formadas por todos los seres humanos que pueblen la Tierra, a través de sus gobiernos y legislaciones, han de garantizar, por medio de la educación universal en todos sus ámbitos, el desarrollo y perfeccionamiento de las facultades intelectuales, físicas, éticas y morales de sus habitantes, desde que nacen hasta su edad adulta, en la que han de lograr necesariamente la formación universitaria o profesional que satisfaga por completo su anhelo vocacional y, además, puedan revertir con el fruto de su trabajo el inmenso bien recibido por la sociedad que les ampara.

El individuo, cuando nace, aparte de tener garantizada su libertad natural por la sociedad que tiene la obligación de protegerlo, también tendrá garantizado el derecho de recibir la educación que corresponda a las distintas etapas de su vida hasta lograr la perfección de sus aptitudes profesionales, a cambio de cumplir con sus obligaciones formativas que le demandarán esfuerzo y sacrificio.

Las diversas repúblicas, naciones y estados del mundo que conformen la civilización universal de nuestro planeta Tierra tendrán como objetivo fundamental de obligado cumplimiento la educación y formación de todos sus habitantes, bajo unos conocimientos comunes y específicos de las distintas ciencias y artes, de forma que ninguna persona que habite el globo terráqueo se encuentre extraña en cualquier parte del mismo.

Ningún ciudadano de cualquier rincón de la Tierra, a pesar de su formación universal, perderá su identidad natural, condicionada por su lugar de nacimiento, arraigo familiar, tradiciones, costumbres, etc. Se entiende que, en el concepto al que aspiramos de hacer un mundo con una convivencia universal fraternal y plena de solidaridad y armonía, nos estamos refiriendo a la identidad nacional o estatal reconocida a nivel universal, pero jamás a las regiones díscolas, provincias, pueblos o aldeas, cuyas lenguas o dialectos, costumbres o tradiciones serán asumidas voluntariamente a nivel particular por aquellos individuos que se sientan culturalmente más identificados con las mismas.

Por consiguiente, todos los habitantes de ese nuevo orden universal o República de los Estados Unidos del Mundo, integrada por los cinco continentes que forman parte del globo terráqueo y sus múltiples repúblicas o comunidades estatales que alberguen a todos los seres humanos que pueblen el planeta Tierra, tendrán tres lenguas o idiomas para relacionarse con total normalidad. El español y el inglés serán los idiomas universales, y la tercera lengua será la común de todos los habitantes de cada nación o estado.

Terminada la exposición de este apartado por parte de Leunam, intervino Samuel, diciendo:

—Sinceramente, si los gobernantes de los poderosos Estados que dominan en la actualidad el mundo fueran gentes inteligentes, solidarias, leales, honradas y honestas, o creyeran y temieran a algún ser sobrenatural, como de forma hipócrita y pública manifiestan, no perderían ni un minuto en crear el organismo universal correspondiente capaz de garantizar una educación y formación profesional mundial, para conseguir en un futuro no muy lejano un mundo donde todos los ciudadanos tuvieran una relación de verdadera convivencia fraternal, exenta de odio, egoísmo, traición y soberbia.

—Creo —respondió Leunam— que la sociedad actual no puede esperar nada bueno de los hombres y mujeres que consiguen la suprema potestad rectora y coactiva de cualquier estado, bien sea usando la fuerza de las armas o la que les otorgan en las urnas una mayoría de la plebe pastoreada por ideólogos sin escrúpulos y por hipócritas predicadores de las influyentes religiones monoteístas; porque la mayoría de los individuos que alcanzan el poder a distintas escalas, cuando llegan al podio de la victoria, están atrapados o corrompidos por la tela de araña o por la pus que segrega la infecta sociedad. Cuanto más poder alcanzan esos gobernantes, mayor es la gravedad del contagio; por consiguiente, sería necesario un cambio generacional de políticos vocacionales, patriotas, leales, honrados, intelectual y profesionalmente muy competentes y experimentados, sin ninguna clase de influencia divina y cuyas conciencias estén regidas por las virtudes de la fortaleza, la templanza, la prudencia y la justicia, constituyendo estas su verdadero código de conducta. ¿Acaso alguno de vosotros, y a la vista de sus actuaciones internacionales, puede creer que en la actualidad existe algún jefe de los poderosos Estados que dominan el mundo cuya conciencia y comportamiento se rijan por el referido código de conducta?

—Los actuales dirigentes —respondió Zacary— nunca buscarán una sociedad donde impere la libertad, la solidaridad y la educación universal para conseguir una comunidad internacional más igualitaria y justa, porque se han educado en sociedades insolidarias, soberbias, egoístas y explotadoras, cuyos objetivos fundamentales han sido y son la consecución del máximo poder económico, político y físico, a través del dominio de los más débiles, incluidos sus territorios. Sencillamente, seguimos viviendo en un mundo donde impera la más absoluta esclavitud, aunque los poderosos hayan cambiado a los crueles capataces del látigo y la tortura por unos sistemas más sofisticados y satisfactorios que denominan democráticos, pero que en definitiva son los encargados de seleccionar a los modernos capataces al servicio de los explotadores, mientras que los esclavos se sienten contentos por haber elegido ellos mismos a sus guardianes.

—Estoy de acuerdo con Zacary —dijo Darío—. En todas partes del mundo, los Estados legislan para explotar al máximo a la masa trabajadora; solo cambian los métodos según las clases de gobiernos, las ideologías y religiones imperantes, y, especialmente, el nivel formativo y cultural del pueblo o de la plebe, que se dejará conducir como un auténtico rebaño humano, o en caso contrario, recibirán los correspondientes latigazos impartidos con los modernos medios antidisturbios. Yo no veo fácil la implantación de una educación universal para hacer a todos los hombres más libres e iguales, porque a los grandes poderes fácticos y, más aún, en las sociedades corrompidas, les interesa mucho que existan grandes masas de esclavos travestidos de seres normales, para que la explotación de los poderosos sea lo más rentable posible.

—Es cierto —contestó Ahren— que de los actuales y poderosos dirigentes políticos que dominan el mundo con sus Estados monárquicos, oligárquicos o democráticos, no vamos a ver una propuesta encaminada a conseguir la creación de un gran organismo que reúna a todos los Estados de la Tierra, regido por un gobierno universal con objetivos comunes para conseguir que todos los hombres sean más libres e iguales. Ellos están muy entretenidos en acaparar más poder, provocando y alimentando guerras para que la industria bélica sea más rentable y las influencias políticas y comerciales aumenten, y si hay algún jefe de Estado que sea algo díscolo, no dudan en asesinarlo y acribillar o matar a cientos de miles de seguidores o seres humanos inocentes, que denominarán daños colaterales, y que, además, sus voceros y marionetas, o sea, los medios de comunicación, justificarán de forma hipócrita y detestable, diciendo que han actuado en defensa de los derechos humanos; concretamente, me estoy acordando del vil y cruel asesinato del presidente de Libia, Muamar el Gadafi, por hienas mercenarias al servicio de Estados poderosos, bendecidos por las influyentes religiones monoteístas, sin importarles la destrucción humana y física de un pueblo que tenía el más alto nivel profesional, económico, cultural y social de África.

—A la vista de vuestros razonamientos —dijo Jairo—, este mundo continuará así muchos siglos, a no ser que la corrupción y la injusticia despierten de la somnolencia a la manipulada y perezosa juventud y hagan de su lema de la vida, la razón, la solidaridad, el esfuerzo y el sacrificio, acompañados en todo momento de la lealtad, de la honradez y de la honestidad. Porque solo dirigentes con grandes ideales y virtudes serán capaces de curar a la gran enferma que nos está contagiando a todos. Aunque siempre que pienso en los explotadores y esclavos, me pregunto por la clase de droga suministrada a los predicadores de las doctrinas y preceptos religiosos para que admitan de forma tan dócil las tiranías extendidas por el mundo e incluso colaboren para fortalecerlas; de ahí mi pleno convencimiento de que todas las religiones deben desaparecer de la vida de los hombres.

—Creo —contestó Jonatan— que cometes un gravísimo error al pensar así, porque no todas las personas tienen la suficiente fortaleza para enfrentarse a las múltiples pruebas y dificultades que encuentran a lo largo de su vida, por lo que resulta necesario que los hombres tengan fe, confíen y se sientan protegidos por un ser superior a ellos, aunque solo sea a nivel espiritual o psicológico, ya que resultarán más beneficiados que perjudicados. Los predicadores de las influyentes religiones monoteístas no robustecemos las tiranías; al contrario, las combatimos y tratamos de conseguir unos derechos y un trato más humano para los maltratados y subyugados.

—No quiero —respondió Jairo— volver a reiterar las consecuencias de las guerras y los grandes males que ha sufrido la humanidad a lo largo de su historia por culpa de todas las religiones, y en especial por las monoteístas. En consecuencia, si de verdad deseamos empezar a hacer un mundo de hombres libres e iguales como seres portadores de valores humanos, empecemos a vigorizar su libertad y educación; y sepultemos en las profundas entrañas de la Tierra a todas las religiones y a las ideologías absolutistas, dictatoriales y tiránicas, muchas de ellas disfrazadas con piel de cordero, aunque sin dejar de ser hienas humanas que esperan la ocasión para hacerse con la presa, es decir, con el poder.

Al finalizar Jairo su exposición, Leunam continuó presentando su resumen.

Derecho a la igualdad

El gobierno de la futura República Universal de los Estados Unidos del Mundo ha de garantizar que, en todas las comunidades nacionales o repúblicas que la integren, o sea, en todo el mundo, ningún individuo se verá privado del derecho a la igualdad inherente a todos los seres humanos, mientras no transgreda las normas universales de convivencia fijadas por la gran comunidad mundial.

Todas las personas que pueblen la Tierra han de ser tratadas como iguales ante la ley y nadie sufrirá discriminación por motivos de género, nacionalidad, raza, ideología, creencias religiosas o cualquier otra causa que no atente contra los principios y valores universales establecidos en la Constitución de la República Universal de los Estados Unidos del Mundo.

La puesta en práctica inadecuada de la libertad o del libre albedrío de cada individuo puede hacer perder de forma temporal o definitiva el excelso derecho a la igualdad inherente a todos los seres humanos.

Terminada la breve exposición de contenido trascendental, intervino Mateo.

—Si los futuros gobernantes fueran capaces de lograr un gobierno universal para todos los hombres que pueblen la Tierra, que les garantizara la libertad, la educación y el derecho a la igualdad, podríamos sentirnos satisfechos, porque la enferma y corrupta sociedad que hoy nos asfixia, tortura o elimina manifestaría síntomas de recuperación. Pero, desgraciadamente, esos gobernantes no han nacido o están en período de formación. Es cierto que, en la actualidad, existen organismos internacionales integrados por una mayoría de países que han aprobado extensas y loables resoluciones sobre los derechos humanos, pero son incapaces de hacerlas cumplir, porque el egoísmo, la soberbia y el estúpido orgullo de los gobernantes de cada nación o Estado están por encima del bien común de los ciudadanos. En definitiva, mientras estemos gobernados por una mayoría de individuos apátridas, corruptos, necios, soberbios y faltos de inteligencia, no podemos esperar ninguna clase de recuperación de nuestra enferma sociedad.

—Sigo pensando —respondió Hugo— que nuestra vuelta a este mundo jamás se producirá, porque, si en los muchos siglos de existencia de la humanidad, cientos de millones de seres humanos han sido incapaces de crear una sociedad universal donde todas las personas tengan garantizada su libertad, su educación y su derecho a la igualdad, ¿por qué voy a creer que en poco más de un siglo nuestra sociedad va a sufrir una transformación colosal, si el egoísmo y la mediocridad son consustanciales a la gran mayoría de los seres humanos?

—Los poderosos gobernantes de la actualidad —dijo Leunam— tienen en su favor unas formidables y casi mágicas herramientas, como son los modernos medios de transporte y las avanzadas tecnologías de la comunicación, aparte de una excelente formación complementada con el dominio de dos o tres idiomas; lo que ocurre es que, a medida que han ido superando los distintos escalones del poder, sus neuronas cerebrales se han contagiado o enfermado rápidamente a través de las dominantes influencias o propagaciones de los circuitos neuronales enfermos o corrompidos, emitidos por los gobernantes más veteranos o de grado superior, evitando de esta forma la llegada a la cúspide del poder de individuos sanos, es decir, vocacionales, patriotas, honrados, leales, honestos, cargados de grandes virtudes y con claros objetivos transformadores y regenerativos de la sociedad. Solo individuos inteligentes con las virtudes citadas, colmados de una gran fortaleza, prudencia, templanza y defensores de la justicia universal, lograrán un día hacerse con el control de la estructura mundial del poder, eliminando a todos los apátridas, traidores, arribistas y vividores sin escrúpulos, gravemente enfermos a causa de unas ansias desmedidas de poder a cualquier precio, sin importarles la universalidad de la libertad, la educación y el derecho a la igualdad inherentes a todos los seres humanos.

—Leunam —respondió Darío—, a pesar de estar muy de acuerdo contigo, yo no confío mucho en que un día, en este corrompido mundo, alcancen el poder personas portadoras de esos valores y virtudes que describes, porque la naturaleza humana se degenera fácilmente a causa de lo que nos decía Hugo en su intervención. Es que el ser humano, en su mayoría, es tan felón, egoísta, soberbio y mediocre que, cuando le otorgas poder para gobernar, sientes náuseas de su comportamiento y endiosamiento. ¿Cómo se puede esperar de individuos tan corrompibles, y que son la mayoría, que defiendan la universalidad, la libertad, la educación y el derecho a la igualdad de todos los seres humanos?

—Tienes mucha razón —contestó Boris—. En cualquier continente podemos encontrar naciones o Estados dirigidos por reyezuelos tiránicos que les importan muy poco los derechos humanos. Pero el colmo de la soberbia, la traición, el egoísmo y la incompetencia de los gobernantes y de las gentes que los ayudan y favorecen es cuando se reparten su propia nación o territorio nacional en pequeñas «nancioncitas» o «republiquitas», para poder ceñir sobre su dislocada cabeza el correspondiente ornamento de reyezuelo o presidente y, a continuación, asfixiar al pueblo o la turba con impuestos para costear toda la maquinaria del poder y el boato requerido a su endiosado statu, y así competir mejor con los reyecitos vecinos o con el rey padre, que de todo hay. Estoy pensando en España, una nación pobre en recursos económicos, incapaz de garantizar la educación de todos sus ciudadanos en la lengua oficial del Estado, o sea, en el idioma español, y fragmentada en la actualidad en diecisiete ridículos y pequeños estados paralelos o comunidades autónomas, con sus presidentes, ministrillos, gobiernos, parlamentos, defensores del pueblo, embajadas repartidas por el mundo, y además, algunos gobiernos de estas «nacioncitas» conspirando o atentando contra la unidad nacional, es decir, contra España, sin que el gobierno del Estado y las supremas instituciones se esfuercen mucho en cumplir y hacer cumplir las sentencias judiciales o las leyes en general y, especialmente, la norma suprema del ordenamiento jurídico, o sea, la Constitución.

Terminada la intervención de Boris, Leunam continuó exponiendo el resumen elaborado con las aportaciones de los amigos contertulios.

La justicia

Todos los hombres que habiten la Tierra en la nueva Era tienen que tener garantizada su convivencia en armonía por medio de un conjunto de leyes, normas y reglas universales, basadas en la solidaridad, en la equidad y en la ética, pero nunca en dogmas religiosos, con el objetivo de garantizar los derechos fundamentales de los seres humanos, especialmente, la libertad, la educación, el derecho a la igualdad, la justicia, la paz y la fraternidad.

Al finalizar la breve exposición, prosiguió Leunam diciendo:

—Aunque a este apartado sobre la justicia global podríamos añadir más conceptos, creo que en el mismo fijamos dos condicionantes que harán a los hombres más libres e iguales. Uno es su carácter universal, como los contenidos de los apartados expuestos hasta ahora, ya que un ciudadano del mundo no puede ser condenado con penas diferentes, según el país donde se le juzgue. Y dos, cualquier justicia territorial ha de derivar de la universal y estar libre de influencias religiosas, bien sean monoteístas o politeístas. Ya hemos reiterado en varias ocasiones que las religiones son inventos de los hombres llevadas a la práctica por otros sin ninguna clase de escrúpulos, que han causado grandes tragedias a la humanidad, y, por consiguiente, su pronta desaparición aliviará bastante a la gran enferma.

—No puedo permitir —replicó Jonatan— que se haga esta valoración de las religiones en general y, mucho menos, de la religión católica, apostólica y romana, ya que, como sabéis, todo es obra de Dios Padre, del Hijo y del Espíritu Santo. Los hombres necesitamos tener fe en el más allá, donde Dios nos espera para celebrar el juicio universal e impartir su justicia como Juez Supremo del Universo, premiando a los que han cumplido fielmente su mandato con la gloria eterna y, a los pecadores que no se han arrepentido de sus maldades, con el fuego eterno del infierno.

—Desgraciadamente —contestó Yuri—, si después de todo lo que hemos valorado buscando la existencia de tu Dios, sigues pensando así, el que ya no tiene salvación eres tú; porque negar que todas las religiones no son inventos de los hombres, sino obra de Dios, es algo tan extraño que no se corresponde con una buena estabilidad mental de una persona con tu formación cultural. Y, además, resulta aberrante y detestable que cualquier religión tenga que intervenir en la justicia con sus sangrientas y crueles recomendaciones, según la época y la clase de religión, como son las etapas de la Santa Inquisición de la iglesia católica, apostólica y romana, o la ley de la Sharia, vigente en casi todos los países de fe islámica. Jonatan, te pido que no nos ofendas con falsas teorías espirituales o sobrenaturales y, si tú quieres seguir viviendo a costa de los hipócritas y de la masa ingenua, inculta o analfabeta que os sigue, es tu problema; pero, sinceramente, ya es hora de que todos los predicadores o vividores de las diferentes religiones empecéis a traspasar los monumentales, grandes y pequeños centros de culto o de oración y, también, a colaborar para conseguir una sociedad donde impere la universalidad de la libertad, de la educación, de la justicia, de la solidaridad y el derecho a la igualdad.

Al finalizar Yuri su exposición, Jonatan se sintió muy ofendido y decidió abandonar la tertulia, sin saber muy bien si volvería. A pesar de que Leunam le pidió que demostrara su fe y fortaleza continuando en la mesa de debate, Jonatan se excusó diciendo que su estado de ánimo no le permitía continuar, ya que sentía ganas de llorar sin saber muy bien por qué.

A continuación, Leunam siguió con la exposición del resumen elaborado.

El trabajo

El trabajo, como derecho fundamental de cualquier ser humano adulto, debe estar garantizado a nivel universal por el gobierno de la República Universal de los Estados Unidos del Mundo, puesto que es un bien que dignifica a las personas y constituye la base sobre la que se asienta y fortalece la vida familiar, que es un derecho natural y una vocación de los seres humanos.

Todas las personas adultas de cualquier rincón del mundo tendrán el deber de trabajar y el derecho al trabajo, a la libre elección de profesión u oficio, a la promoción a través del trabajo y a la justa remuneración para que no exista explotación, y menos aún, algún tipo de discriminación.

El trabajo desarrollado por niños o menores de edad constituirá un delito, por ser un hecho detestable e inhumano, acompañado de una violencia incalificable al estar dirigida hacia unos seres indefensos; por consiguiente, bajo ningún concepto será tolerado en la República Universal de los Estados Unidos del Mundo.

Al finalizar Leunam esta exposición, intervino Zacary para recordar que en la actualidad hay todavía millones de niños, especialmente en los países subdesarrollados, sometidos a la esclavitud del trabajo, y dijo:

—Resulta nauseabundo y execrable el comportamiento de la mayoría de los gobiernos de los países desarrollados y de sus órganos internacionales, frente a la esclavitud o explotación más detestable de niños y adolescentes sometidos a la realización de trabajos forzados, sin posibilidad alguna de recibir la necesaria educación y formación profesional, aparte de estar privados de su derecho de libertad, de igualdad y de justicia. Por esto, es necesario que las actuales religiones desaparezcan por completo, para que los poderosos Estados dedicados a provocar y mantener guerras, olvidándose de los derechos fundamentales de millones de niños y adolescentes esclavizados en todo el mundo, dejen por lo menos de estar bendecidos por los cínicos clérigos o predicadores de todas las religiones.

—Yo también creo —contestó Jairo— en la culpabilidad de las religiones en el mantenimiento de la explotación del hombre por el hombre a lo largo de los siglos, ya que han sido y siguen siendo, de una forma más o menos camaleónica, las fieles colaboradoras de los esclavistas en las diferentes versiones de cada época. Siempre tienen una excusa para justificar su pasividad o colaboración frente a las injusticias y atropellos de los derechos humanos por parte de la mayoría de los gobiernos, bien sean democráticos, dictatoriales o tiránicos. Recordemos de la iglesia católica, según San Mateo, una de sus afirmaciones evangélicas más socorridas para justificar su cobardía de acción frente a hechos inhumanos: «Dad al César lo que es del César y a Dios lo que es de Dios».

—Si las diferentes e influyentes religiones —dijo Ahren— no fueran ni hubieran sido tan colaboracionistas con todos los gobiernos del mundo, los poderes fácticos tan explotadores e hipócritas y los ciudadanos en general, más honrados y menos cobardes, comodones, conformistas o felones, estoy seguro de que el cáncer que corroe a la sociedad actual no sería de tanta gravedad, pero, desgraciadamente, las religiones en general y las monoteístas en particular, no tienen límite en su degradación frente a cualquier poder. Igual que la colaboración que tan in-sultante resulta a la inteligencia humana, realizada por muchos medios de comunicación con sus corruptos y poderosos dueños al frente; y qué decir de la indolencia o vagancia de la comunidad intelectual, porque tampoco tiene ninguna clase de perdón, por su colaboracionismo con los diferentes poderes que están empujando al mundo al abismo de su sangrienta destrucción.

—Está claro —dijo Mateo— que las religiones deben desaparecer de la vida de los seres humanos, porque solo les aportan dosis de sumisión para que sean mejor explotados en sus diferentes actividades, y, además, se sientan contentos y agradecidos a los individuos que se lucran y benefician de una gran parte de su trabajo. Igual debe ocurrir con algunas instituciones y muchos medios corruptos de información encargados de adoctrinar a la plebe o de alimentarla con múltiples espectáculos tipo bazofia, para que se sienta muy feliz en su moderno estado de esclavitud. Por eso, es justo pedir la desaparición de los individuos e instituciones públicas que no trabajen para conseguir que todos los seres humanos tengan garantizados derechos fundamentales e inherentes a los mismos, como el trabajo, la libertad, la educación, la igualdad y la justicia.

Como no hubo más intervenciones sobre el apartado del trabajo, por considerar que sería reiterar conceptos y valoraciones que ya se han hecho y repetido a lo largo del contenido de este texto, Leunam expuso el resumen sobre otra de las condiciones que se deben recoger en las leyes aplicadas por el gobierno de la futura y gran sociedad constituida por el mundo entero, para que estuvieran conformes con volver a nacer.

La sanidad

El derecho a la protección de la salud de todos los seres humanos que pueblen la Tierra en la nueva época ha de estar garantizado por unos servicios y unos bienes mantenidos escrupulosamente por los poderes gubernamentales de la República Universal de los Estados Unidos del Mundo.

En una sociedad cosmopolita, con un estado de bienestar generalizado y garantizado para todas las personas, la sanidad pública universal constituirá la base del pilar fundamental del mismo. Por consiguiente, la República Universal garantizará en todo momento el riguroso cumplimiento del derecho de todos los seres humanos a la protección de su salud, mediante medidas preventivas puestas en práctica por los servicios médicos y sociales necesarios.

Terminada la exposición, intervino Yuri queriendo dejar bien claro que no solo aspiraban a que la futura estructura gubernativa, compuesta por todas las repúblicas o estados del mundo, diera prioridad al derecho de todos los individuos a una sanidad pública universal, sino que esta debe ser uno de los pilares fundamentales, sin olvidar los que deben sustentar un justo y merecido estado del bienestar a todos los seres humanos en las distintas etapas de su vida.

A continuación, Leunam expuso el siguiente apartado de las resoluciones que había elaborado y que servirán para realizar la redacción de la carta abierta de Derechos Humanos Universales que defienden y cuyo contenido ha de estar incluido y desarrollado en la futura Constitución de la República Universal de los Estados Unidos del Mundo, para poder volver a nacer en cualquier rincón del planeta Tierra.

La familia

La familia debe estar protegida por la Constitución Universal, aplicada y garantizada por todos los gobiernos de los Estados Unidos del Mundo, por ser la institución natural y esencial de la sociedad.

El núcleo de una familia será el matrimonio, formado por los vínculos de afinidad que se establecen entre un hombre y una mujer, dando lugar a una descendencia directa, como son los hijos, que en un principio aumentarán el núcleo familiar y, con el paso del tiempo, crearán nuevos núcleos familiares que gravitarán alrededor del original hasta pasado un cierto tiempo después de su extinción natural, aunque siempre continuará la interrelación de los diversos núcleos familiares surgidos del matrimonio.

Ninguna instauración de convivencia afectiva o interesada, acompañada de relaciones sexuales o no, entre seres humanos del mismo sexo, será denominada «matrimonio» y, por consiguiente, nunca podrá ser equiparada a la unión legal de un hombre y una mujer, ya que asegurar la continuidad de la especie humana de una forma natural, sin recurrir a métodos artificiales o comerciales, es un honor o dignidad que solo debe ostentar el matrimonio como institución básica de la nueva sociedad por garantizar la existencia de la humanidad.

La obligada universalidad de la ley que regule la institución fundamental del matrimonio no permitirá en ninguna parte del mundo la bigamia, la poligamia, la poliandria y la poliginia, ya que estas clases de uniones o matrimonios, permitidos en algunas culturas, solo desprestigian y menoscaban el honor de la principal institución familiar.

El gobierno de la República Universal de los Estados Unidos del Mundo exigirá y garantizará el fiel cumplimiento de su Constitución en todos los rincones de la Tierra, o sea, en todas las naciones, estados o repúblicas que la integran.

Al terminar Leunam la exposición sobre la familia, intervino Hugo.

—Si no fuera por la corrupción casi generalizada en todos los estamentos del poder, resultaría incomprensible el comportamiento servil y necio de una parte de la sociedad actual, especialmente en los países desarrollados y democráticos, frente a ciertos grupos minoritarios con etiqueta confusa, que ni siquiera tienen una representación popular directa en las instituciones que se crean como consecuencia de la práctica democrática y, encima, están empeñados en la destrucción de la institución del matrimonio, entre otras; cuando, gracias a la familia que surge del mismo, los individuos nos sentimos más amparados o protegidos en las primeras y últimas etapas de nuestra vida, y, además, colmamos una vocación natural, como es formar parte de una estructura o grupo familiar.

—Yo creo que se comprende fácilmente —contestó Leunam—, porque en muchos países considerados democráticos lo que en realidad gobierna es una dictadura de los órganos de poder de los diferentes partidos políticos y que podríamos denominar partitocracia. En realidad, la mayoría de estos organismos políticos actúan como grandes mercados con negociantes de promesas falsas o irrealizables, pero que la masa ignorante, adocenada o plebeya las digiere bastante bien; y si las incumplen una vez alcanzado el poder, tampoco reacciona de forma contundente, porque los influyentes pesebristas o voceros políticos ya se encargan de mantenerla en su estado borreguil. Pero dentro de la cerca o del corral, a veces surgen grupos díscolos que se organizan como instituciones parasitarias y, además, reciben importantes subvenciones a cambio de no alterar la paz del redil ni el destino del voto; esto justificaría la existencia, influencia y el poder de los referidos grupos minoritarios.

—Ese comportamiento de chalaneo —dijo Samuel— de la inmensa mayoría de los partidos políticos con esas instituciones pancistas o *lobby* de gran influencia y poder, concediéndoles lo que serían incapaces de conseguir en las urnas, no deja de ser una práctica corrupta en la aplicación del poder que los ciudadanos les otorgamos, porque generalmente en ninguna ocasión durante la campaña electoral y, menos en su programa electoral, hacen referencia a concesiones tan disparatadas como las relacionadas, por ejemplo, con el *lobby* de gays y lesbianas, referente a la capacidad de adopción o a la denominación de matrimonio a sus uniones íntimas, estables o temporales, carentes de una lógica racional o de una mínima correspondencia natural con los demás seres que pueblan el planeta Tierra. Por estos comportamientos corruptos y muchos más, la actual organización y funcionamiento de los partidos políticos debe ser eliminada si anhelamos una sociedad justa y sana de personas libres.

Al terminar Samuel su intervención, continuó Leunam con la exposición del resumen que había elaborado, partiendo de las aportaciones del grupo de amigos.

La Nación y el Estado

Cada nación o república integrante de la República Universal de los Estados Unidos del Mundo, como patria común e indivisible de los individuos que nacen en su territorio o les vinculan derechos que les otorgan la nacionalidad, ha de estar constituida en un Estado social y democrático de Derecho, que defienda y garantice a todos sus ciudadanos los derechos humanos universales emanados del órgano supremo de gobierno de la República Universal.

Todos los ciudadanos del nuevo mundo deben defender y sentirse orgullosos de su Nación y Estado, porque así estarán honrando a sus antepasados y a la República Universal.

Ningún ciudadano ni institución puede ofender, menoscabar, traicionar o atentar contra su Nación-Estado, símbolos o instituciones que los representen, sin ser penado por la legislación correspondiente. Igual ocurrirá si atenta contra la República Universal de los Estados Unidos del Mundo.

Finalizada la exposición de este apartado, quiso intervenir Boris y puntualizó:

—Los individuos que no aman ni defienden a su Nación-Estado considero que, aparte de ser unos cobardes y traidores, son unos completos ignorantes, porque hay muy pocas Naciones-Estado reconocidas mayoritariamente en los organismos internacionales actuales, cuyas tierras no estén fertilizadas con los restos mortales de sus mártires y regadas con su sangre. Quiero decir que los políticos y gobernantes, en general, deberían ser muy patriotas, honrados, menos cínicos y dedicarse a conseguir una sociedad universal más justa y respetuosa con los hombres que sacrificaron sus vidas para crear una gran Nación, y, por supuesto, ser menos felones y cavernícolas, fomentando la creación de nacioncitas para satisfacer su estúpido o soberbio ego, sin importarles llenar su redil de siervos aborregados.

—Estoy de acuerdo —respondió Darío—. Si los gobernantes, los políticos y los poderes fácticos que dominan hoy el mundo no tuvieran comportamientos tan detestables, cobardes e hipócritas, estoy seguro de que tendríamos una sociedad menos corrompida, mucho más solidaria, más virtuosa y con una visión del bien común más universal, que terminaría logrando una convivencia social mucho más patriótica, armónica y ética. Desafortunadamente, está ocurriendo todo lo contrario, ya que a medida que pasa el tiempo, la solidaridad entre los hombres y la moral de las distintas culturas se degenera aceleradamente y, como consecuencia, la enfermedad universal de los pueblos se agudiza; pensemos, por ejemplo, en el vil comportamiento de algunos partidos políticos que están infligiendo a muchos países llamados democráticos, detestables dictaduras junto con otros partidos minoritarios o grupos sociales, solo con el objetivo de compartir poder y beneficios, y no por interés del bien común de los ciudadanos, sino por réditos muy particulares, poco solidarios y exentos de sentimientos patrióticos, sin importarles la destrucción de su propia nación y estado.

—Cada vez estoy más convencido —dijo Leunam— del inmenso esfuerzo y sacrificio que ha de realizar la parte sana de la corrupta sociedad actual, para empezar a universalizar derechos y obligaciones de todos los ciudadanos del mundo, mediante la creación de una República Universal formada por la unión de todas las naciones o estados de la Tierra, o sea, los Estados Unidos del Mundo, con un gobierno con cinco cabezas presidenciales —una por cada continente—, un consejo de ministros integrado por los presidentes de todas las naciones, estados o repúblicas constituyentes, instituciones estatales garantes del cumplimiento de la legislación y de la Constitución Universal aprobada democráticamente por todas las naciones y estados del mundo, que, obligatoriamente, han de formar parte de la gran estructura de la República Universal. Si los hombres de buena voluntad, patriotas, honrados, solidarios, intelectuales y profesionales bien preparados y experimentados no son capaces de poner en marcha esa gran organización universal, pueden tener la completa seguridad de que morirán sepultados por los escombros de las cochambrosas estructuras de los infectos chiringuitos del poder imperante.

Finalizada esta intervención, Leunam continuó con la exposición de otro apartado del trabajo realizado.

Las religiones

En general, las actuales religiones, como práctica humana a lo largo de muchos siglos, deben pasar a formar parte de la historia de los pueblos; por consiguiente, ninguna religión monoteísta o politeísta condicionará la vida pública o social de las personas, ni el funcionamiento de las instituciones en ningún rincón del nuevo mundo. Sus enseñanzas sobre seres sobrenaturales o dioses omnipotentes inexistentes no se pueden mantener a nivel oficial en una sociedad universal sana que deteste la corrupción, el cinismo, la hipocresía y el engaño. Otra cosa será lo que libremente se pueda creer o hacer en el ámbito estrictamente individual o privado.

Las religiones actuales han de ser sustituidas por una doctrina o religión universal que enseñe a los seres humanos un Humanismo Fraternal basado fundamentalmente en la solidaridad y en el amor al prójimo, exento de fideísmo o de cualquier poder sobrenatural relacionado con alguna deidad.

La nueva doctrina ha de tener en cuenta las enseñanzas éticas o filosóficas racionales de la moral, la virtud, el deber, la felicidad y todos los valores humanos que dignifiquen a las personas para lograr el bien común que les corresponde, desterrando la traición, el egoísmo, el individualismo, el consumismo, el ocio colectivo atolondrado y aborregado, etc.

Y, por supuesto, la religión o doctrina humanista que sustituya a todas las religiones actuales tendrá en consideración las mejores actitudes filosóficas y éticas desarrolladas a lo largo de la historia de la humanidad, pero especialmente aquellas acciones y enseñanzas de personas libres de influencias divinas que han servido y sirven para conseguir una convivencia fraternal, porque con los valores humanos aportados a través de su trabajo, esfuerzo y sacrificio, construyeron las cimentaciones y estructuras de sus respectivas civilizaciones, las cuales imprimen una singular identidad histórica a sus naciones y estados, cuyos ciudadanos han de sentirse orgullosos y erigirse en grandes defensores del patrimonio recibido de sus antecesores.

Los Estados de todas las naciones que integren la República Universal de los Estados Unidos del Mundo garantizarán el desarrollo y el cumplimiento de la nueva doctrina o religión en sus respectivos territorios. Todas las materias espirituales o de fideísmo de las diferentes religiones actuales serán sustituidas a nivel oficial por la implantación de la nueva doctrina.

Al terminar Leunam esta exposición, intervino Ahren.

—Yo estoy convencido de que, colocando en los respectivos soportes de una balanza lo bueno y lo malo que ha hecho cada religión por la humanidad, no existe ni ha existido ninguna en el mundo que haya hecho superar el peso del platillo del bien sobre el peso del soporte del mal. Siempre ha predominado el mal sobre el bien de forma casi insultante. Esto no es mi opinión particular; el que lo ponga en duda tiene a su disposición miles de textos de diferentes autores y épocas que le harán ver la luz.

—Es cierto —respondió Jairo—. Si la gente se documentara más, deduciría fácilmente que las religiones en general no convienen al hombre, salvo en casos particulares u ocasiones muy puntuales, ya que siempre hay predicadores o personas abnegadas dispuestas a sacrificar su vida por conseguir ayudar a los demás. Pero aquí, lo hemos reiterado muchas veces: las religiones, a lo largo de los siglos, han traído muchas tragedias y muertes al género humano; recordemos las llamadas guerras europeas de religión, las cruzadas, las hogueras de la Inquisición y un sinfín de actos inhumanos y aberrantes cometidos en nombre de Dios o de Alá, que, para el caso, es igual.

—Estoy de acuerdo —dijo Mateo—. La humanidad no perdería nada si de la misma desapareciera una gran parte de las acciones e influencias de todas las religiones. Al contrario, ganaría mucho, porque los individuos serían más humanos o solidarios al gozar de más libertad, al liberarse de unas ataduras vigorosas que penetran de por vida en su estado anímico de niñez o juventud, configurando su destino y su comportamiento.

—Para que las religiones actuales —dijo Leunam— sean erradicadas de forma racional de la vida privada y social de las personas, será necesaria una generosidad ilimitada por parte de los oficiantes y vividores eclesiásticos, además de un reconocimiento del daño y del inmenso fraude espiritual cometido durante muchos siglos. Pero dudo mucho que eso ocurra en un plazo de tiempo relativamente corto, ya que las religiones en general y las monoteístas en particular, como poderosos e influyentes poderes fácticos, ansían y disfrutan con el poder, aunque este no deje de chapotear en la ciénaga de la corrupción y de la injusticia; ni tampoco les importa convertirse en agentes colaboracionistas, prolongando o agravando la enfermedad de la sociedad para nutrirse hábilmente de su adversidad.

—Para mí —dijo Yuri— está muy claro que todas las religiones tienen que dejar de condicionar el comportamiento y el destino de los seres humanos en esa sociedad universal a la que aspiramos, cuya defensa de la libertad de las personas constituye uno de sus pilares básicos. Por consiguiente, la desaparición de todas las religiones existentes, dejando solo el poso humanitario como contribución a una nueva doctrina o religión, sería la más generosa aportación que sus dirigentes apostólicos podrían hacer para empezar a crear la gran sociedad universal, donde todos los hombres gocen de los mismos derechos y deberes. Yo no creo que sea pedirles demasiado, cuando se han pasado tantos siglos viviendo a costa del trabajo y sacrificio de los hijos de su inexistente Dios al que tanto dicen amar.

—Las estructuras —respondió Samuel— de las religiones católica, islámica, judía, budista y de las demás creencias religiosas son muy extensas y resistentes, especialmente las del catolicismo, el islamismo, el judaísmo y el budismo, y por esto constituirá un arduo trabajo seleccionar las diferentes enseñanzas que se han de integrar en la nueva doctrina o religión universal humanista y las que se tienen que demoler o desmontar para reconstruirlas en el museo de la Historia Universal. Por consiguiente, será necesaria mucha generosidad, lealtad, honradez, fortaleza y un ilimitado amor fraternal por parte de cada comunidad religiosa, para que los gobiernos eclesiásticos y las autoridades supremas de las diferentes religiones comprendan que solo existe gravitando en el Universo el planeta Tierra, junto con otros astros, gracias a las leyes físicas de la gravedad, y que solo compete al género humano que lo habita crear una sociedad universal donde todas las personas vivan en libertad y en una completa armonía solidaria para lograr un máximo de felicidad.

—Yo confío —contestó Zacary—, a pesar de la deficiente e interesada alimentación formativa y cultural que recibe la inmensa mayoría de la juventud de la emponzoñada sociedad que les adiestra, en que un día germinen y se fortalezcan algunas semillas que den vida a otra juventud valiente y regeneracionista, dispuesta a hacer un máximo esfuerzo y sacrificio para transformar o curar por completo a esta sociedad, sin dañar su identidad. Esa juventud no debe tener miedo ni sentir ningún remordimiento de conciencia al colaborar racionalmente para colocar a todas las religiones en el lugar histórico y cultural que les corresponde en el museo universal de la historia de la humanidad. Y, además, trabajar hasta conseguir poner a disposición de los nuevos gestores públicos y enseñantes de la nueva doctrina o Humanismo Fraternal sus inmensas riquezas de bienes muebles e inmuebles; ya que el trabajo, el esfuerzo y el sacrificio de sus antepasados, unas veces mal remunerados y otras por temor al castigo divino, hicieron posible la construcción de ermitas, iglesias, catedrales, mezquitas, sinagogas y otros muchos templos. Aparte de las innumerables y cuantiosas donaciones de gentes que, en sus últimos minutos de vida, querían salvar su alma del fuego eterno del infierno, devolviendo a su Dios lo que habían arrebatado como poderosos dictadores, terratenientes o esclavistas.

Después de la larga y racional intervención de Zacary, Leunam expuso el último apartado del resumen de las principales transformaciones que tiene que sufrir la sociedad actual, así como los derechos humanos que han de garantizar la futura sociedad donde les gustaría volver a vivir.

Partidos políticos y gobernantes

En la República Universal de los Estados Unidos del Mundo no existirán los partidos políticos tal como los conocemos en la sociedad actual, por actuar, en la inmensa mayoría de los casos, como auténticas empresas productoras de elementos adulterados con falsas etiquetas, aparte de emplear métodos y comportamientos irracionales, ejercidos mayoritariamente por individuos apátridas o felones, carentes de la adecuada preparación intelectual y profesional que les convierte en unos incompetentes en la actividad que ejercen como mandatarios, aunque siempre poseídos de tal grado de soberbia, estupidez o necedad que los transforma en grandes tiranos o esperpentos humanos tratando de aliviar sus muchos complejos personales. Y, para colmo de la inmensa barbaridad política, estos tiranos o cínicos inútiles, cuando ejercen funciones de gobierno y aprueban leyes acordes con sus múltiples intereses, inmensa ignorancia, cobardía o arrogancia, perjudican gravemente a la sociedad en general y a las personas en particular. No son responsables de sus actos ante los correspondientes tribunales de justicia, sino que el partido político que los alimenta, como mucho, se limita a cambiarlos de cargo, a veces de mayor responsabilidad, según sea la magnitud de su parcela de poder dentro del mismo. Por consiguiente, organismos que fomentan la corrupción y perjudican las actividades de gobierno de un pueblo no pueden formar parte de una sociedad universal, donde deben imperar los derechos humanos y las virtudes de las personas.

En ninguno de los estados o repúblicas del mundo que integren la República Universal pueden estar presentes ideologías políticas manchadas de sangre con historiales repletos de actividades criminales y terroríficas, empleadas contra los seres humanos para conseguir y mantener el poder. La inteligencia y la entrega ejemplar de los grandes hombres creadores del nuevo orden con un gobierno universal han de aportar las nuevas ideas y acciones que aglutinen a los ciudadanos de acuerdo con su formación profesional, inteligencia, conciencia, virtudes y sentimientos, por caminos cuya confluencia final sea el bien común de la sociedad a nivel universal. Las detestables ideologías ensangrentadas solo tendrán sitio en los textos de historia, en la cultura y en el museo de los horrores, para que los hombres recuerden o conozcan las tragedias sufridas por sus antepasados a causa de las ideologías políticas y las religiones.

En principio, todos los habitantes mayores de edad de cualquier rincón del mundo con vocación política podrán ser elegidos por sus compatriotas para que les representen y gobiernen desde las distintas instituciones públicas o de poder de las diferentes naciones, estados o repúblicas que integren la República Universal de los Estados Unidos del Mundo. Pero todas las personas con aspiraciones políticas han de cumplir unos requisitos de lealtad, patriotismo, honradez, madurez intelectual, cultural y profesional, aparte de una demostrada experiencia de resultados prácticos y positivos en el campo intelectual y en el mundo del trabajo; todo ello complementado por un plural e importante aval de los conciudadanos que los propongan para ser elegidos como políticos o gobernantes por su innegable dignidad.

Todos los ciudadanos que cumplan las condiciones enumeradas, desarrolladas y complementadas por las leyes de sus respectivas naciones, estados o repúblicas, en definitiva, por la República Universal de los Estados Unidos del Mundo, presentarán en los organismos oficiales correspondientes y, a nivel individual, la documentación exigida para ser considerados candidatos y así poder participar en el proceso de elección por parte de todos los residentes de su correspondiente distrito electoral con derecho a votar.

Todos los candidatos proclamados oficialmente tendrán derecho al acceso gratuito y controlado a los diferentes medios públicos o estatales de comunicación.

Los organismos oficiales encargados de la elaboración de las diferentes listas resultantes de los candidatos triunfantes y del control riguroso de todo el proceso electoral deben depender del poder judicial de cada república estatal, coincidente con el poder de la República Universal. Sus funcionarios han de estar sometidos a unas leyes penales muy estrictas que eviten posibles negligencias o corrupciones administrativas.

Con la forma de participación política y el sistema de elecciones esquematizado anteriormente, se eliminan de la vida pública las descompuestas y putrefactas máquinas políticas que representan a muchas ideologías o partidos políticos, al mismo tiempo que se garantiza la elección de personas vocacionales, patriotas, honradas, leales y de acreditada competencia intelectual, cultural y profesional en el mundo del trabajo; aparte de estar comprometidas directamente con sus conciudadanos o vecinos a través de unos acuerdos adquiridos en el proceso electoral, que deberán defender con firmeza y honradez en el correspondiente órgano de gobierno en el que terminen integrándose, de acuerdo con las leyes que definan y determinen la formación de los poderes Ejecutivo, Legislativo y Judicial de la República Universal de los Estados Unidos del Mundo.

Y, finalmente, como españoles, queremos detenernos en España y reiterar que, para volver al planeta Tierra, concretamente, a nuestra Patria, exigimos un cambio radical de la composición y funcionamiento del Estado Español ajustado a todo lo que hemos exigido en la formación de la República Universal de los Estados del Mundo. Además, queremos puntualizar que el Parlamento Español debe estar compuesto solamente por el Congreso de los Diputados, ya que el Senado, Cámara de Senadores o Cámara Alta como representación territorial de España no estará justificada, porque en el nuevo Estado no existirán las Comunidades Autónomas o Estado de las Autonomías, quedando España compuesta por las regiones tradicionales bajo un gobierno central. El Parlamento así constituido será la institución máxima de la soberanía del pueblo español; por consiguiente, todos los ciudadanos mayores de edad estarán inexcusablemente obligados a participar en el sufragio universal, porque no es justo ni democrático que haya ciudadanos con derecho a votar que se inhiban por irresponsabilidad, ignorancia o negligencia.

El Parlamento o las Cortes Generales estarán compuestas por todos los ciudadanos elegidos por sufragio universal y de acuerdo con todo lo explicado anteriormente para ser candidato. Todos los diputados reunidos en asamblea plenaria elegirán por mayoría de dos tercios del total de diputados al presidente del Gobierno y al presidente del Parlamento. El presidente del Gobierno elegirá a los integrantes o ministros del mismo y el presidente de las Cortes Generales elegirá a todos los portavoces de las distintas comisiones. Tanto los ministros como los portavoces han de ser confirmados por una mayoría cualificada de todos los diputados. Igual se procederá para los diferentes responsables del desarrollo completo del organigrama funcional del Estado de Derecho Español, compuesto por los tres poderes básicos: Legislativo, Ejecutivo y Judicial.

Al terminar Leunam la exposición enumerada, intervino Boris con el deseo de ratificar su convencimiento absoluto de la necesidad que tiene la futura sociedad de desterrar de la vida pública a los actuales partidos políticos, a los sindicatos y demás parásitos subvencionados, incluidas las religiones, los medios de comunicación amamantados y los espectáculos comerciales de masas encargados de domesticar a los individuos a base de forraje con efectos narcotizantes.

—Cada día que pasa estoy más convencido de que el ser humano es el único animal del mundo que se acostumbra a vivir en las ciénagas o en los palacios, ubicándose con resignación en los diferentes escalones o estados que separan a los dos extremos. Digo esto porque resulta incomprensible que cientos de millones de personas acepten como hechos normales a todas las instituciones o gobernantes que los explotan, maltratan y engañan; e incluso colaboran gustosamente en el mantenimiento y fortalecimiento de la detestable situación creada por el poder, las religiones, los partidos políticos, los sindicatos, los medios de comunicación y los poderes fácticos que los subyugan, a cambio de dejarlos sentirse protagonistas alimentando y aseando al monstruo que los esclaviza. Recordemos quiénes forman el cerebro y la masa muscular de los criminales, diabólicos y crueles monstruos que dominan la Tierra. Y tampoco olvidemos que, a medida que crecen y se robustecen, se devoran entre ellos.

—Es cierto —dijo Darío—, porque los individuos gobernados por las tiránicas dictaduras se acobardan o acomodan bajo las botas de los detestables dictadores; y los que creen vivir en libertad son muy felices, porque los dejan participar en los procesos electorales que celebran los países llamados democráticos, sin darse cuenta de que son perversamente engañados por los pequeños monstruos que conducen las obsoletas y diabólicas máquinas que mueven a los partidos políticos, a los sindicatos y a los medios de comunicación *apesebrados*. ¿Acaso se puede deducir algo diferente cuando la gente admite como cosa normal que los partidos políticos incumplan los compromisos determinados en sus programas electorales, o que elaboren listas cerradas con los nombres de los peones más sumisos, traidores, avariciosos o vividores para dominar y alimentar mejor a la fiera?

—Es verdad —contestó Samuel—, la mayoría de los actuales partidos políticos de España y del mundo han hecho y continúan haciendo tanto daño a esas buenas formas de gobierno que hace más de veinte siglos soñaron en Grecia Pericles, Platón, Aristóteles y otros grandes pensadores, que se siente pena o náuseas de la descomposición y degradación de un sistema de gobierno que, practicado con solidaridad, patriotismo, lealtad, justicia, honradez y honestidad, sería ideal para conseguir el bien común de los pueblos.

—De aquí —contestó Leunam— nuestra excesiva reiteración en que todas las instituciones de poder que en la actualidad dirigen los destinos del mundo, como son los partidos políticos, las religiones, las emanadas de la arcaica nobleza, los medios de comunicación y los poderes fácticos, deben desaparecer de la vida pública y refugiarse para siempre en las bibliotecas, con el fin de que puedan ser estudiadas con detenimiento por las generaciones venideras para que puedan imposibilitar su resurgimiento. Si esa élite de las nuevas generaciones a las que tanto hemos apelado para que curen a nuestra sociedad mundial gravemente enferma, especialmente en España, no se apodera de la sala de operaciones y extirpa con decisión todos los tumores malignos que la conducen a una muerte segura, nosotros, los que hemos querido pensar —influenciados todavía por las resurrecciones bíblicas— que podríamos volver al planeta Tierra, pero imponiendo condiciones a la nueva sociedad, jamás volveremos a nacer.

Con la intervención de Leunam, los diez amigos —recordemos que Jonatan se ausentó— dieron por concluida la exposición del resumen de derechos y condiciones elaborado por Leunam, al que hay que añadir las puntualizaciones y consideraciones aportadas en cada una de las diferentes intervenciones, convirtiéndolo en un documento abierto, cuyo contenido ha de quedar formulado y desarrollado por la Constitución de la República Universal de los Estados Unidos del Mundo, entre ellos, España, donde les gustaría volver a nacer si queda garantizado el estricto cumplimiento de todos los condicionantes relacionados.

Leunam y sus amigos
de la adolescencia

Leunam había pedido a sus fraternales y alejados amigos de la adolescencia, Siro, Zoe y Yeray, que acordaran un día para reunirse en un lugar intermedio entre las respectivas ciudades de residencia de los cuatro, que fuera acogedor y poco concurrido, donde pudieran disfrutar de un buen ambiente y de una buena comida. Así, podrían hablar tranquilamente de algunas cosas de sus vidas, sin dejar de recordar, a pesar de que ya habían transcurrido más de cuatro décadas de aquella noche inolvidable en la que se entregaron en cuerpo y espíritu a unas prácticas del Karma Sutra que no tenían ni idea de que existían, pero que, gracias a unas expertas zalameras y sensuales profesoras del sexo, gozaron y superaron con buena puntuación el acelerado cursillo de tan delicada y desconocida materia.

Era cierto que aquella noche se rompió el podio o el inmaculado pedestal donde la ética, la educación y la conciencia de Siro, Yeray, Zoe y Leunam habían colocado a las mujeres en general; pero ese derrumbe o estropicio del supuesto altar arrojó a una amplia mayoría de ellas al suelo, quedando hipotéticamente heridas de gravedad en la nueva valoración ética de los cuatro amigos, siendo exoneradas directamente de tal consideración las madres y hermanas, así como las ascendencias y descendencias consanguíneas.

En aquellos tiempos, Siro, Yeray, Zoe y Leunam tenían una referencia muy vaga o confusa de la prostitución de las mujeres en sus múltiples formas, porque los temas sexuales, y más a su edad, eran eliminados de toda clase de conversaciones por sus progenitores, por la sociedad y, muy especialmente, por la religión impartida por la Iglesia católica, apostólica y romana, cuya influencia en la educación y en los comportamientos de la población era nefasta y radical.

No pasó mucho tiempo después de la petición de Leunam cuando ya habían decidido reunirse alrededor de una buena mesa surtida de apetitosos platos caseros que alguno de ellos hacía bastante tiempo que no comía, ya que no todos, a la hora de casarse, tuvieron en cuenta un viejo, pero acertado refrán que dice: «La mujer y la burra hay que escogerlas cuanto más cerca de casa, mucho mejor». Esto era lo que le aconsejaba a Leunam su abuelo.

Como algunos hacía bastante tiempo que no se veían, en el encuentro no faltaron los fuertes abrazos y la manifestación de una gran alegría al poder estar juntos. Seguidamente, pasaron a una sala reservada donde comieron y pasaron una tarde muy agradable recordando muchas cosas de sus extensas vidas.

Después de la buena comida, amenizada con una charla amistosa y fraternal, el primero que quiso intervenir para exponer más formalmente algunas cuestiones, mientras tomaban los postres, el champán, el café y la copa de algún aromatizado licor, fue Leunam y dijo:

—Siro, Zoe y Yeray, no podéis imaginaros la alegría tan especial que siento. Sé que vosotros también, pero dejadme soñar despierto, porque eso es lo que estoy haciendo en este momento en el que estamos los cuatro juntos. Es verdad que con un poco menos de pelo, pero no me negaréis que sin necesidad de cerrar los ojos, nos podemos trasladar imaginariamente a todo cuanto ocurrió aquella inolvidable noche, cuando aún no habíamos cumplido los dieciocho años y, como auténticos paletos llenos de perjuicios contagiados, especialmente por nuestros cínicos e hipócritas profesores de religión, entramos con caras idas y andares chulescos de pueblo en aquel lujoso salón, donde bellísimas y voluptuosas mujeres vendían por indeterminado tiempo su cuerpo y su arte amatorio. Es cierto que aquella noche, antes de ser abatidos por el cansancio y el sueño, también sentimos aflicción y desprecio por aquellas prostitutas que solo tienen cabida en una sociedad enferma, corrupta y deshonesta.

—Como ha dicho Leunam —dijo Siro—, yo también estoy muy contento de que hayamos celebrado esta comida, venciendo las grandes distancias físicas que nos separan, ya que nuestros sentimientos fraternos nos mantienen muy unidos, estando al corriente de lo que nos sucede a cada uno. Antes de continuar, también quiero recordaros una vez más que hay cosas en la vida que jamás se olvidan. Y menos cuando tienes una edad de algo más de diecisiete años y se trata de algo tan trascendental, como es perder la virginidad. Nuestros hijos y, quizás, nuestros nietos, se reirán del valor que le damos a la castidad, especialmente, a la de las mujeres; pero pueden estar seguros de que si no valoran la virginidad, igualarán el reino animal racional con el irracional y solo conseguirán empeorar más la grave enfermedad de nuestra sociedad.

—Yo también estoy muy contento —dijo Zoe— de haber celebrado este encuentro, pero observo que os estáis poniendo muy filosóficos recordando nuestra primera noche de putas. Aunque considero que todo lo que ocurre la primera vez resulta muy difícil de olvidar, creo, y estaréis de acuerdo conmigo, que lo que nos causó más impacto fue la contradicción real con la dañina educación doctrinal que habíamos recibido de nuestros mayores y, especialmente, de la Iglesia católica, que tanto miedo nos había metido con los tres diabólicos enemigos del alma, es decir, el demonio, el mundo y la carne, junto con sus terroríficas consecuencias. Hoy resulta impensable, aunque siempre hay excepciones, que chicos en sus últimos años de adolescencia caminen por el mundo con semejante ignorancia en sus mochilas. Lo que ocurre es que tampoco sabemos dar la enseñanza correcta, porque inducir a los adolescentes a fornicar a su libre albedrío es algo que pagarán muy caro, especialmente las mujeres.

—Como no puede ser de otra forma —dijo Yeray—, yo también estoy disfrutando mucho de esta reunión, aunque he tenido momentos de melancolía al recordar aquella noche en la que por primera vez dormíamos lejos de nuestras familias y comenzamos a tomar contacto con un mundo morboso que no conocíamos en su realidad, aunque nos sentíamos atraídos de forma obsesiva, quizás, por ser un tema tabú o sencillamente por el lógico desarrollo de nuestra naturaleza. Decía que había sentido melancolía, pero no por el inolvidable tránsito de niño adolescente a hombre, sino porque el tiempo nos ha cambiado mucho nuestro físico, y yo continúo recordando y queriendo mucho a aquellos adolescentes alegres, estudiosos, responsables y demasiado queridos por las chicas de su pueblo. En fin, así es la vida y, además, con nosotros no se ha portado muy mal, por lo que deberíamos recordar solo un hecho de nuestra larga actividad profesional que está a punto de acabar para confirmar mi particular apreciación.

La idea de Yeray fue aplaudida por el resto de amigos. Aunque alguno sugirió que necesitaría un libro para explicar cosas muy importantes e interesantes, sobre todo, para los jóvenes de hoy con ganas de trabajar. Al final consideró que si no lo escribía tampoco se perdía nada, ya que la inmensa juventud del mundo actual está narcotizada con alimentos mentales de fácil digestión, como son casi todo lo relacionado con las redes sociales, la bazofia televisiva, los medios de comunicación y los multitudinarios eventos deportivos y musicales, que les dificultan el funcionamiento cerebral, imposibilitándolos para la lectura y, por supuesto, para razonar y pensar por sí solos.

Fue Zoe el primero que quiso recordar alguno de los muchos eventos o acontecimientos durante su corta etapa política como alcalde independiente de su pueblo.

—Como todos recordaréis, aunque ya han pasado unos pocos años, yo fui elegido alcalde de nuestro pueblo sin pertenecer a ningún partido político. Nuestra candidatura a las elecciones municipales estaba integrada por personas que no nos habíamos dejado convencer por las lucrativas propuestas que nos hacían los sectarios comisarios que representaban a diferentes partidos políticos. Recuerdo que, en segundo lugar, pero muy distanciados de nuestra candidatura, quedaron los comunistas; en tercera posición, sus hermanastros o primos hermanos, es decir, los socialistas, y aun así, lograron ser elegidos algunos ortodoxos o «cabras locas» de algunos partidos políticos extremistas. No transcurrieron ni tres años cuando, por imperativos legales de una moción de censura, dejé de ser alcalde. Era normal que esto sucediera con una oposición tan analfabeta, hipócrita, traicionera, sectaria y disciplinada, a la que solo le interesaba cumplir órdenes de sus superiores —porque eso de «compañeras y compañeros» es un anzuelo con cebo artificial—, puesto que lo que más les gusta a esos nuevos capataces o líderes embaucadores es lisonjear a los jefes para que les proporcionen buenos y seguros «pesebres». Para mí, salvo raras excepciones, eso es lo que he deducido de la ideología adulterada de Karl Marx, llevada a la práctica por una inmensa mayoría de gentes ignorantes, iletradas y sin escrúpulos, con una limitada capacidad intelectual que les hace conectar fácilmente por afinidad formativa y cultural con un populacho o plebe idiotizada a causa de su extrema incapacidad o pereza para documentarse y poder reflexionar para decidir por sí misma.

—A mí me gustaría —dijo Siro— recordar, de una forma muy breve para no cansaros, mi intensa actividad como delegado sindical en una gran factoría de fabricación de automóviles, donde trabajé más de quince años, tan alejado de mis amigos y de nuestro histórico pueblo, al que tanto quiero. Como sabéis, me pasé casi diez años ejerciendo de delegado sindical porque sentía grandes deseos de eliminar muchas injusticias en las relaciones laborales entre patronos y obreros. A pesar de mi vocación por colaborar para conseguir una sociedad más libre y justa, casi sin darme cuenta, entré a formar parte de una clase distinta de la trabajadora, a pesar de proceder y nutrirse de ella. Pero los sindicalistas que, en teoría, representábamos a la clase trabajadora, por haber sido elegidos por ella a través de unas listas cerradas que pertenecían a distintas centrales sindicales o asociaciones independientes, vivíamos en otro mundo muy distinto al estrictamente laboral, que era el resultado de mantener unas relaciones más o menos cínicas con nuestros representados y otras sumisas, ejerciendo funciones teatrales pactadas con los que nos subvencionaban, o sea, con el Estado. Estos comportamientos nauseabundos no son soportables por personas normales, vocacionales, honradas y honestas; de ahí mi gran alejamiento de la mayoría de los sindicatos que traicionan su necesaria y verdadera esencia a cambio de suculentos «pesebres» abastecidos por codiciosos cuidadores.

—Yo no he tenido —dijo Yeray— tanta suerte como Zoe y Siro, que pudieron y tuvieron la valentía de abandonar las ciénagas políticas o sindicales. Como sabéis, soy un asalariado de uno de los muchos medios de comunicación actuales y, aunque sus prácticas hipócritas y corruptas me asfixian, no tengo más remedio que tragar grandes sapos cada día y realizar mi trabajo de comunicador de acuerdo con las instrucciones recibidas por la dirección del medio, que a su vez recibe órdenes sobre lo que debe comunicar o publicar, si no quiere perder las correspondientes subvenciones que asiduamente rellenan el «gran pesebre» de las bestias fácticas al servicio de sus amos. No sabéis las náuseas que se sienten cuando hay que enmudecer o manipular determinadas informaciones para conducir o controlar de forma sutil la opinión y el comportamiento de las personas en particular y de la sociedad en general frente a hechos detestables realizados por los poderosos gobiernos, ayudados por los más pequeños que les siguen como perritos falderos. Pensad en la actitud de los países de Occidente con respecto a las decisiones o acciones que emprende asiduamente la gran potencia de los Estados Unidos y, por favor, continuar pensando: ¿qué han publicado los medios de comunicación afines respecto al humillante y criminal asalto de piratería sobre Libia, de las guerras de Siria y de Afganistán, de los genocidios centroafricanos, etcétera?

—Aunque conozco muy bien —dijo Leunam— los asuntos que habéis explicado, porque de una forma más o menos indirecta también me conciernen, la verdad es que mi trabajo en el campo de la enseñanza profesional tampoco se libra de circunstancias o hechos que afectan al colectivo docente de forma muy negativa y perjudicial para su salud física y mental. Resulta inaceptable y, a veces, muy estresante que la mayoría de los alumnos lleguen a su etapa de adolescencia con un nivel cultural y formativo muy deficiente y, además, se les permita avanzar o superar cursos con un escaso nivel de rendimiento, acompañado de una valoración nula del esfuerzo y del sacrificio, tan necesarios para superar satisfactoriamente una formación superior que los capacite de pleno derecho a desarrollar una determinada actividad profesional. Pero muy poco se puede hacer a nivel individual o de pequeños colectivos, porque son los gobiernos los que tienen la responsabilidad y la obligación de proporcionar una educación óptima a todos los ciudadanos, aunque desgraciadamente no ocurre esto; ya que la irresponsabilidad o la corrupción del sistema es inmensa y, en algunos Estados, hasta toca el techo de lo demencial. ¿Acaso haríais otra valoración del sistema de gobierno de un país o de una nación que no es capaz de garantizar la educación de sus ciudadanos en la lengua oficial del Estado, como actualmente ocurre en España?

Antes de dar por finalizada la inolvidable reunión iniciada con una buena comida, Zoe, Siro, Leunam y Yeray aún quisieron aprovechar el poco tiempo que les quedaba para manifestar lo que más deseaban que cambiara o sucediera en el mundo antes de que llegara el día del adiós definitivo. Al fin y al cabo, exponer deseos de que ocurran cosas buenas siempre resulta reconfortante para la paz de nuestro espíritu y muy complaciente para nuestra conciencia.

Y fue Yeray quien quiso empezar con la exposición de sus anhelos para cuando le toque marchar a la nada o desaparecer de la faz de la Tierra.

—Sinceramente, no me gusta terminar esta anhelada y extraordinaria reunión con invocaciones que suenan a testamento o proximidad de la muerte, pero ya que todos lo hemos aceptado, no tengo ningún inconveniente en deciros que lo que más deseo como herencia para nuestros hijos, en definitiva, para nuestra juventud, es un mundo lleno de libertad, armonía y solidaridad, donde la educación óptima y universal de todos los seres humanos sea uno de los compromisos u obligaciones fundamentales de todos los gobiernos del mundo, porque solo así tendremos una sociedad universal más libre, más justa y menos insolidaria, profana, perversa o sobornada que la que padecemos, especialmente en España.

—Totalmente de acuerdo contigo —respondió Siro—, pero la verdad, yo desaparecería para siempre mucho más satisfecho de nuestro planeta si, cuando me llegue la hora de partir, ya no existieran medios de información manipuladores o mercenarios al servicio de los Estados corruptos y de los poderes fácticos que los avalan y sufragan, sino que solo se mantuvieran de los recursos generados de forma honrada y honesta a través de su trabajo. Este deseo también lo hago extensible con suma vehemencia a los partidos políticos, sindicatos y demás instituciones o chiringuitos que actúan con cinismo e hipocresía para conseguir sus objetivos.

—Siro y Yeray —dijo Leunam—, lo que habéis manifestado lo suscribo por completo, pero hay cosas que me gustaría puntualizar de forma más concreta para sentirme satisfecho antes de dirigirme al fuego real, donde desapareceré en la eternidad. Quiero decir que no me conformo con desear tal o cual cosa, yo quiero que todas las enseñanzas y actividades que se practican en las iglesias, en las mezquitas, en las sinagogas, en los templos budistas, en los santuarios y en otros lugares religiosos, incluidas las prácticas de brujería de los poblados recónditos, desaparezcan y dejen de influenciar en la vida de los seres humanos, y solo se acomoden en la Historia, en la cultura y en las bibliotecas de sus zonas de influencia o de todo el mundo. Quiero que ocurra esto porque estoy plenamente convencido de que los hombres serán más libres, más iguales, más solidarios, más justos y mucho más fraternales si desaparecen del mundo todas las religiones, incluidas las prácticas de brujería.

—Yo no puedo —dijo Zoe— discrepar de vosotros, porque, sinceramente, ni mi espíritu ni mi conciencia sufren ninguna sensación de rechazo cuando mi pensamiento y mi razón coinciden plenamente con todo cuanto habéis expuesto. Lo que ocurre es que estoy seguro de que, antes de coger el tren que me llevará a ese espacio que no tiene ni principio ni fin, no tendré la satisfacción de ver cómo ha empezado la demolición de la potente y gigantesca estructura que alberga la corrupción universal, y, mucho menos, la reconversión o desaparición de esos variados bosques de árboles frondosos con frutos adictivos y profundas raíces que se nutren fundamentalmente de estratos sin cultivar. Me estoy refiriendo, como habréis deducido, a las diferentes masas de fieles que siguen la doctrina y los preceptos de sus respectivas religiones o mandatos del brujo de la tribu.

Con estas manifestaciones, seguidas de los recuerdos de otras vivencias, los cuatro amigos prolongaron el feliz encuentro hasta agotar la última ronda de bebidas aromáticas que el amable y eficiente camarero les había servido. Al final, unos fuertes abrazos sellaron la fraternal amistad que los unía.

Una respuesta muy difícil

Un día, hace hoy casi un año, Leunam y sus cuatro hijos, Adgam, Olonam, Anitsirc y Dhaf, caminaban por un sendero que seguía casi en paralelo el cauce de un río no muy caudaloso, con aguas frías y cristalinas en las que vivían muchos animales fluviales, entre los que se podían citar las truchas, los cangrejos, las ratas y las arañas de agua, los insectos zapateros, los escarabajos, las larvas de mosquito y algunos más.

Tanto a Leunam como a sus hijos les encantaba pasar muchas horas en contacto con la naturaleza para conocer y disfrutar de todo cuanto les ofrecía el reino animal, el vegetal o el mineral. Aparte de haber experimentado que la plena inmersión en los citados reinos les proporcionaba un estado de bienestar y una paz balsámica, ya que casi siempre se olvidaban por completo de los sinsabores de la vida, de las contaminaciones ambientales y de las maldades que provocaban los hombres practicando la tiranía contra sus semejantes.

Pero en aquella larga excursión junto al río y en medio de un bosque no muy cerrado que permitía a los rayos del sol calentar los substratos superficiales del suelo, provocando la germinación de muchas especies vegetales, el grupo familiar hizo varias paradas para descansar y comentar los descubrimientos del entorno natural que, de forma cambiante los acompañaba durante su marcha.

En uno de esos descansos no pudieron evitar, en sus conversaciones, hablar de cosas pertenecientes a la civilización que trataban de olvidar o alejar de sus mentes. Y, de esa forma, surgieron las valoraciones y críticas a la Constitución, a la jefatura del Estado, al gobierno, a los políticos, a los medios de comunicación, a los banqueros, a las religiones y a muchas más cuestiones que trataron de dar por concluidas lo más rápidamente posible, para seguir disfrutando de todo cuanto les ofrecía el entorno que cambiaba a medida que caminaban.

Aunque Leunam tenía prisa por finalizar con los asuntos de la vida real que, inevitablemente, habían aparecido, para focalizar su interés por las cosas de la naturaleza, no se pudo librar de algunas preguntas que le plantearon sus hijos sobre los temas que acababan de considerar, ya que no todos estaban de acuerdo con las resoluciones a las que había llegado después de su vasta experiencia de la vida.

Leunam intentó razonar a sus hijos lo mejor que supo el porqué de sus conclusiones, pero, desgraciadamente, hay cosas muy difíciles de comprender si no se quiere profundizar en el conocimiento del hecho y, así poder razonar mejor, teniendo la valentía de prescindir de los condicionantes tradicionales, sociales, físicos o psíquicos que coartan nuestra libertad.

Pero al final, uno de sus hijos, en nombre de los cuatro, le formuló una pregunta que, al pensar en su posible respuesta, le dejó inmovilizado, porque comprendió que era de tal trascendencia que no admitía una contestación basada en hechos más o menos evidentes y conocidos, ni tampoco en conclusiones sentimentales que le hubieran conducido a renegar de unas enseñanzas o de unas creencias que habían moldeado y condicionado más de medio siglo de su vida. Por esto, Leunam les comunicó que la respuesta a esa relevante pregunta tenía que valorarla y documentarla muy bien, ya que podía influir poderosamente en cambios de comportamientos personales con posibles consecuencias en sus vidas privadas y sociales. Al mismo tiempo, también les prometió que aprovecharía para informarse mejor de aquellos temas en los que no habían podido llegar a conclusiones más coincidentes, y así tratar de conseguir un resultado provechoso para engrandecer el pensamiento y ennoblecer la forma de actuar.

Hoy, el referido grupo familiar se encuentra en un extraordinario valle desde donde piensan iniciar otra excursión por un bello paraje. Ha transcurrido aproximadamente un año en el que Leunam ha dedicado muchas horas a la lectura y a documentarse a través de diferentes fuentes de información, acompañado de un entrañable grupo de amigos que le han ayudado a elaborar o confeccionar las respuestas que les había prometido a sus hijos; especialmente, la de aquella pregunta que le dejó algo petrificado y que fue formulada por su queridísimo Dhaf de la siguiente forma: «PAPÁ, ¿POR QUÉ NO CREES EN DIOS?»

Antes de iniciar la excursión, Leunam se ha dirigido a sus hijos con estas palabras:

—Mis queridos Adgam, Olonam, Anitsirc y Dhaf. No sé si os habéis dado cuenta de que mi mochila está hoy algo más abultada que en otras excursiones. La causa de este aparente embarazo de mi particular talega no es otra que la de daros una sorpresa en este lugar tan magnífico y radiante de nuestra madre la naturaleza. Porque no me negaréis que, si os digo que os voy a presentar a vuestro nuevo hermano, no es una gran sorpresa; pero, por favor, no alarmaros, no he cometido ningún infanticidio, se trata de otro hermano literario al que espero que améis y estiméis mucho más que a los otros, a los que creo que poca o ninguna consideración les habéis manifestado. Deberíais tratarlo y conocerlo muy a fondo, porque estoy seguro de que aprenderéis algo y también me recordaréis mucho. Es cierto que resulta una respuesta muy extensa a las cuestiones tratadas en una de nuestras inolvidables caminatas hace ahora casi un año, pero, especialmente, la singular pregunta formulada por Dhaf en nombre de los cuatro, merecía una contestación que provocara el nacimiento de este libro que os entrego a cada uno, para que a través de una detenida lectura y una vehemente reflexión, acompañadas de otras muchas relacionadas con los temas que trato, comprendáis mejor el porqué de que yo no crea en Dios.

Después de la entrega del libro por parte de Leunam a cada uno de sus hijos y de recibir un fuerte abrazo y la promesa de que sería querido, leído y releído, igual que pensaban volver a hacer con los otros hermanos literarios —porque no era cierta su afirmación sobre el respeto, cariño y consideración manifestada a estos—, el grupo familiar inició una excursión que habían estado estudiando y preparando durante mucho tiempo, para conocer y disfrutar en profundidad de una zona de la naturaleza muy difícil de olvidar.

Índice

Un devoto muy fanático 13

Buscando la existencia de Dios 29

Abraham e Isaac 35

Moisés 45

Josué 59

Jesús de Nazaret 67

La Santa Inquisición 93

La espada y la cruz en el nuevo mundo 105

Máquinas y niños esclavos 131

Muerte violenta en el útero 149

Imperio de siervos 171

Karl Marx y Friedrich Engels 199

Revolución rusa 231

Petición de Leunam a sus amigos 277

Un nuevo mundo para volver a nacer 283

Leunam y sus amigos de la adolescencia 323

Una respuesta muy difícil 333